【中国传统文化知识大百科】

国学常识

精粹

赵文彤◎编著

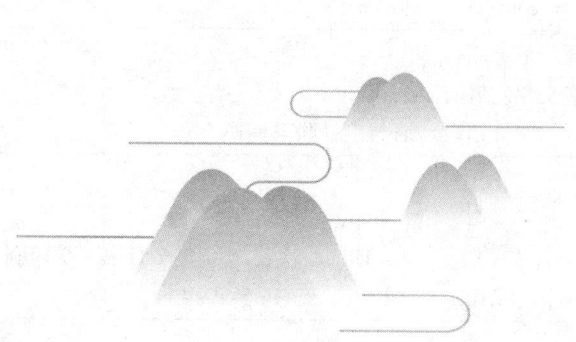

台海出版社

图书在版编目（CIP）数据

国学常识精粹 / 赵文彤编著. —— 北京：台海出版

社，2017.4

ISBN 978-7-5168-1301-0

Ⅰ．①国… Ⅱ．①赵… Ⅲ．①国学—通俗读物

Ⅳ．①Z126-49

中国版本图书馆 CIP 数据核字（2017）第 080154 号

国学常识精粹

编　　著：赵文彤	
责任编辑：俞滟荣　贾凤华	责任印制：蔡　旭

出版发行：台海出版社

地　　址：北京市东城区景山东街 20 号　邮政编码：100009

电　　话：010—64041652（发行，邮购）

传　　真：010—84045799（总编室）

网　　址：www.taimeng.org.cn/thcbs/default.htm

E-mail：thcbs@126.com

经　　销：全国各地新华书店

印　　刷：香河利华文化发展有限公司

本书如有破损、缺页、装订错误，请与本社联系调换

开　　本：710×1000　　1/16

字　　数：303 千字　　　　印　　张：20

版　　次：2017 年 7 月第 1 版　　印　　次：2017 年 7 月第 1 次印刷

书　　号：ISBN 978-7-5168-1301-0

定　　价：48.00 元

前　言
PREFACE

　　"国学"，广义来说就是中国之学，是经中华民族几千年历史的累积所沉淀出来的瑰宝。章太炎在其《国学概论》中称："国学之本体是经史非神话、经典诸子非宗教、历史非小说传奇；治国学之方法为辨书记的真伪、通小学、明地理、知古今人情的变迁及辨文学应用。"每一个华夏儿女自降生在神州大地起，就和国学结下了不解之缘。

　　国学这种东西并不是书到用时方恨少的临时抱佛脚，也不是一时心血来潮就抱上几天。古人说"学致以用"，学习国学就是最实在的典范。例如，一个人自呱呱坠地起，就当心存孝敬父母的感恩之心。"身体发肤，受之父母，不敢毁伤，孝之始也"；自从踏进学堂起，就应清楚学习的意义和自己学习的目标是什么。

　　"人非生而知之者，孰能无惑？惑而不从师，其为惑也，终不解矣。""古之圣人，其出人也远矣，犹且从师而问焉；今之众人，其下圣人也亦远矣，而耻学于师。是故圣益圣，愚益愚"；自步入大学起，就应该明白自己肩负的使命是什么，如何才能在这个大千世界立稳脚跟。"大学之道，在明明德，在亲民，在止于至善。知止而后有定，定而后能静，静而后能安，安而后能虑，虑而后能得。物有本末，事有终始。知所先后，则近道矣"；开始自己的人生征程时，更要懂得如何从基础做起，将自己的平生所学付诸行动。"古之欲明明德于天下者，先治其国；欲治其国者，先齐其家；欲齐其家者，先修其身；欲修其身者，先正其心；欲正其心者，先诚其意；欲诚其意者，先致其知，致知在格物。物格而后知至，知至而后意诚，意诚而后心正，心正而后身修，身修而后家齐，家齐而后国治，国治而后天下平"。简单地说，一个人从生到死，如果想安然立世，扬名于后，名垂青史，首先自己要存得一身"活水"，源从何来？从国学来。正如章太炎老先生所说："夫国学者，国家所以成立之源泉也。"中国之所以能成立，它背后的精神性的东西就是国学。身为一个中国人，如果不懂国学，就如无根之水。

本书以国学的实用性、趣味性为出发点，精选了民风礼俗、朝堂常识、天文历法、传统艺术、经典古籍、考古探秘等 12 个板块，以通俗易懂的语言和言简意赅的阐述，向读者传播国学的精华，令读者方便、轻松、快捷地掌握和运用基本的国学常识，领略国学的无穷魅力。在当今国际化的发展趋势下，拥有五千年发展史的文明古国正在向世界展现它的独特魅力，每一个中国人都可以具有良好的国学素养屹立于世界之林，将东方文化的精髓展现于世界的舞台。

目　录
CONTENTS

第一章　中国人必知的民风礼俗

第二章 中国人必知的古代朝堂

第三章　中国人必知的天文历法

第四章 中国人必知的医学常识

第五章　中国人必知的传统艺术

第六章　中国人必知的历史政治

第七章 中国人必知的经典古籍

第八章　中国人必知的思想学术

第九章　中国人必知的国学典故

第十章　中国人必知的军事常识

第十一章　中国人必知的民族地理

第十二章　中国人必知的考古探秘

第一章
中国人必知的民风礼俗

 | 第001课 古人真的是"一夫多妻制"吗？

现代人难免对古人的"一夫多妻制"产生疑问和不解，一夫多妻于情于理都不能说得通，难道古代法律也允许这个制度吗？在说这个问题之前，我们需要搞清楚妻和妾的区别。妻，是通过相关嫁娶礼节明媒正娶的女子，《汉语词典》对于妾的解释为"旧时男人娶的小老婆"，可见明媒正娶和小老婆肯定不是同一概念，俗话说"娶妻纳妾"，夫与妾并非合法配偶，所以说中国古代其实是"一夫一妻多妾制"。

早在氏族社会，妾只是氏族首领女儿出嫁时的陪嫁，通俗地说属于女奴的一种，后来穷苦家庭出身的女子为生活所迫，为妾的比较多。妾在家庭中身份比较卑微，虽然也为家庭男子生儿育女，但却永远不能享受"妻"的待遇，原因何在？其实很简单，为"妻"的女子家庭出身都是比较高的，这是为妾的女子望尘莫及的，由此可见妾在当时家庭中的地位是非常低下的，更有甚者，把妾只作为战败国奉献的礼品。

《谷梁传》载"毋为妾为妻"，指的就是为妾的女子没有资格扶正为妻，若妻子去世了，男子即便有再多的姬妾也属于无妻者，要另寻嫡妻。

1

妾在当时社会只是一个代表和称号而已，对于当朝天子、皇亲国戚这些权位显赫之人来说，"伎""婢""姬"，无一不是妾的灰色缩影，每个华贵高尚的名目背后都有一群在痛苦中挣扎的女子。

第002课　古代有成人礼吗?

中国素有礼仪之邦的美称，有关成人礼的记载可以追溯到文字的产生时期。古人"二十而冠"，20岁以前则垂发，称为髫。《后汉书·伏湛传》记载："髫发历志，白首不衰。"李贤注："髫发，谓童子垂发也。"古代男子20岁束发而冠，女子15岁束发而笄，表示成年。可见男女成年的标志分别为"加冠""加笄"。

"冠礼"是古代男子成年时举行的加冠的礼仪。古代未成年男子束发，不戴冠，行过加冠礼后则标志着进入成年。举行加冠礼的年龄有20岁和19岁两种说法。其实冠跟后代的帽子形状很不一样，冠并不像现在的帽子那样把头顶全罩住，而是有个冠圈，上面有一根不宽的冠梁，从前到后覆在头顶上。冠的作用也跟现在的帽子不同：主要是为把头发束缚住，同时也是一种装饰。《礼记·冠义》说："成人之者，将责成人礼焉也。责成人礼焉者，将责为人子、为人弟、为人臣、为人少者之礼行焉。将责四者之行于人，其礼可不重与? 故孝、悌、忠、顺之行立，而后可以为人，可以为人而后可以治人也。"

"笄礼"是古代女子到了成年时举行的盘发插笄（簪子）的礼仪。举行笄礼的年龄一般在15岁，表示年届成人，可以结婚。后来女子到了成年又叫"及笄""笄年"。其形式是把原来垂在脑后的总发或总角盘至头顶，梳成发髻并用笄将之固定下来，但不戴冠。行笄礼，标志这个女子已经成年，可以出嫁了。《仪礼·士婚礼》中云："女子许嫁，笄而醴之，称字。"郑玄注："笄，妇之礼，犹冠男也。"

第 003 课　古代如何行拜礼和揖礼？

行拜礼是古代常用的礼节方式之一，在不同的场合下用不同的拜礼，而且行拜礼的方式动作也各自不一。《周礼·春官·大祝》中记载："辨九拜，一曰稽首，二曰顿首，三曰空首，四曰振动，五曰吉拜，六曰凶拜，七曰奇拜，八曰褒拜，九曰肃拜。"

稽首是拜礼中最重的礼节，古代诸侯对天子、大夫对诸侯均行稽首之礼。另外，国君对于神之至尊者或者向臣表示极度尊敬时也行稽首礼。稽首之礼如此重要，以致在各种题材小说中都有体现，例如《西游记》《封神演义》都大量出现稽首之礼。

揖礼的历史比较久，大约起源于周代以前，有3000年以上的历史。当今社会中，我们对揖礼并不陌生，很多古装电视剧中都有揖礼的画面，民间俗称的"作揖"说的就是揖礼，可见在历史长河中民众对揖礼的重视。

揖礼属于相见礼，使用比较广泛，而且没有特定的场合与形式的要求。据《周礼》记载，根据双方的地位和关系，作揖有土揖、时揖、天揖、特揖、旅揖、旁三揖之分。土揖是拱手前伸而稍向下；时揖是拱手向前平伸；天揖是拱手前伸而稍上举；特揖是一个一个地作揖；旅揖是按等级分别作揖；旁三揖是对众人一次作揖三下。

揖礼这种传统的古老礼节在我国依然被民众所熟知和沿用，婚礼、寿庆、聚会等重大场合，我们仍然会相互拱手作揖。而且随着社会的发展，这种礼节因为世界各地华人的分布而大范围使用和传播，如新加坡、马来西亚的华人依旧有使用揖礼互相问候的习惯。各地的唐人街更是很好地保留使用了这种中国古老的传统礼节。

 第 004 课　古代人的贞操观是什么样子的？

古代对女人坚守贞操的自觉要求始于西周初年。《周易》说道："恒其德，贞，妇人吉，夫子凶。"就是说，男女相处，女人做到恒久就会福佑阴德，而男人对女人恒久，就会招致灾祸。这在本意上就是要求女人自觉坚守贞操。东周早期的《易传》更是对此做了明确的表述："女人贞，吉，从一而终也。"对女人守贞的基本要求就是永远要追随丈夫，一直到丈夫寿终。

贞操观包括婚前贞操、婚后贞操、寡妇节操和妻妾殉葬制度等。其中婚前贞操，指女子在出嫁前必须是处女，否则就要受严酷的惩罚。婚后贞操，指妻子不能和其他男子发生私通行为。寡妇节操是指丈夫死后，寡妇要"守节"。在古代，寡妇守节，不但时人可以记其事迹，赐予祠祀、树坊表，表彰节妇烈妇，而且可以免除本家的差役，哪个女子能不守节？哪个本家能不劝导寡妇守节？一时守节风盛，空前绝后。

妻妾殉葬制度是指丈夫去世后，强迫妻妾殉葬，这种制度萌芽于氏族社会末期。进入奴隶社会后，女奴隶和男奴隶一样被大量杀殉或生殉。殷墟卜辞中有杀殉女奴的记载，妇女殉葬者中也有墓主的妻妾，《西京杂记》卷六记载："幽王（周幽王）冢甚高壮，羡门既开，皆是石垩，拔除丈余深，乃得云母深尺余。见百余尸纵横相藉，皆不朽。唯一男子，余皆女子，或坐或卧，亦犹有立者，衣服形色不异生人。"

古人的贞操观是封建夫权社会的产物，这种封建的伦理道德禁锢了妇女的心灵、限制妇女的权利，是一种摧残人心的道德教条。历史上，无数女子的青春、灵魂被这种观念所吞噬，上演了一幕幕真实的人间悲剧。作为一种"一偏的贞操论""忍心害理、男子专制的贞操论"，单方面要求妇女守节是极不公平、极无道德的。

 第 005 课　何为古代"三从四德"?

"三从四德"主要是针对古代女性而论，为当时妇女设立的道德标准。

早在周朝就已经提出"三从"一词，儒家经典《仪礼·丧服·子夏传》规定出嫁妇女为夫、为父服丧的时间问题时说"妇人有'从'之义，无'专用'之道，故未嫁从父，既嫁从夫，夫死从子"。延伸为作为女儿、妻妇和母亲的妇女应对男性服从。事实上，古代对女性要求的那种屈从由来已久，商朝的甲骨文中对女字的定义就是屈身下跪的形象；《周易》中对妇女也有类似的思想主张，例如，要求"妇女顺从专一、恒久事夫的卦辞"；"妇女殉夫守节，限制寡妇改嫁等。"

"四德"其实是古代另外一种对女性强行设立的标准。《周礼·天官·内宰》对此有相应的记载，在古代，内宰是后宫的一种官职，主要负责对后宫妇女的教化管制，分级别地对后宫妇女实施"阴礼""妇职"，内宰中权力较大的为"九嫔"。"管妇学之法，以教九御妇容、妇言、妇德、妇功。"其实这在当时都是对宫廷妇女的教育门类之一，后来人们把它与"三从"连起来叫，成为一种对妇女行为、修养、道德和能力的评判标准，即"三从四德"。

 第006课 古代何为"三纲五常"？

孔子最早提出"三纲五常"的思想，而且在儒家文化中，"三纲五常"对儒家文化的传播发展起到了构架式的作用。《论语·为政》中说："殷因于夏礼，所损益可知也。"何晏集解："马融曰：'所因，谓三纲五常也。'"孟子在此基础上提出了"夫妇有别，父子有亲，长幼有序，君臣有义"的"五伦"规范。西汉思想家董仲舒结合儒家"五伦"的思想在其所著的《春秋繁露》一书中也提出了三纲五常论，但它的主要核心是为了维护封建等级制度的存在和发展。

"三纲"是指"君为臣纲，父为子纲，夫为妻纲"，即为臣者必须服从于君，为子者必须服从于父，为妻者必须服从于夫，君、父、夫又要为臣、子、妻作出表率。它的实质反映出在封建社会中君臣、父子、夫妇之间的一种特殊的道德关系。

"五常"就是仁、义、礼、智、信，常就是不变的意思，这里指日常基本准则。五常即五条准则，也叫"五伦"。五常的内容，古时有两种主流思想，一是指君臣、父子、兄弟、夫妇、朋友之间所规定的关系；二说是仁、义、礼、智、信等人与人之间的道德标准。它和"三纲"常被连起来说，即"三纲五常"。

 第 007 课　"舞龙舞狮"的习俗是怎么产生的？

龙和狮都是古代传说中的神兽，古代君王经常把龙作为自己身份地位的象征，龙的图案和雕塑更是被广泛用于宫殿的装饰物品上。因古代封建制度的限制，黎民百姓通常把石头雕刻的狮子放在大门的两侧，因为狮子是兽中之王，是驱凶纳吉的神兽，以此来镇宅护卫、祈求福运。古代人"舞龙舞狮"的习俗也是源于对其崇拜和信仰。

青龙、白虎、朱雀、玄武被人们称为四神兽，龙乃四大神兽之首，由于古代社会发展落后，人们的思想封建迷信，所以每逢佳节吉日就用舞龙的方式来祈求风调雨顺、五谷丰登。在现代，由于人们不断地改进和发展，舞龙也成了竞赛运动的一种，具有很高的观赏性。

舞狮的习俗大约始于汉朝，作为我国民间喜庆节日的传统表演项目，多见于春节和元宵。中国古代并没有狮子，《后汉书》载汉章帝时月氏国（西域的一个小国）贡狮子，当时名为"狻猊"。从那时起，人们就把雄健、威武的狮子视为吉祥、勇敢的象征，又模仿狮子的形象和动作逐渐形成狮舞，庆典节日以此为乐，并期望驱魔辟邪，有"辟邪狮子"之称。唐朝时舞狮这一庆祝形式在社会上得到了广泛的发展，宫廷之中更是把大规模的舞狮表演称作"五方狮子舞"或"太平乐"。到了明清时期，舞狮的花样繁多，并形成了诸多流派。

 第 008 课　古时排行的称谓是怎样的？

当今日常生活中，主人在向客人介绍家里的子女时，普通的方法就是依出生顺序定称谓，如大女儿、二儿子、小儿子等，实用方便、简洁明了。但在中国古时，男女的姓氏是有很大讲究和诸多意义的，女子能不能结婚、区分其是否结婚等都和姓氏有着决定性的联系，周礼就有"男女非有行媒不相知名"的规定，女子的姓氏是起着社会通用的名的作用。未婚子女为了加以区别，一般在姓前冠以伯（孟）、仲、叔、季，用以表示老大、老二、老三、老四这种排行。例如伯秦、仲廉、叔俞、季项，即为秦家的大女儿、廉家的二儿子、俞家的三姑娘、项家的四儿子。女子嫁出去以后，一般用丈夫的姓和娘家的姓并列称某某氏，如一位虞姓女子嫁给一吴姓男子做妻子后，就叫吴虞；若是赵姓女子嫁给周姓男子，婚后只能称为"周赵氏"或"赵氏"，如今这种称谓在某些农村仍旧有沿用。

《国语辞典》中载道："孟、仲、叔、季，兄弟姊妹长幼之别字也。"同时，伯、仲、叔、季也是指兄弟长幼的次序。辞典的解释为："兄弟排行的次序，长兄为伯，次为仲，又次为叔，最幼为季。若兄弟三人，则称孟、仲、季。"

《左传·昭公二十六年》中载道："王不立爱，公卿无私，古之制也。穆后及大子寿早夭即世，单刘赞私立少，以间先王。亦唯伯仲叔季图之！"依此可见，古人使用伯、仲、叔、季这种排行的长久和广泛性。

 第009课　古代的家训是如何产生的？

生活中，人们对家训一词有很高的认知度，交谈讨论时经常会提到《曾国藩集训》《颜氏家训》《朱子家训》等脍炙人口的著作。作为中国传统文化中一颗耀眼的行星，家训为中国文化的发扬光大勾画了淡雅传神的一笔。

家训的产生源于原始社会中"长老训教"这一古老家庭教育形式，氏族社会时代，有经验的氏族首领和老者会对年少者进行生产经验、生产技巧的教育指导，像"大禹治水""神农尝百草""夸父追日"等神话传说都生动地再现了长老训教的丰富内容和它所蕴含的人文精神。

《姬旦家训》是我国历史上最早的、正规的、有文字记载的家训，姬旦史称周公旦，为官期间仁政爱国、清正廉明。他不但自己勤政爱民，而且还经常以身作则教导自己的儿子伯禽和侄儿成王要严谨自律、礼贤下士，为此有《戒侄成王》和《戒子伯禽》两部家训传世，合称为《姬旦家训》。

隋唐五代和魏晋南北朝时期是传统家训成立的时期，更是家训发展走向成熟的关键期。这一时期社会动荡、民不聊生，新观念、新思想不断涌现，家训更是因此得到史无前例的发展，人们较为熟知的如蜀汉政权刘备的《遗诏敕后主》，曹魏枭雄曹操的《戒子植》《遗令》，著名文学家颜之推的《颜氏家训》等。

每个朝代都有不同的家训代表作，这些著作不仅给当时的家族发展提供了良好的规范指引，同样为社会大众的修身齐家起到了关键的推动作用。在历史发展的年轮中，家训发展在史学界和文学界都有着不可估量的价值，它们在中国的传统文化中宛若灿烂群星，至今仍历久弥新。

第 010 课　古人起名有哪些忌讳?

古代礼法制度众多，古人在起名时并不像现代人一样自由，各种忌讳更是让老百姓不敢逾越半步，稍不留神，脑袋就可能会搬家。

远古的氏族社会思想认为，姓名也是一个人身份的象征，是具有神秘力量的符号。他们认为，自己的名字被其他人知道后，对方就会得到他的一部分力量，这就是姓名避讳产生的根源，由此可见，原始社会发展落后，人们对本身和自然没有完全的了解，姓名的避讳就在这种情况下产生了。在接下来的历史发展中，姓名的避讳主要有以下几种。

家讳，针对家族内而言的忌讳，规定要避父祖名，也称私讳，家族里的人说话办事、写作时都要避开和祖名相关的事物。家讳其实是"国讳"的一种延伸，都不同程度地体现了当时的伦理观念和封建等级。《礼记·曲记》上说"入门而问讳"，就是说到别人家做客之前一定要弄明白主人有什么避讳，如果不小心犯了主人的忌讳，好心也可能会招来恶果的。

东汉有个叫毛贤的人，他的父亲名叫溪。某日，他去拜访好友李名甫，刚好碰见他的儿子李棽在庭院练武，就近前问道："你的武艺和甫公比起来谁更技高一筹啊？"李棽因他触犯了家讳，冷言回敬道："我与家父相比，犹如以溪论海。"毛贤听罢灰脸而退。

圣人讳，指对贤者圣人名字的避讳，与家讳、国讳不同，圣人讳没有那么严格和广泛，封建社会时除了朝廷有相关规定的圣人讳外，百姓也会自发为圣贤避讳。史料记载，宋朝因避孔子讳就曾经把瑕丘县改为瑕县，把龚丘县改为龚县。

个人讳，即指对自己名字的避讳，分为两种情况：一是一些封建官僚仗恃自身位高权重，令其手下避其名讳，这叫自讳其名。人们常常说的"只许州官放火，不许百姓点灯"便是指宋朝有位名叫田登的州官，自讳其名，下令州境之内把灯叫作火，正月十五元宵节放灯，令手下人公告于市曰："本州官依例，放火三日。"而不说"放灯三日"，当时人们便讥讽说："只许州官放火，不许百姓点灯。"

 第011课　"男左女右"的说法是怎么来的？

日常生活中，"男左女右"这一概念已经无形地深入到每个人的思维里，很多场合，人们都要遵循这一说法，否则还有可能成为笑柄。事实上这并非是一种规定，也不是个人的习惯，而是源于古人文化思想的融合。

盘古开天化日月之传说：伏羲和女娲都是传说中的上古之神，更被华夏民族尊称为日神和月神。传说始祖盘古氏在开天辟地之后，全身器官都化为天地间的各种物质，江河湖泊、日月星辰以及万物生灵，其中他的左眼和右眼就分别化作太阳和月亮，古人认为日为阳，代表男性；月为阴，指女性，"男左女右"之说就开始在民间流传开来。

封建社会尊卑高低的影响：古人对东西南北、前后左右都有不同的尊崇和规定，例如把南视为至尊，失败则用北来象征（"败北"一词因此而来）。再如古人以东为首，以西为次，皇后和妃子们的住处分为东宫、西宫，而以东宫为主为首，西宫为辅为从。除了东南西北之外，表示方向的前后左右也有如此之分。古代皇帝是至尊，他面南背北而坐，其左侧是东方，因此就在崇尚东方的同时，"左"也随着高贵起来。三国东吴霸主孙权占据的江东也称江左。文左武右的礼制、男左女右的观念等，都是尊左的体现。

古代阴阳哲学的延伸：古人认为阴和阳贯通了宇宙中人和事的两个对立面，所有事物按其上下左右、长短大小都可区分为左、上、大、长为阳，右、下、小、短为阴。阳为刚，阴为柔。自古男子性格刚强坚毅，女子文静柔美，"男左女右"之说因此更加深入人心。

 第012课　"七出"指的是什么？

"七出"在古代是关于婚姻法律的一种不平等规定，对于古代社会中出身贫寒、身份低微的妻子来说，也只是最低限度的保障，她不会因丈夫的个人喜好而被随意抛弃。而当妻子所犯"七出"中任意一条时，丈夫都有权休掉妻子。

历史上，唐代以后"七出"一词才正式出现，汉代的《大戴礼记》中提到的"七去"是最早关于"七出"的记载，也被称作"七去"。内容如下：

第一，"不顺父母"：指妻子不孝顺丈夫的父母。《大戴礼记》中所说的理由是"逆德"，在传统中国，女性出嫁之后，丈夫的父母的重要性更胜过自身父母，因此违背孝顺的道德被认为是很严重的事。

第二，"无子"：指的是妻子没有生育男孩，列入"七出"的理由是"绝世"，古代的传统观念中，家族的延续被认为是婚姻最重要的目的，妻子无法生出儿子来是很严重的事情，直接影响婚姻是否能延续。

第三，"淫"：亦即妻子与丈夫之外的男性发生性关系。理由是"乱族"，也就是因为淫会造成妻所生之子女来路或辈分不明，造成家族血缘的混乱。

第四，"妒"：指妻子好忌妒。理由是"乱家"，亦即认为妻子的凶悍忌妒会造成家庭不和，以及"夫为妻纲"这样的理想夫妻关系的混乱，而许多看法中，更认为妻子对丈夫纳妾的忌妒有害于家族的延续。

第五，"有恶疾"：指妻子患了严重的疾病。理由是"不可共粢盛"，是指不能一起参与祭祀，在传统中国，参与祖先祭祀是每个家族成员重要的职责，因此妻有恶疾所造成夫家的不便，虽然必定不只是祭祀，但仍以此为主要的理由。

第六，"口多言"：指妻子太多话或说别人闲话。理由是"离亲"，在传统中国家庭中，女性，尤其是辈分低的女性被认为不应当多表示意见，而妻子作为一个从原本家族外进来的成员，多话就被认为有离间家族和睦的可能。

第七，"窃盗"：即偷东西。理由是"反义"，即不合乎应守的规矩。

 第013课　"孝悌"指什么？应该如何行"孝悌"？

《弟子规》开篇就说道："首孝悌""次谨信。"全篇内容更是以"入则孝"，"出则悌"作为点题而引出下文，那么何为孝悌？

儒家思想认为，孝悌是一个人应该懂得的基本准则。一个人如果连孝悌都不懂，就不配去做学问。孝悌并不是生搬硬套强加给人的现成的条例，生活中提倡德的孝悌都是人性本真的体现，传承着中华民族的优良传统。

孝：就是孝顺父母、孝敬长辈，这是为人立世的本分。生活中所提倡的"尊老爱幼""尊师敬贤"并不是真正意义上的孝顺，俗话说："身体发肤，受之父母，挖肉刮骨亦不能报答其生养之恩。"做到真正的孝就应该从心里爱父母，从对父母的一言一行开始做起，时刻要感恩于父母，明白父母"养儿""育儿"的不易和艰辛。

"百善孝为先"。当今社会生活水平提高了，对父母的"孝"也换了一种方式，很多人认为所谓的"孝"就是送幢房子给老人、给老人请保姆。

其实老人需要的不是这些，而是期待多和子女相处的时刻，物质可以解决温饱，却无法满足父母内心的渴望。财富可以改善生活条件，却不能解决只有通过心灵的交融才能给予老人的情感上的慰藉。

悌：悌，善兄弟也。出自《说文》；悌：弟爱兄谓之悌。出自贾谊的《道术》。汉字构成是很有讲究的，悌字从心从弟，心指用心、关心，弟指兄弟、兄长，就是兄弟友爱、相互帮助。做弟妹的要做到尊敬兄姊，哥哥姐姐以身作则友爱弟妹，兄弟姐妹能和睦相处，一家人其乐融融，父母自然就会欢喜，这样的状态下，孝道就不表而显了。

 第014课　古人是如何起名的？

古人起名的文化真是昔非今比，不像我们当今社会起名这么简单的一姓一名，古人除了姓和名以外，还要有字（表字）、号等，且并不是像现在我们取名直截了当，古人出生后先起名，长大以后要取字，两者相连，通称名字。其"名字"一词包含了"姓""名""字"三个部分，和现在我们说的名字不是一码事，三者各司其职。清代著名学者王应奎在阐述名字的作用时说道："古者名以正体，字以表德。"由此说明，一个人的称号基本上是由名与字组成的，虽然各有各的用途，但二者间还是有关联的。

古人大多因名取字，而且名与字之间必然存在着相关的联系，如三国时蜀汉名将赵云，字子龙，在这一名字中，"云"是名，"子龙"则是对云的解释，"云"就是"子之龙"（天子即为真龙）。古人的名有诸多种类，字也有相应用途，最初人们取名往往只取一字，而且与"仲""甫""子""伯"这些能够表现年龄范围的字组合使用，例如孔子的弟子冉雍字仲弓、仲由字子路、冉耕字伯牛，"弓"就是冉雍的字，"牛"就是冉耕的字，"路"就是仲由的字。西汉早期，人们取字开始有所讲究，除了注重效法古人以外，字的寓意方面也被人所重视。例如取字"士忠""豫德""贤明"，等等。

号在古代属于一种特定的别名，也叫"别号"。早在商朝末期，取号就已经为大众所认知。《周礼》对此解释道，号乃"尊其名更为美称焉"，可见在当时人除了有名、字之外，号不失为另一种美称。我们最熟知的《水浒传》中梁山一百零八个大将个个都有响当当的名号，以至于大多时候人们都习惯直呼其号，不叫其名，如"豹子头""黑旋风"，等等。

 第015课 "男不拜月，女不祭灶"的习俗因何而来？

"男不拜月，女不祭灶"这一说法源自旧时中国汉族地区的禁忌风俗，并在全国各地流行，主要就是怕由于性别的差异，不合理的祭祀会亵渎了神灵。

中秋节是个团圆的节日，又称"仲秋节""八月节""八月半"。汉族有拜祭月神的习俗；农历十二月二十三日夜，有拜祭灶神的习俗。民间传说月神为女性，《嫦娥奔月》中的嫦娥即是天上的月神。相传她本是后羿的妻子，因为偷吃了王母娘娘赐予的长生不老仙药，飞到月宫上成了月灵。因此，人们在祭月时禁止男子祭拜，以免有亵渎神灵之嫌。

"祭灶日"在古代属于女人过年的禁忌日，祭灶习俗在中国各地都有不同形式的存在，战国晚期更是属于国家律法规定的"五祀"之一。

民间相传灶神为男神，被称作"灶王爷"，古语云"上天言好事，下界保平安"。据说每年腊月二十三日，"灶王爷"要回天宫向玉皇大帝禀明人间的生活状况。据说，灶王爷长相英俊，又是玉皇大帝面前的"红人"，怕女的祭灶会有"男女之嫌"。相传古时候最早曾是由老妇来祭祀灶神的，后来发展为由男人祭灶，妇女最多只可跟在男人后边祭祀一下，如果家中无男子，就请邻里的男性代替，若实在无人替代而又需祭拜的话，河南地区还有一种通融的方法，即男子拜月和女子祭灶时，头戴一斗笠，这样神祇就辨认不出是男是女，也就不会怪罪了。

第 016 课　过年贴春联的习俗是怎么来的？

　　辞旧迎新，每逢新年来临，每家每户必不可少的一件事就是贴春联。红纸黑字，喜庆沉稳，寄托了人们对新一年的美好愿望。古代的春联也有春贴、门对、桃符等叫法，不过其意义都是对新的一年的祝福和祈愿。

　　春联起源于桃符，古人在庆祝新年的时候会用有镇鬼驱邪之说的桃木板分别写上"神荼""郁垒"（相传为古代两位捉鬼神将）二神的名字，或者把二神的威武之相画在纸上，张贴或悬挂在大门两侧，以求驱邪避凶。这就是最早的桃符。南朝的《后汉书·礼仪志》对此详细地记载：桃符长六寸，宽三寸，桃木板上书"神荼""郁垒"二神。"正月一日，造桃符著户，名仙木，百鬼所畏。"

　　五代时，人们对桃符的形式和内容有了新的革新，《宋史·蜀世家》记载道：后蜀主孟昶令学士章逊题桃木板，以其非工，自命笔题云："新年纳余庆，嘉节号长春。"说的就是当时的国君孟昶写了一副联题命令学士章逊将其写在桃木板上以辞旧迎新，内容为："新年纳余庆，嘉节号长春。"这一题词改变了传统桃符的内容与性质，由原来的"神荼""郁垒"变为有祝愿祈福性质的文体——联语。成为中国历史上最早的一副春联。

　　到了宋朝，人们已经把传统桃符的桃木板改为纸张，被称作"春贴纸"，王安石在《元日》中曾写道："爆竹声中一岁除，春风送暖入屠苏。千门万户曈曈日，总把新桃换旧符。"可见当时社会悬挂桃符已非常普遍。

　　明太祖朱元璋时期，桃符一词才正式被使用。太祖建都金陵后，国泰民安，百姓安居乐业，为庆贺这一景象颁布了一道特别的指令，要求城中百姓家家户户每逢除夕之际都要在大门两侧张贴春联，以此来迎接新一年的开始。从此以后，贴春联便成为中国人过年必不可少的习俗。

第017课 本命年为什么有扎红腰带之说？

中国古代，红色被广泛用于宫廷的建筑中，庙宇和墙壁都要用红色装饰，当朝为官者大都着红袍，"朱门""朱衣"说的就是朝廷官员的宅邸和官服大都用红色作为装饰，以此来显示身份尊贵。道家文化所指的五行中火的颜色也是红色，八卦里的离卦也象征红色，可见中国人尊红的思想由来已久。

关于"本命"年的禁忌，在民间有着广泛的流传和影响，各族各地的民俗中都有在本命年穿红戴红驱邪避凶的习俗。人们每逢本命年就要用红色来装饰自己。本命年的红色讲究应该是源于中国汉民族传统文化对于红色的崇拜。红色辟邪，红色吉祥，这种观念早在原始社会就已经存在，红色是太阳的颜色，是血的颜色，是火的颜色。随着时代的变迁，这种尚红思想却没有变，新年贴红对联，新科的红榜，汉族的旧式婚礼中新婚的红嫁衣、红盖头、红蜡烛等，不论何时何地，人们都要用红色来增添喜庆。汉民族把红色视为喜庆、成功、忠勇和正义的象征，尤其认为红色有驱邪护身的作用。因此在大年三十，人们便早早地穿上红色内衣，或系上红色腰带，有的随身佩戴的饰物也用红丝绳系挂，来迎接自己的本命年，认为这样才能趋吉避凶、消灾免祸。这些为本命年辟邪的红色什物就是人们常说的"本命红"。

总的来说，本命年是福是祸或者是与大多数人认为的那样：本命年顺则一顺百顺，鸿运当头，势不可当；背则到处是关口，满眼皆门槛，霉运到家，目前还尚无定论。但可以肯定的是，本命年是凶年的这种说法是没有任何科学依据的。现代人对本命年"戴红穿红"的说法并不是特别重视，"本命年"也逐渐失去它原始的意义，在传统习俗中正逐渐被人们所淡忘，成了商家宣传的一种噱头。

第018课 二月二 "龙抬头" 的说法是怎么来的？

俗语常说："二月二，龙抬头。"农历二月初二前后是二十四节气之一的惊蛰。据说经过冬眠的龙，到这一天被隆隆的春雷惊醒，便抬头而起。所以古人称农历二月初二为春龙节，又叫龙头节或青龙节，在南方叫踏青节、挑菜节。

龙在中国自古就被认定是吉祥之物，是主管降雨的尊神，农历的二月二处在"雨水""惊蛰"和"春分"之间，全国各地大都已经进入了雨季，对于现在来说是一种正常的自然规律，但在古代，老百姓认为这天是龙欲升天的日子，普降甘霖、滋养万物是"龙"的功劳。久而久之，龙在中国人的心目中的地位有增无减，所以才有"二月二，龙抬头"之说。事实上，在"龙抬头"这天，经过冬眠的百虫开始苏醒，正所谓"二月二，龙抬头，蝎子、蜈蚣都露头"。人们在当天有理发的习俗，与"龙抬头"之意讨个喜庆吉利的兆头。

我国明朝时期对这个礼俗就有相关记载。沈榜的《宛署杂记》中说道："宛人呼二月二为龙抬头。乡民用灰自门外委婉布入宅厨，旋绕水缸，呼为引龙回。"明朝的于奕正、刘侗的《帝京景物略》卷二，春场中记载："二月二曰龙抬头，煎元旦祭余饼，熏床炕，曰熏虫儿，谓引龙，虫不出也。"龙是天子的象征，在中国人的心目中有着崇高的地位，龙抬头之时，是春季来临、万物复苏之时，所以"二月二，龙抬头"这句谚语预示一年的农事活动即将开始。

"二月二，龙抬头"在古代还有天文学方面的解释。中国古代用二十八宿来表示日月星辰在天空的位置，并依此来判断季节更替。二十八宿中的角、亢、氐、房、心、尾、箕七宿组成一个完整的龙形星座，其中角宿恰似龙的角。每到二月春风以后，黄昏时"龙角星（即角宿一星和角宿二星）"就从东方地平线上出现，这时整个苍龙的身子还隐没在地平线以下，只是角宿初露，故称"龙抬头"。

第019课　"五福临门"接的是哪"五福"?

很多人都知道"五福临门"这个成语,可是很少有人知道"五福"所指的是哪五种福。至于"五福临门"说法的来源,知道的人就更少了。五福的说法出自《书经·洪范》:"一曰寿、二曰富、三曰康宁、四曰攸好德、五曰考终命。"

那么"五福临门"中的"五福"到底是什么呢?其实很简单,都是和人们的日常生活息息相关的。第一福是"富贵",钱财富足、地位尊贵;第二福是"好德",宽厚宁静、生性仁善;第三福是"长寿",福寿绵长、命不夭折;第四福是"康宁",身体健康、心灵安宁;第五福是"善终",善能久远、有始有终,身无疾病、寿终正寝。有道是"长寿是命不夭折而且福寿绵长;富贵是钱财富足而且地位尊贵;康宁是身体健康而且心灵安宁;好德是生性仁善而且宽厚宁静;善终是能预先知道自己的死期。只有把五福集于一身,才能构成幸福美满的人生。一旦不能兼顾,总会让人感到惋惜。例如,有的人长寿却无福,有的人富贵却短命,有的人事业有成却身体欠佳,等等境况不胜枚举。这些美中不足的境遇,都是残缺之福。

五福当中,以"好德"最为重要。诸葛亮说"静以修身,俭以养德"。人如果没有良好的德行,就无法立信于世,有着淡泊明志、宁静致远的品德,这才是最好的福相。德是福的根本,福是德的表现,只有培养敦厚的德行,好施乐善、广积阴德,才能孕育其他四福的不断增长。

 第020课　家谱是怎么产生的?

家谱,也叫族谱、家乘、祖谱等,是一种以表谱形式记载一个以血缘关系为主体的家族世系繁衍历程和重要人物事迹的特殊书体，主要以记载祖辈家族世系、人物为中心，是由记载古代帝王诸侯世系、事迹而逐渐演变来的。

家谱是一种特殊的文献。根据其记载的主要内容而言，在华夏文明史上是最具平民特色的文献，记载了一个血缘家族世系人物和事迹等方面情况，是每个姓氏代代传承之书，作为中国封建社会制度的产物，家谱具有区分家族成员血缘关系的重要作用。

隋唐时有"人尚谱系之学，家藏谱系之书"之说。唐代官修谱有《氏族志》《姓氏录》《姓族系录》和《元和姓纂》等，私家家谱的修撰整定大量出现，例如颜真卿的《颜氏世系谱序》、于邵的《河南于氏家谱后序》等。柳芳曾说："凡四海望族则为右姓，不通历代之说，不可与言谱也。"赵彦卫说唐人"推姓显于一郡者谓之望姓，如清河张、天水赵之类。世人惑于流俗，不究本宗源流，执唐所推望姓，认为己之所自出，谒刺之属显然书之"。宋朝时期，撰写家谱已被朝廷所重视，家谱的撰写也为历史的研究提供了宝贵资料。如北宋吕夏卿撰写的《唐代世系诸表》就为《新唐书》作出重大贡献。王安石根据许元、许世志撰写的《许氏世谱》，也为史学研究提供了资料。

作为汉字的发源国，上至帝王，下至黎民百姓都十分重视家谱的更替，家族较大的家谱撰写长达数十年甚至上千年不绝。家谱的内容除了包括家族树、重要事迹外，有时也会记载家族里居地产业的变迁及祖传的家训等，家谱作为家族的成长史，使家族成员对自身家族的自我认同有很大的作用。家谱不仅承载着一个家族的兴衰成败，更是从侧面反映出了当时社会的政治、经济、文化的发展状况。因此，家谱与国史、方志并列为中国史学的三大支柱。

 第021课 拜年的习俗是怎么来的？

新春佳节，红梅飘香，至爱亲朋、同事战友走家串户，登门拜年，互致节日祝贺，很有那么一股子"人情味"。柴萼的《梵天庐丛录》称："男女依次拜长辈，主者牵幼出谒戚友，或止遣子弟代贺，谓之拜年。"这在我国民间已成为传统的习惯。

那么，拜年这一习俗又是怎么来的呢？相传，远古时代有一种怪兽，长着血盆大口，异常凶猛，人们叫它"年"。每逢腊月三十晚上，它都会出来挨家挨户地残食人群，人们不得不把肉食放到门外，然后大门紧闭，躲在家里，以此躲过灾祸。直到初一早上，人们开门见面，作揖道喜，互相祝贺未被"年"吃掉。于是，拜年之风绵绵相传。到了宋朝，上层统治阶级和士大夫感到互相登门拜年耗费时日，于是就把祝福之词写于纸上，派人专门投送，以交换名帖的方式代替登门拜访。宋人周辉的《清波杂志》说道："宋元祐年间，新年贺节，往往使用佣仆持名刺代往。"当时的贺年片是一种用梅花笺纸裁成的约两寸宽、三寸长，上面写着自己的姓名和地址的卡片。朋友之间在农历正月初一这一天互相赠送，甚至不大熟悉的人也送一张，以广交游。明代，投寄贺年片之风更甚，文徵明有《拜年》诗云："不求见面惟通谒，名纸朝来满敝庐。我亦随人投数纸，世情嫌简不嫌虚。"到了清代康熙年间，贺年片开始用红色硬纸片制作。当时时兴一种"拜盒"，将贺年片放到铺盒里送给对方，以显庄重。辛亥革命后，公历新年也有送贺年片的，同时品种花样也多起来。贺年片从设计到印刷，都越来越艺术，内容也更加有意义了。它从一种写有单纯祝福词语的卡片发展成兼有书法、图画、诗词的精致玲珑的艺术小品。现在的贺年片小巧玲珑，既有年历，又有精美的图画，送给友人更增添了节日的情趣。

 第022课　十二生肖的来历是什么？

在我们国家，每个人都有各自的属相，和别人聊天，只要问一下对方的属相就能推算出实际年龄。这可不是电影里演的"掐指神算"，其中的奥妙就在于我国古代的干支纪年之法。

相传，我国自舜帝时期就已经使用天干 10 个符号和地支 12 个符号相组合的"干支纪年法"。而最早有相关记载的是我国古代西、北部的游牧民族采用动物来纪年的方法。《唐书》载："黠戛斯国以十二物纪年，如岁在寅，则曰虎年。"清代著名考据学家赵翼在《陔馀丛考》中考证云："益北狄俗初无所谓子、丑、寅、卯之十二辰，但以鼠、牛、虎、兔之类分纪岁时，至汉时呼韩邪（单于）款塞入居五原，与齐民相杂，浸寻流传于中国，遂相沿不废耳。"

十二生肖的产生众说纷纭，但形成于汉朝的可能性比较大，因为东汉王充《论衡·物势篇》中说道："寅，木也，其禽，虎也。戌，土也，其禽，犬也。"又云："午，马也。子，鼠也。酉，鸡也。……申，猴也。"共提出 11 种生肖名。东汉赵晔在《吴越春秋》中也有"吴在辰，其位龙。"这一说恰好把空缺的"辰龙"补齐，成全了十二生肖。由此推断东汉十二生肖已经形成。那么人们是何时开始使用十二生肖的呢？根据史书记载，南北朝时人们就已经使用十二属相。北史《宇文护传》中有段关于宇文护的母亲写给他的一封信的记载，内容是："昔在武川镇生汝兄弟，大者属鼠，次者属兔，汝身属蛇。"由此可见当时民间已普遍使用十二生肖记录人的生年了。

 第 023 课　十二生肖对应的时辰是怎么来的？

关于 12 种动物配十二时辰，古代有着不同的众多说法。

相传以 12 种动物取代十二地支，来代表 12 个月令，是汉朝东方朔的杰作。有明确记载的是东汉王充所写《论衡》中的《言毒篇》，他提到了 12 种动物的名称。用十二生肖来纪年，也起于东汉。

也有人认为，十二生肖首先用于记时。一昼夜是 24 小时，古代天文学家将昼夜分为十二时辰。同时他们在观天象时，依照 12 种动物的生活习惯和活动的时辰确定十二生肖。例如，夜间 11 点至次日凌晨 1 点，属子时，正是老鼠趁夜深人静，频繁活动之时，称"子鼠"。凌晨 1 点至 3 点，属丑时。牛习惯夜间吃草，农家常在深夜起来挑灯喂牛，故称"丑牛"。以此类推。

其他的说法还有许多。诸如，黄帝要选拔 12 种动物在天上按时值班。通过竞赛而选中了鼠、牛、虎等 12 种动物；十二生肖来源于原始社会一些氏族的图腾崇拜，按某次集会时各部落的强弱划分；十二生肖可能是从天竺引进的；或二十八个星宿分布周天，以值 12 个时辰。每个星宿都以一种动物命名。从每个时辰值班的动物中挑选某种常见的作某一年的代称等等，不一而足。

虽然十二生肖的来历众说纷纭，但因为它的通俗、方便又具有强烈的趣味性，所以一直沿用至今，成为古人留给我们的一笔仍有实用价值的宝贵遗产。

 第 024 课　"上巳节"是个什么样的节日？

许多人对"上巳节"并不熟悉，对相当部分人来说更是闻所未闻。其实"上巳节"属于迎春的一种节日，古时候三月的第一个巳日被称为"上巳"，汉朝时被定为节日。《后汉书·礼仪志上》里面说道："是月上巳，官民皆絜（洁）于东流水上，曰洗濯被除，去宿垢疢（病），为大絜。"意思是说，在上巳节那天，官民百姓都要在河川之中沐浴，这叫作"洗濯被除，去宿垢疢（病）"，絜诚以祭祀。后来这种庆祝方式在形式上有所增加，比如临水宴宾、外出踏青，等等。到了魏晋以后，人们把"上巳节"叫"三月三"，被后人一直沿袭，成为人们在春季水边小酌、踏青游玩的节日。

关于上巳节的起源可追溯到"三皇治世"的年代。"上古大神"伏羲和其妹女娲捏土造人，繁衍后代，在河南东部一带，人们把伏羲奉为"人祖爷"，在淮阳（伏羲建都地）建起太昊陵古庙，由农历二月二到三月三为太昊陵庙会，达官显贵、善男信女、都云集陵区，朝拜人祖。

民间传说农历的三月三还是王母娘娘开蟠桃会的日子。有一首北京竹枝词是以此来描述蟠桃宫庙会盛况的："三月初三春正长，蟠桃宫里看烧香；沿河一带风微起，十丈红尘匝地扬。"西王母在传说中是中国西部一个原始部落的保护神。她有两个法宝：一是吃了就长生不老的仙丹；二是吃了就能寿比天齐的蟠桃。"嫦娥奔月"神话中嫦娥偷吃的神药正是西王母所赐。后来人们在好多神怪小说中把西王母当作是福寿的象征，誉为"福寿之神"。

道教传说认为，西王母就是在三月三这天降生的，每逢此日，天地各界神仙都会聚集到瑶池给西王母祝寿，俗话说的"麻姑献寿"就是由此而产生的。

有关上巳节的传说数不胜数，女娲造物就是其中的一种。"相传女娲七天之内造出七种动物，按时间排列分别为初一是鸡日、初二是狗日、初三为羊日、初四为猪日、初五为牛日、初六是马日、初七为人日。按子丑寅卯辰巳午未申酉戌亥的地支排序和甲乙丙丁戊己庚辛壬癸的天干排序法，初七为地支巳日，所以巳日即人日，因此上巳节也就是人日的节日。纪念人日要吃"七宝羹"和"薰天"。"七宝羹"就是用七种菜做的菜肴，而"薰天"是露天做的煎饼。另外还要用五彩丝织品剪成人形或金箔刻成人形挂在屏风或帐子上，以求吉利。

第025课　古代对不同年龄的人是如何称谓的？

日常生活中，人们遇到婚丧嫁娶、寿诞喜宴时，在贺联、挽联中多用年龄的尊称。中国古代文人创制了各式各样的年龄称谓，其中的很多称谓至今仍被沿用。

呱呱坠地的叫婴儿，抱在怀中已会发笑的叫孩提（多指两三岁的儿童），不满周岁的叫襁褓，三四岁到八九岁之间的儿童叫垂髫（髫是古时候儿童头上下垂的短发），八九岁到十一二岁之间的少年叫总角（古代儿童将头发分作左右两半，在头顶各扎成一个结，形如两个羊角，故称"总角"），十三四岁称豆蔻（豆蔻是一种初夏开花的植物，初夏还不是盛夏，比喻人还未成年，故称未成年的少年时代为"豆蔻年华"），15 岁的男子叫束发（到了 15 岁，男子要把原先的总角解散，扎成一束）；女子 15 岁叫及笄（笄［jī］，本来是指古代束发用的簪子，古代女子一般到 15 岁以后，就把头发盘起来，并用簪子绾住，表示已经成年），16 到 30 岁之间，男子和女子的年龄称谓有所不同，女子 16 岁称作碧玉年华（古语俗称的小家碧玉即是如此），20 岁叫桃李年华，24 岁称花信年华。男子 20 岁叫弱冠（古时男子 20 岁行冠礼，表示已经成年，但还没有达到壮年，故称"弱冠"）。30 岁叫而立（俗话说的"三十而立"即源于此），40 岁称不惑，"不惑之年"指的就是 40 岁，50 岁为知命（知命，即知晓天命之意），60 岁称耳顺或花甲，70 岁为古稀之年，杜甫有诗曰："酒债寻常行处有，人生七十古来稀。"80 岁称杖朝，80 到 90 称耄耋（音：mào dié），100 岁为期颐。

 | **第 026 课　古人佩戴宝剑的习惯是缘何而来?**

剑这种古老兵器在古代被广泛使用，有着"百兵之君"的美称。在古代，剑不只是一种征战沙场的武器，并不是只有军队将士才能佩戴，帝王将相、文人墨客同样可以佩戴宝剑。

把宝剑作为钟爱的配饰携带始于周朝，从一国之君到文武百官，全部在腰间佩戴宝剑。文人学者也不例外，据说大教育家孔子在周游列国时就随身佩戴一种名叫"紫薇剑"的文人剑以示和平。

在古代，佩剑有两种含义，其一是身份地位的象征，代表着礼仪的一种。《隋书·礼仪志》说道："一品，玉具剑，佩山玄玉。二品，金装剑，佩水苍玉。三品及开国子男，五等散品名号侯虽四，五品，并银装剑，佩水苍玉，侍中以下，通直郎以上，陪位则象剑。"说明当时民众佩剑的不同直接显示出社会地位的不同。佩剑的第二个作用就是防身健体。战国时期，剑术在社会上兴起，舞剑、击剑在民众中广泛普及。不仅仅是男子，女子也可以舞剑。《吴越春秋》里就有"越女舞剑的记录"。越女自幼独钟剑术，对剑术有着极高的悟性和造诣，以至于得到了范蠡的赏识和重用。

金庸的小说《越女剑》就是依此改编。

到了隋唐时期，文人雅士更是把剑作为饰物来佩戴，李白在《与韩荆州书》一诗中说道"十五好剑术，遍干诸侯"。意思就是15岁就已经习练剑术，并且拜访了许多著名官员。杜甫在《夜宴左氏庄》中也载道："检书烧烛短，看剑引杯长。"辛弃疾也有"醉里挑灯看剑，梦回吹角连营"的佳句被后人所传颂。由此可以看出，唐朝社会并不把剑单单看作一种战争的武器，以至于到了后来的宋代和明清时期，部队将领也习惯把剑作为领导地位的象征或装饰来佩戴。

 ## 第 027 课　封禅这种礼仪是怎么来的？

经常在古代电视剧中看到帝王将相在泰山举行封禅大典，其宏大的场面可以说不亚于太子登基继帝位时的盛况。

"封"为"祭天"，指天子登上泰山筑坛祭天，"禅"为"祭地"，指在泰山下的小丘锄地祭地。封禅一词最早出现于《管子·封禅篇》，司马迁在《史记·封禅书》中曾引用《管子·封禅篇》中的内容，并对其内容加以阐释，唐朝的张守节在对《史记》进行注解时把封禅定义为"君王在泰山上筑圆坛来报答上天的功德，在泰山脚下筑方坛感谢大地的福佑"。即是对《史记·封禅书》中的"登封报天，降禅除地"的诠释。

在古代，封禅就是君王祭祀天地的一种礼仪。古人认为泰山是群山之中最高的山，尊为"天下第一山"，世间的君王只有到泰山祭过天地之后，才算是受命于天。早在夏商周的远古时代，已有君王登山封禅的传说。《史记·封禅书》中关于齐相管仲论桓公封禅的记载，意思是齐桓公取得霸业后想进行封禅，管仲劝说其打消这个念头，认为历朝历代封泰山、禅梁父的共有12位帝王，如三皇五帝和尧、舜、禹等。这些圣贤君主的封禅仪式都是顺民意、得民心的，顺应天地常理，祥瑞之兆不召而至。齐桓公知道自己的修为不够，就打消了封禅的念头。根据《史记》记载，继舜帝和禹帝之后举行过封禅仪式帝王的只有两个人，即秦始皇和汉武帝。

| 第 028 课 古代的婚姻为何有"三书六礼"之说？

婚姻嫁娶，古来有之，正所谓"男大当婚，女大当嫁"，各朝各代对男女的婚姻礼节都有不同的举办方式，但古代的婚姻主要由"三书六礼"组成，一套完备的婚礼仪式全部都由"三书六礼"贯穿其中，下面就来详细说说何为"三书六礼"。三书包括聘书，即订亲之书，代表男女双方正式缔结婚约，男女双方接受庚帖（生辰八字）之后，确定双方生辰无相冲相克后即下聘书；礼书，即大礼清单，过大礼时详细记录礼物数量及种类的礼单；迎亲书，在结婚当天迎娶新娘过门时要使用迎亲书。

如果说"三书"就是古代婚礼的大致概况，那么细节部分就少不了"六礼"的步骤了：纳彩，男方家长委托媒人向物色好的女方家长提出联姻的意愿，男方纳彩的时候是要有真材实料的，需将有象征美满吉祥之意的大约30种礼物送到女方家里，女方也在此时向媒人打听男家的情况，女方若收下礼物即表示同意亲事；问名，纳彩成功后，女家将女儿的姓名、生辰八字及家庭情况等相关信息带返给男家；纳吉，即祈求吉祥之意，也叫"过文定"，男方请人测算双方的生辰八字是否相和，"纳吉"在整个婚姻中起到了启下的作用，纳吉成功后，婚姻才算是得到认定；纳征，俗称过大礼，结婚之前一个月内男方请两到四位女性亲属与媒人一起，把聘礼送到女方家中，并且女方要适当回礼；请期，俗称乞日，男女双方决定吉日举行迎亲仪式；亲迎，即迎亲，男方实现娶妻愿望的最终步骤，迎亲当天，男女双方都要着礼服，新郎与亲友及媒人一起到女方家里去迎娶新娘，对女家的先祖庙堂进行拜见后方能用花轿将新娘接到男家，接着双方举行拜堂仪式，拜堂后双方正式结为夫妻。

 | 第 029 课 元宵节为什么有"赏灯"的习俗？

元宵节又称"上元节"，是紧挨着春节除夕夜之后又一个喜庆热闹的

节日，吃元宵、赏花灯是过元宵节必不可少的环节，"千串万盏耀市井，欢歌笑语闹元宵。"通常在过完元宵节之后，整个春节才算是接近尾声，年味才会慢慢淡去。

早在西汉时期就有了关于过元宵节的传说，相传汉文帝刘恒在登基继帝位之后，为了庆祝平息"诸吕之乱"，就把平乱当日的正月十五定为元宵节，京城百姓户户张灯结彩，以示庆祝。此后，每年的正月十五便成了普天同乐的"喜乐会"。到了汉武帝即位时，规定把"太一神"（太一：宇宙的主宰之神）的祭祀活动定在正月十五。等到后来司马迁创建"太初历"时，就已将元宵节确定为重大节日。

元宵节当晚，大江南北的家家户户都要点彩灯、放焰火，大街小巷花灯锦簇，热闹非凡，有些地方还会举办大规模的灯会和焰火晚会以示庆祝。相传元宵赏灯最早始于东汉明帝时期。明帝提倡佛教，听说佛教有正月十五僧人观佛舍利、点灯敬佛的做法，就命令这一天夜晚在皇宫和寺庙里点灯敬佛，令士族庶民都挂灯。以后这种佛教礼仪节日逐渐形成民间盛大的节日。该节日经历了由宫廷到民间，由中原到全国的发展过程。

除了赏灯之外，猜灯谜也是元宵节另一项娱乐活动，每逢农历正月十五，各家各户都要挂起彩灯、燃放焰火，后来有好事者把谜语写在纸条上，贴在五光十色的彩灯上供人猜。因为谜语能启迪智慧又迎合节日气氛，所以响应的人很多，尔后猜谜逐渐成为元宵节不可缺少的节目。

 第030课　中国古代有多少鬼节？

鬼节，顾名思义，即鬼过的节日。鬼节有中西之分，在中国有四大鬼节，分别是清明节、三月三、七月十五（十四）、十月初一。

清明扫墓，表达家人对祖先的尊敬与怀念。这一习俗由来已久。明《帝京景物略》载："三月清明日，男女扫墓，担提尊榼，轿马后挂楮锭，粼粼然满道也。拜者、酹者、哭者、为墓除草添土者，焚楮锭次，以纸钱置坟头。望中无纸钱，则孤坟矣。哭罢，不归也，趋芳树，择园圃，列坐尽醉。"事实上，秦朝以前就有扫墓的习俗了，不过并不是规定在清明当天，清明扫墓到唐朝才开始盛行。《清通礼》云："岁，寒食及霜降节，拜扫圹茔，届期素服诣墓，具酒馔及芟剪草木之器，周胝封树，剪除荆草，故称扫墓。"并相传至今。

农历的七月又被称为"鬼月"，相传，每年从七月一日起阎王就下令大开地狱之门，短期释放那些终年受苦受难禁锢在地狱的冤魂厉鬼走出地狱，获得短暂的游荡，享受人间血食，所以人们称七月为鬼月，这个月人们认为是不吉的月份，既不嫁娶，也不搬家。七月十四日则鬼门大开。七月十五日包容的节俗比较复杂，既是民间的鬼节，又是道家的中元节、佛教的盂兰盆节，僧道俗三流合一。

十月初一，也叫"十月朝"，又称"祭祖节"。属我国古代丰收时节祭祀祖宗的一种习俗，表达对先祖的尊敬，教导后世子孙做人不能忘本。十月初一祭祀祖先，有家祭，也有墓祭，南方和北方大致相同。现今江南的大部分地区仍保留有十月初一祭新坟的习俗。十月初一，也是冬天的第一天，此后气候渐渐寒冷。人们怕在冥间的祖先灵魂缺衣少穿，因此，祭祀时除了食物、香烛、纸钱等一般供物外，还有一种不可缺少的供物——冥衣。在祭祀时，人们把冥衣焚化给祖先，叫作"送寒衣"。因此，十月初一又有"烧衣节"之称。

 第031课 冬至祭天是为何？

冬至在农历十一月间（公历12月22日至23日），冬至这天在全年当中是夜晚最长、白昼最短的一天。我国古人很重视冬至，有阴盛阳生，阳盛阴生的说法，从宋朝开始就有庆贺冬至的习俗，宋朝时已经达到了相当普及的程度。冬至前一天叫作小至或小冬，当天叫作长至或大冬，后一天叫作至后。节日三天，百官朝贺，君不听政，民间歇市三日，学生放假，民谣说"冬至大似年"。因为天代表阳，所以皇帝于阳期开始之日——"冬至"要率群臣到南郊祭天，祈求安度阳期。唐宋以来，朝野将冬至放在与岁首同样重要的位置。宋人孟元老的《东京梦华录》上说："十一月冬至。京师最重此节，虽至贫者，一年之间积累假借，至此日更易新衣、备办饮食……庆贺往来，一如年节。"

冬至节历史悠久，各地风俗比较多，但最隆重的无疑是祭天。古代人们对自然现象无法正确认知，大多时候都归于天神在操纵，例如"雷公电母""龙王降雨"，等等。皇帝为了显示自己的尊贵和权势，就把自己当作是天神的传人，祭祀天神就作为一种重要仪式举行，由于冬至那天太阳角度最低，距地平线最近，古人认为在这一天，地面最靠近上天，因此将冬至定为祭天日。

在唐、宋时期，皇帝在这天要到郊外举行祭天大典，到了明清时期，这也是君主为了维护自己的统治而进行的活动，因此都举行隆重的祭天大典，把它列为国家的宗教祭祀活动之一。祭祀活动场面宏大，一般是在郊外举行，因此又被称为"郊祀"。

明代永乐十九年正月初一日（公元1421年年初），永乐皇帝下令将国都由南京迁至北京，并派皇太子到新建成的北京天坛安放代表上天的"昊天上帝"牌位，这标志着北京天坛的正式启用。当月十一日，永乐皇帝首次到北京天坛举行了祭天大典。

第二章
中国人必知的古代朝堂

 第 032 课　"皇帝"一词是怎么来的？

在中国的历史上，皇帝无疑是各朝各代的重要角色，人们常说："家不可一日无主，国不可一日无君。"可见，皇帝在古代社会的政治体制当中拥有绝对的领导权。但并非古代所有君王都被称为皇帝，"皇帝"一词在大多时候是"贤明""仁政"的象征，相反，那些"无道""残暴"的君主都被称为"昏君"。

中国历史上所称的"皇帝"其实是对"三皇五帝"的统称。对于三皇的说法不一，但以"伏羲、女娲（燧人）、神农"为三皇居多，"帝"本意指"天帝"，古人认为"天帝"是宇宙万物的主宰。在历史发展进程中由于征战，领导者各自称帝，曾有"东帝、西帝、北帝、中帝"之说。根据《史记·五帝本纪》的记载，"五帝"就是指黄帝、颛顼、帝喾、唐尧、虞舜。

古代社会的最高统治者称"王""后"或单称"皇"和"帝"，如唐帝尧、夏后启、商王纣、周文王、周武王等。春秋战国时期，周王室衰微，诸侯争霸，一些国力强大的诸侯国的国君也自称为王，如楚庄王、齐威王、秦惠文王、赵武灵王、燕昭王等。公元前 221 年，秦王赵政灭掉六国，平定天下。赵政自认为这是亘古未有的功业，甚至连三皇五帝也比不上他，如果不改变"王"的称号，"无以称成功，传后世"，于是让李斯等人研究一下怎么才能改变自己的称号，以显示自己的"丰功伟绩"。李斯等人商议后报告秦王说，上古有天皇、地皇、泰皇，泰皇最贵，可改"王"为"泰皇"。秦王反复考虑，认为自己"德兼三皇，功过五帝"，决定兼采"帝"号，称为"皇帝"，以彰显自己的尊贵。秦王政自称"始皇帝"，后世俗称"秦始皇"。

 第 033 课 "九五之尊"的说法是怎么来的？

"九五"一词来源于《易经》，《易经》中的首卦就是乾卦，乾代表天，乾卦六爻皆为阳，乃极阳、极盛之相，第五爻称为九五，九即为阳。此爻，正应"九五"之数，为六十四卦 384 爻之第一爻，应帝王之相。意思就是在《易经》前九卦中最好的运势是"极阳"，如果要保持这种运势，即要用后五来中和，五在阳数中处于居中的位置，有调和之意。这两个数字组合在一起，既尊贵又调和，无比吉祥，实在是帝王最恰当的象征。《辞海》中对"九五"一词也有同样的解释："《易经》中卦爻位名。九，阳爻；五，第五爻。《易·乾》上说：'九五，飞龙在天，利见大人。'孔颖达疏：'言九五阳气盛至于天，故飞龙在天……犹若圣人有龙德，飞腾而居天位。'后因以'九五'指帝位。"

古代称帝王多以九五之尊自称。古代的九和五两数，象征着至高无上的尊贵，不仅反映在称谓上，皇亭的建筑、日常使用的器具等方面都有所展现。根据史料记载，清朝皇帝的龙袍绣九条金龙。不过从能见的图案来看，前后相加只有八条金龙，与文字记载的相比少了一条。有人认为皇帝本身就是真龙天子。事实上，缺失的那条龙纹被绣在衣襟里面，一般轻易不会被看到。这样一来，每件龙袍的实际绣龙数还是九条，单从正面或背面来看，所见都是五条（两肩之龙前后都能看到），与九五之数恰好吻合。

第034课 "陛下"一词是怎么来的?

　　无论我们看历史电视剧或电影,只要有皇帝出现,就会听到群臣们左一个"陛下",右一个"陛下"地叫。为什么称皇帝为"陛下"呢?"陛下"的"陛",是指帝王宫殿的台阶。《说文》中说:"升高阶也。从阜,坒声。"本义就特指皇宫的台阶。古时帝王的卫士就在陛下两侧进行戒备。"陛下"是臣子对帝王的尊称。当帝王与臣子谈话时,不敢直呼天子,必须先呼台阶下的侍者进而转告之,因而称"陛下",意思是通过在帝王台阶下的下属向帝王传达卑者话,表示卑者向尊者进言。蔡邕《独断》卷上说:"谓之陛下者,群臣与天子言,不敢指斥天子,故呼在陛下者而告之,因卑达尊之意也。"后来,"陛下"就成为对帝王的敬辞。《史记·秦始皇本纪》说:"今陛下兴义兵,诛残贼,平定天下,海内为郡县,法令由一统。自古以来未尝有,五帝所不及。"由"陛下"又引申为"陛见",此指臣下见皇帝。《后汉书·戴封传》说:"公车征,陛见,对策第一。"《东周列国志》第108回:"天子自称曰:'朕';臣下奏事称'陛下'。"

　　关于这一说法,《国策·燕策》中也载道:"秦舞阳奉地图匣,以次进至陛下。""陛下"就是臣子谒见帝王时所处的位置和地点,展现的是大臣们对帝王恭敬的一种称呼,因为"陛下"一词使用较为频繁,逐渐转变成了尊称帝王的称谓。在后来的社会发展中,不仅是朝臣、黎民百姓,或者为了对别国的帝王表示尊敬,也一律使用了"陛下"这一称谓。

 第035课 "宰相"在朝廷里是多大的官?

　　人们常用"宰相肚里能撑船,将军额上能跑马"来形容一个人的心胸豁达,做事不计小节。作为古代辅助君王执政国事的最高长官,宰相在整个政权体系中发挥着不可估量的作用。

宰相的正式官名随着朝代的更替，先后出现过：相国、丞相、大司徒、侍中、中书令、尚书令、同平章事、内阁大学士、军机大臣等多达几十种官名。据史料记载，远古的商周时代已设有太宰、尹、太师等称谓，这些官职虽然也是辅佐天子管理国家事务，但在当时并不具备国家幕僚长的性质。社会更替到春秋战国时期，出现了相的官职。如齐国名相管仲、赵国名相廉颇等。当时社会盛行养士之风，许多知识渊博的人被朝廷招聘为相。

古代秦国由于商鞅变法，发展迅速，成为战国第一个设立郡县制的国家，并在公元前309年委任樗里疾、甘茂为左右丞相，丞相之名由此开始。秦始皇统一六国后，首次把宰相作为官制确定下来。而在此之前的殷周时代，国家的最高统治者是通过分封诸侯进行分管而治的，商朝的王或周朝的天子无权干涉分封国的内政，由于分封国的君王由贵族世袭，以致天子无权解除他们在分封国的统治大权。秦始皇称帝后，废除分封、设立郡县、废除诸侯、设置官吏，皇帝不再通过宗法亲缘关系进行统治，改任官僚分管全国各地，一套全新的官僚统治体系全面产生，核心政策就是借宰相大臣之力辅佐全国政务。宰相就是在这一历史条件下产生的。随着封建体制的壮大发展，宰相制在中国的历史上一直沿袭了两千年。

 ## 第 036 课　皇帝的坟墓因何被称为"陵"？

人们习惯把古代帝王的坟墓称为"陵寝"。坐落在北京的"明十三陵"更是举世闻名的皇家古迹和旅游景点。那么古代帝王陵墓为什么被称为"陵"呢？

大约从战国中期以后，帝王的坟墓开始被称为"陵"，最早出现于赵、秦等国。《史记·赵世家》载道：赵肃侯十五年经营寿陵。《秦始皇本纪》说：秦惠文王葬公陵，悼武王葬永陵，孝文王葬寿陵。可见，这是君王墓称"陵"之始。随着封建王权的持续加强，帝王为了展现其最高的统治地位，其陵墓不仅占地广阔，封土有如山陵之高，称"陵"一说由此而来。古皇帝的墓可建九丈高，但大多帝王陵往往超过这个高度。至于黎民百姓的坟墓，不但要称为"坟"，而且受限在三尺以下，否则就要接受严惩。朝廷大臣们的坟墓也有严格的规定，不可以随便建造。

　　汉朝之后，几乎每个皇帝陵都有称号。如唐太宗李世民的陵墓被称为"昭陵"、汉武帝陵称为"茂陵"、曹丕与郭皇后合葬的"首阳陵"、汉明帝刘庄的"显节陵"等。此外，生前并未当过皇帝，但因其子孙做了皇帝，死后而被追尊为帝的，其坟墓也称为"陵"。如明太祖朱元璋做皇帝后，他的父亲朱世珍就被追谥为淳皇帝，庙号仁祖，就安徽凤阳原墓建为皇陵；追谥他的祖父朱初一为裕皇帝，庙号熙祖；追谥他的曾祖父朱四九为恒皇帝，庙号懿祖。还有像晋武帝司马炎篡魏权当了皇帝以后，追谥他的祖父司马懿为太祖宣皇帝，坟墓称为高原陵；追谥他伯父司马师为世宗景皇帝，坟墓为峻平陵；追谥他的父亲司马昭为太祖文皇帝，坟墓称为崇阳陵。类似这种追尊的情况，历朝历代屡见不鲜。

 第037课　"九品中正制"是怎样选官的？

　　三国时期，曹魏的开国皇帝"魏文帝"曹丕为了拉拢士族大夫，巩固政权，采用了"九品中正制"的选官制度，也叫作"九品官员法"。

　　九品中正制的主要内容就是选择贤良有卓见的中央官吏兼任原籍地的州、郡、县的大小中正官，负责察访本州、郡、县各地的士人，综合才德、门第，分出"品"和"状"，供吏部选官参考。"品"，就是综合士人德才、出身门第所划分出的等级，共有上上、上中、上下、中上、中中、中下、下上、下中、下下九品，不过统筹之说只分为上品、中品、下品（二品至三品为上品；一品是虚设，一般情况无人能及；四品至五品为中品；六至九品为下品）三类。在德才与门第两个因素中，定品的依据一般是门第，叫作"计资定品"。"状"，说的是中正官对士人德才的评语，一般就是一两句话，例如"天才英博""天资聪颖""德才兼备"等，这是东汉后期名士品评人物的制度化的表现。

九品中正制的产生适应了汉朝末期社会现状的需要，当时社会大兴察举之颓风，人口迁徙流动情况严重，户籍混乱，举行乡论选拔都是相当困难的，于是人们以该地域村落的贤者（多为当朝为官人员）评选出当地的优秀人士，以代乡论。直到西晋年间，实际官员大都在名门世家中选定，以致出现了"上品无寒门，下品无世族"的状况。朝廷为了防止庶族假冒士族，下令世族大家编写谱牒（家谱），引申出了家谱的一大学问。

九品中正制度只注重名门世家的子弟，不能做到唯才是举，以致整个魏晋时期的社会风气浮靡不实，世家子弟整天侃侃而谈，对国事不理不问。世族还为了维持门第的血统，规定婚姻择偶必须"门当户对"。浮夸之气充斥着整个社会。到了隋唐五代时，伴随着门阀制度的没落和科举制的出现，这种腐朽的制度最终被废除。

 第038课　古代公堂上为什么常见"明镜高悬"的匾额?

古人常用"明镜高悬"来形容官员断案清正廉洁、执法如山。

古书《西京杂记》里说道，秦王朝灭亡之后，刘邦率兵占领了咸阳宫，发现了秦朝王室存放奇珍异宝的仓库，数不胜数的金银珠宝当中，一面长方形镜子却引起了刘邦的注意，它宽约四尺，长约五尺九寸，正反两面都可照人，如果是用普通的姿势靠近它，里面就会呈现出倒立的画面；如果是双手捂着胸口靠近它，镜子里马上就会一目了然地显现出人的五脏六腑；患病的人如果捂着胸口照镜子，就会发现自身疾病的所在部位；心术不正的女子在它面前一照就会看见其心脏的跳动与正常人不同。由于这面镜子有此奇特的功能，后人们常用"秦镜高悬"来比喻断案官员明察秋毫、铁面无私。

在随后的社会进程中，朝廷官员为了约束自己公正清廉和显示自己的

"清廉"，都会在公堂上挂起"秦镜高悬"的匾额。由于大多数人对"秦镜"的典故并不了解，所以就把"秦镜"改成了"明镜"，"明镜高悬"由此流传下去。

 第039课 皇帝有哪些特定称谓？

"皇帝"这一称谓，在中国几千年封建专制时代相沿不变，但在某些特定情况下，皇帝还有特定的称谓。

国家：东汉时期常用"国家"代表皇帝。《资治通鉴》记载晋惠帝元康元年"今内外阻隔，不知国家所在"。注曰："国家谓天子。自东汉以来皆然。"

天子："天子"一词早于皇帝制度的产生。"君天下者以天子自居"，故称天子。皇帝制度产生后，皇帝被称为天子，董仲舒《春秋繁露》云："德侔天地者称皇帝，天佑而子之，号称天子。"

朕："朕"是皇帝的自称。秦始皇称帝前，普通人皆可自称朕，嬴政称帝后，"朕"成为皇帝一人的专称。

车驾：古籍中以"车驾"称皇帝者，比比皆是，所以用"车驾"作为皇帝的别称。《汉书·高帝纪》注引颜师古曰："凡言车驾者，谓天子乘车而行，不敢指斥也。"

县官：汉代常用"县官"作为"皇帝"的别称。真正意义上的一县的长官则称为"县令长"。《汉书·霍光传》："县官非我家将军，不得至是。"注引如淳曰："县官谓天子。"

陛下：人臣对皇帝或临朝皇太后的称呼。

上：史家记载历史，或臣下相互对话时多称皇帝为"上"或"今上""皇上""圣上""明上""主上"等，凡皇帝所作诏书或指示，也叫"上谕"。

乘舆："乘舆"的本意是指皇帝所乘之车或皇帝的衣冠器物，由于皇帝至尊无上，使用"乘舆"作代表。

朝廷：古代文献典籍中，常用"朝廷"来代表皇帝。《资治通鉴》记载，东汉献帝初平二年"关东诸侯将领，以朝廷幼冲，迫于董卓"。同书初平三年王允曰："朝廷幼小，恃我而已。"

寡人：古代侯王自谓孤、寡人、不谷（谷），意为少德之人，以示自谦。唐以后只有皇帝能自称"寡人"。

 第040课　县官老爷的办公地为什么叫"衙门"？

古装影视剧中经常出现两人产生纠纷，或是某人犯了王法就会被带到衙门"说理"，据此人们对"衙门"有了一定的了解，不错，"衙门"就是古代官员的官署，官员办案、审案都要在衙门进行。但"衙门"一词的由来却有着一段相当有趣的"插曲"。

衙门其实是由"牙门"转化而来的。六扇门是衙门的另一个别称。古代常用猛兽的利牙来象征武力。"牙门"最早是古代军事用语，代指军旅营门。俗话说"天下合久必分，分久必合"，古代社会的发展就是在不断的战争中挣扎前进，当时战事频繁，今天你来打天下，明日我来守江山，全凭真枪实刀地征战讨伐，因此有才能的军事长官就特别被器重。军事将领们以此为荣，常常将猛兽的爪、牙放在办公的显眼处，以示军功。后来感觉此举太烦锁，索性就在军营门外立起几根大木头，把兽牙的图案绘于木头之上，有时还会把战旗的形状剪成兽牙状，战旗边缘剪裁成锯齿形的牙旗。于是，营门也被形象地叫作"牙门"。汉朝末年，"牙门"正式成了军旅营门的别称。随后这一称谓逐渐被官府移用。《武瓦闻见记》中记载："近俗尚武，是以通呼公府为'公牙'，府门为'牙门'，字稍讹变转而为'衙'也。"唐朝以后，"衙门"一词广为流行。到了北宋以后，人们就几乎只知道"衙门"而不知有"牙门"了。由"衙门"派生出许多词，如"衙役"，指衙门里的差役；"衙内"，指衙门里的警卫官，因多为官吏之子弟充任，所以称官吏之子弟为"衙内"，如《水浒传》里陷害林冲的高衙内。

第041课 "朝廷"一词是怎么来的?

朝廷指封建社会分封制度下,被王国、诸侯国拥戴为共主,共主建立的统治机构(政府)的总称。在这种统治制度下,共主通常被称为皇帝。

我国历代的中原王朝通常被认为是正统王朝,属于中央政权,周边被征服的民族、部落,绝大多数臣服中原政权,被封为诸侯国。中原王朝的统治机构——朝廷被称为"中原朝廷"。

大多时候,朝廷分为"内廷"和以宰相为首的"外廷"。在汉朝汉武帝之前,内廷在政治生活中起的作用很少,仅仅负责皇家内部事务,以及照料皇帝及其家族的起居。汉武帝为了抑制相权,以用兵为理由,召大将军居内,组成皇帝的私人工作机构。汉武帝后期,以尚书令为首的内廷几乎掌握了所有决策的权力,丞相不过奉行文书而已。

在中国古代中央政治体制的演变中,内廷总是不断地取代外廷成为正式的政府机构,比如汉朝的尚书令到了曹魏之后已经成为正式的宰相职务。著名的三省制度中,三省长官尚书令、中书令、侍中都是过去随侍皇帝左右的内廷官职。宋代主管军事事务的宰相职务枢密使在后唐时期出现,当时也是内廷官职,由宦官充任。

第042课 皇帝的女婿为什么叫"驸马"?

"驸马"是对中国古代帝王女婿的称谓,也称帝婿、主婿、国婿等。这一称呼来源于驸马都尉的官职。据史书记载,汉武帝时始置驸(副)马都尉,驸,即副。驸马都尉,掌副车之马。到三国时期,魏国的何晏以帝婿的身份授官驸马都尉,以后又有晋代杜预娶晋宣帝之女安陆公主、王济娶司马昭之女常山公主,都授驸马都尉。魏晋以后,帝婿照例都加驸马都尉称号,简称驸马,并无实权。以后驸马即用以称帝婿,清代称额驸。

公元前 221 年，秦始皇统一中国，建立了中国历史上第一个中央集权制国家——秦朝。他自称始皇帝，经常出巡，每次出巡都前呼后拥，声势浩大。在博浪沙（今河南原阳），张良会同大力士阻击秦始皇，只击中副车。这一下使秦始皇吃惊不小。因此，在以后的巡游中，他乘坐的车辆常有变换，同时安排了许多副车。他还特地设了一个替身来掩人耳目，借以表明皇帝在"副车"上。从此以后，历代皇帝出巡时，都仿效秦始皇的做法，亲自选定一个替身，而这个替身又大都是自己的女婿。因为女婿是皇室的人，不会损害皇帝的威仪和尊严，而且女婿总比其他人可靠。若万一发生意外，女婿又是外姓，死了也对皇室王权并无多大损失，可以说是两全其美之策。这样，由于皇帝的女婿常作为替身乘坐在副车上，跟随皇帝出巡各地，后来，人们就将皇帝的女婿称为"驸马"。

 第 043 课　古代的"三公九卿"是什么样的官职？

"三公"和"九卿"分别是古代权位较高的官员，其中"三公"是辅佐君王的高级官员，"九卿"是中央集权下的行政官员。早在周朝曾有过"三公六卿"之说，以太师、太傅、太保为三公，以太宰、太宗、太史、太祝、太士、太卜为六卿。秦始皇统一六国后，为了加强中央集权制，颁布了三公九卿的中央官制制度，以"丞相""太尉""御史大夫"为三公，其中丞相主要管理全国的政务，太史负责全国的军务，御史大夫督察文武百官，代表皇帝接受奏折启事、管理国家文献典籍、为朝廷起草诏令文书等。九卿分别为：奉常，九卿之首，掌管宗庙礼仪；郎中令，管理宫廷里的守卫；卫尉，领导宫门警卫；太仆，主管国家车马政务；廷尉，主管司法；典客，负责对外邦交和对内民族事务；宗正，掌管皇室亲属事务；治粟内史，掌管粮食赋税和国家的财政；少府，专门负责宫廷内部的财政税务。

到了汉朝，依然沿用"三公九卿"这种官制，但是名称比在先秦有所改变，如三公中的"丞相""太尉""御史大夫"分别被"大司徒""大司马""大司空"替代，九卿之中的"奉常"改为"太常"，典客变为"大鸿胪"，"廷尉"变为"大理"，"大司农"代替"治粟内史"等。称呼虽然改变，但其工作职责和工作范围并没有改变，核心还是为加强中央集权服务的。

第044课　唐代的"九寺"指的是什么？

在古代中国的官制中，"九寺"贯穿着秦汉到宋元的官场制度，是九个中央政府事务的执行机关。"九寺"就是"九卿"，秦汉以来，国家政务由丞相、太尉、御史大夫三公和处理庶务的九卿负责，九卿的官署被称为寺。寺的原义是宦官的别称，即寺人，秦朝把宦官负责政务的机构称为寺，汉朝则成为九卿的官署的通称。佛教传入汉朝，佛像最早在鸿胪寺供奉，因而佛教的庙宇后来被称为寺，宦官的意义只保存在寺人一词，官署的意义只保存在九寺当中。九卿的官署正式命名为九寺是在南北朝的北齐。

太府寺：掌管国家财政货币、粮食储藏与贸易。也称"大司农"。

太仆寺：掌管皇宫车马牧畜。

太常寺：掌管宗庙祭祀礼仪。

大理寺：掌管国家律法和刑事案件。

宗正寺：掌管皇家宗族事务，包括陵庙守卫，道、僧管理等。

卫尉寺：掌管宫廷警戒，包括警备兵力、武器、仪仗等。

光禄寺：掌管宫廷日常杂务。

司农寺：掌管国库谷物和货币。本为国家财政机关，被户部取代。

鸿胪寺：掌管国家礼仪和外交。

汉朝灭亡后，九寺在六朝之际重要性下降，曹魏机密文书处理机关尚书台官员成为实质的宰相，魏晋南北朝时期，尚书台演化的尚书省所属各部（后来的六部）分割了九卿的权力。

隋朝统一中国后，将九寺作为六部的辅助机关。唐朝制度沿袭隋制，尚书省六部实权最终确立，九寺权限多有名无实。之后，九寺只是作为一种政权延续的象征，宋、辽、金、元依然设立，明朝削减为五寺：太常寺、光禄寺、太仆寺、大理寺、鸿胪寺。

 第045课 "三省六部"是什么样的制度？

隋朝的开国帝王杨坚创建了"三省六部制"，它是根本目的在于削弱和限制丞相权力的体制和机构。六部包括吏部、礼部、兵部、户部、刑部和工部；每部各辖四司，共为24司，一直到清末，六部制基本沿袭未改，对于三省制，其中尚书省形成于东汉时期，当时称作尚书台；中书省和门下省出现于三国时期，目的在于削减尚书省的权力。在社会发展过程中，政权体制和分管权力不断改变，到了隋朝才统一规划为三省六部，其职能主要就是掌管中央政令和政策的出台、审核、贯彻与执行。各个时代，当朝的统治者都相应对加强中央集权的举措做出了补充和整合。

中书省的主要职责是根据皇上旨意拟定和起草相关法案。门下省主要负责审核大臣们的奏表文章，根据情况可予以驳正，另外，门下省还设立谏议大夫，适当情况下可以向皇帝谏言，避免皇帝颁布错误的法令。尚书省执行和实施部门负责把中书省和门下省决议通过的法令旨意奉行实施。

吏部的主要职责是对四品以下官员进行考核和任免；户部负责国库和财政；礼部负责科举、典礼、祭祀；兵部负责全国军政事务；刑部是负责司法的机构；工部掌管工程建设。

"三省六部制"的提出削弱了宰相的权力，加强了皇权。解决了相权和皇权的矛盾，与此同时又间接增加了议政人员的数量，使封建中央集权得到了更好的巩固，促使了行政效率的提高，稳固了皇帝的统治地位。

第046课　"国子监"为什么是古代最高的学府?

国子监是中国古代的大学，始设于隋朝时期。上古的大学称为成均、上庠。董仲舒云："五帝名大学曰成均。"郑玄云："上庠为大学。"至于夏商周，大学在夏为东序，在殷为右学，在周有东胶，而周朝又曾设五大学：东为东序，西为瞽宗，南为成均，北为上庠，中为辟雍。汉代始设太学，隋代始设国子监。

"国子监"也称"国子学"，西周时期，国家的最高学府称为"太学"，汉武帝设置"太学"也是承袭了传授儒家经典最高学府的功能。而西晋初立"国子学"旨在突出国家教育管理机构的功能，北齐称之为"国子寺"。隋、唐、宋、元、明、清称之为"国子监"。清末改革学制，自光绪三十二年起新设学部，国子监并入学部。

在之后的隋、唐、宋、辽、元的历史发展进程中，"国子监"依次沿承下来，并得到了不同程度的改善和发展。直到明清国子学为国子监。明朝国子监创于明太祖初定金陵之时，改应天府学为国子学。后太祖建都南京，重建校舍于鸡鸣山下，改学为监，故称国子监。永乐十八年（公元1420年），明迁都北京，改北京国子监为京师国子监，于是明代国学有南北两监之分（亦称南北两雍）。南京国子监规模宏大，"延袤十里，灯火相辉"。校内建筑除射圃、仓库、疗养所、储藏室外，教室、藏书楼、学生宿舍、食堂就有2000余间。教学和管理设有五厅（绳衍厅、博士厅、典籍厅、典簿厅和掌馔厅），六堂（率性、修道、诚心、正义、崇志、广业诸堂）。学生至洪武二十六年（公元1393年）已增加到8000多名，永乐二十年（公元1422年）达9900多人，盛况空前。当时邻邦高丽、日本、琉球、暹罗等国"向慕文教"，不断派留学生到国子监学习。但此种盛况为时不久，正德以后日衰。明国子监学习四书、五经，兼习《性理大全》以及律令、书数等，此外，国子监对教职员的职务、待遇及对监生的管理、待遇等方面，都有十分明确的规定。

第 047 课　"翰林院"为什么被称为"皇家学府"?

在古代,翰林出身的学士在社会上拥有极高的地位,翰林学士无疑是社会知识分子中的精英代表。翰林院也成了当时莘莘学子梦寐以求的求学之地。

翰林院设立于唐朝,最初是给艺能人士提供的供职机构,自唐玄宗后,翰林被分为翰林学士(供职于翰林学士院)和翰林供奉(供职于翰林院)。翰林学士担当起草诏书的职责,翰林供奉则没什么实权。玄宗末年,翰林学士院演变成了专门起草机密诏制的机构,有"天子私人"之称。在院任职或曾经任职者被称为翰林官,简称翰林。宋朝后与科举接轨,成为正式官职。明以后被内阁等代替,成为养才储望之所,负责修书撰史、起草诏书、为皇室成员侍读、担任科举考官等,地位清贵,成为阁老重臣的升官石。

明代是翰林院长足发展的黄金时期,将前代之翰林学士院正式定名为翰林院,而与杂流诸如方术伎艺等供奉之事脱离干系。掌制诰、史册、文翰之事,考议制度、详正文书,备皇帝顾问,主官为翰林学士,下有侍读学士、侍讲学士、修撰、编修、检讨等官,另有作为翰林官预备资格的庶吉士。明代将翰林院定为五品衙门,翰林官品秩甚低,却被视为清贵之选。翰林若得入值文渊阁参与机密,则更是贵极人臣。

翰林院的设立也有相应的弊端,大量学子因憧憬翰林学士而去参加科考,造成了人才的极度浪费。社会重文士,轻技工,延缓了科学技术的发展。不仅如此,翰林制度的建立使得文学和思想界的主流处于皇帝的监管之下,对学术自由的发展和知识分子的思想独立起了压抑作用,有利于皇帝进行专制统治。

第 048 课　何为"唐代五监"?

"五监"是唐朝独立中央职能的官职,是在秦汉形成的没有列入九卿、九寺的执务机关。与九寺一样，管理事务与尚书省六部重叠，而经常成为六部实际意义上的属官。

国子监：中国古代教育体系中的最高学府。唐武德初称为国子学，隶于太常寺，贞观二年（公元628年）改称监，为中央文化教育机关，是培养封建统治人才的干部学校。

将作监：主管土木工程：宫殿、城壁、役所的建设。根据尚书省工部所制定之政令而具体掌管官府工业制作。

少府监：秦汉时，管理宫廷用度，制作皇帝、后妃、官僚的衣服、金属器和兵农之器，铸造货币。

都水监：管理河川、港湾、堤防、运河水利事业、渔业水运、监督港口。包括山泽、津梁、渠堰陂池的开凿和构筑等。都水监在诸监百寺中机构最小，官品最低。

军器监：主管兵器铸造和使用。

唐朝是中国发展史上的黄金期之一，是各项制度形成和完善的重要转折点。"唐代五监"的形成对中央政府的职能起到了完备和推进作用，宫廷、政务有了专职的部门来负责管理，行政效率得到了极大的提高。"五监制"更是在后世的执政体系中得到了沿承和发展。

 第 049 课　"达鲁花赤"是什么官职？

"达鲁花赤"是蒙古语的译音，也叫作"札鲁忽赤"，是蒙古和元朝的官名，为所在地方、军队和官衙的最大监治长官。蒙古贵族征服地域广阔，对所占领的国家不能完全自己治理，便委任当地统治阶级进行管理，增派达鲁花赤巡查统治阶级的工作，以此来保障蒙古大汗和贵族的阶级地位。

早在成吉思汗时期就已经存在这一官职。征伐金国时期，成吉思汗曾任命西域人札八儿火者为黄河以北、铁门以南天下都的达鲁花赤。蒙古西征期间，占领了大片欧亚地区的土地，在政治要地和人口众多的城镇都设置达鲁花赤管理。入元以后，元朝在各地路、府、州、县和录事司等执事机构全部设置达鲁花赤。虽然官品与路总管、府州县令尹相同，但实权高于这些官员。在南方少数民族地区的长官司同样设有达鲁花赤，监察军民的安抚司，大都设有此职。

蒙古军和蒙古探马赤军一般不设达鲁花赤。其他各族军队依实际情况设置，但都在元帅府、万户府、千户所设达鲁花赤来监督军务，官品与元帅、万户、千户相同。

元朝设置达鲁花赤官阶最高达到正二品。官阶最低的是路府治所的录事司达鲁花赤，为正八品。在重要地方和军队还设有副达鲁花赤。

至元二年（公元 1265 年），元廷正式规定，达鲁花赤一职全部由蒙古人担任，总管由汉人担任、同知由回回（回族）人充当。此后，汉人再无达鲁花赤一职。

第 050 课　"内阁大学士"是什么样的官？

明朝洪武十三年，明太祖朱元璋宣布废除宰相官制，以便使他能够大权独揽。这样虽然表面上消除了大权旁落的忧虑，但他即使废寝忘食，依旧无法应付繁杂的公务。为了处理日常政务，朱元璋不得不在洪武十五年（公元 1382 年）开始设置殿阁大学士，作为顾问。这是中国内阁制的雏形。

明成祖朱棣即位后，命令殿阁大学士在文渊阁值班，参与政务以及军政大事的决策。因为殿阁大学士最初是五品官，地位并不高，然而他们却能与皇帝朝夕相处，经手各种机密大事，权力很大，也令人敬畏。久而久之，他们的地位逐渐得之提高，内阁的机构越来越大。

内阁大学士后来往往由尚书、侍郎充任，并被加上太师、太保等头衔。

内阁中设有诰敕房和制敕房，阁臣草拟对各级大臣官僚呈递奏章的处理意见，中书舍人书写一切诏敕和机密文书。

对于国家大事，阁臣可以会同各部在内阁会议。主持内阁的阁臣，习惯上被称为首辅，其余阁臣是首辅的助手。内阁大学士虽无宰相之名，但实际上掌握的权力与宰相没什么区别。入了内阁，就等于当上了宰相。

清代也设有内阁，但权力远不如明朝。到了雍正年间，清宫廷内设置了军机处，取代了内阁的地位和原有的作用，内阁从此变成了传达谕旨、公布文告的事务性机构，没有参与决策的份了。

 第051课 明朝的"东厂"和"西厂"是什么机构？

东厂西厂是古代的两个特务机构，东厂于明朝永乐十八年（公元1420年）设立于北京东安门北；西厂于明成化十三年（公元1477年）设于旧灰厂，东厂和锦衣卫是有较大区别的，而西厂更是前后只存在了不到10年。

永乐十八年十二月，明成祖朱棣为了加强中央集权统治，消除朝廷里的反对力量，成立了一个由宦官为主的机构，名曰"东缉事厂"，简称"东厂"。东厂的主要职能就是帮助皇帝铲除政治上的异己，在当时与锦衣卫的权势不相上下。起初，东厂只负责侦缉、抓人，并没有审讯犯人的权力，抓住的嫌疑犯要交给锦衣卫北镇抚司审理，但到了明末，东厂也有了自己的监狱。东厂的首领称为东厂掌印太监，也称厂主和厂督，是宦官中仅次于司礼监掌印太监的第二号人物。除此以外，东厂中设千户、百户各一名，掌班、领班、司房若干，具体负责侦缉工作的是役长和番役，番役就是我们俗称的番子，役长相当于档头。

东厂的侦缉范围非常广，朝廷会审大案、锦衣卫北镇抚司拷问重犯，东厂都要派人听审；朝廷的各个衙门都有东厂人员坐班，监视官员们的一举一动；一些重要衙门的文件，如兵部的各种边报、塘报，东厂都要派人查看；甚至连普通百姓的日常生活、柴米油盐的价格也在东厂的侦查范围之内。东厂和锦衣卫的关系，逐渐由平级变成了上下级关系。

西厂成立之初，本来只是为了替皇帝打探消息，但西厂提督汪直为了增加自身的权势，不断地构置大案、要案，其办案数量之多、速度之快、牵扯人员之众都远远超过了东厂和锦衣卫。西厂在全国布下侦缉网，主要打击对象是京内外官员，一旦怀疑某人，就立刻加以逮捕，事先不必经由皇帝同意，之后当然就是严刑逼供，争取把案件弄得越大越好。对一般百姓，其一言一行只要稍有不慎，就会被西厂重处。

 第052课 "锦衣卫"是怎么产生的？

"锦衣卫"是早于"厂卫"设立的军事机构，全称为"锦衣亲军都指挥使司"。在当时很受皇帝宠幸，有三种高级官服：蟒服、飞鱼服和斗牛服，"锦衣卫"的"锦衣"之名也由此而来。

锦衣卫前身为朱元璋设立的"拱卫司"，后改称"亲军都尉府"。锦衣卫主要职能为"掌直驾侍卫、巡查缉捕"，其首领称为锦衣卫指挥使，一般由皇帝的亲信武将担任，直接向皇帝负责。朱元璋为加强中央集权统治，特令其掌管刑狱，赋予巡察缉捕之权，下设镇抚司，从事侦查、逮捕、审问活动，且不经司法部门。明代设锦衣卫，乃是著名的酷政。其实，这类系统有自己的军队、监狱，又直接向皇帝负责，基本上贯彻于整个明朝的始终。《明史·刑法志》把它们与廷杖（皇帝在朝廷打臣僚板子的肉刑）加在一起，称之为："明之自创，不衷古制。"

由于锦衣卫是由皇帝直接管辖，朝中的其他官员根本无法对他们干扰，因而使得锦衣卫可以处理牵扯朝廷官员的大案，并直接呈送皇帝。所以，朝中官员多畏惧锦衣卫。但是，锦衣卫的刑讯范围只针对官员士大夫，所以一般不会审讯以及捉拿普通百姓。普通的百姓刑、民事案件只通过正常的司法进行处理。

另外，锦衣卫拥有特权，无形中令他们可胡作非为、贪赃枉法而又得到皇帝的"屏障"保护，造成了社会的混乱不堪。所以说，明之亡于厂卫。也有人认为，正因为崇祯时期，锦衣卫权限大为削弱，所以导致官场腐败变本加厉，间接引起明朝的灭亡。

第 053 课　故宫为何又被称作"紫禁城"？

紫禁城之名是根据紫微星垣而来。中国古代天文学家曾把天上的恒星分为三垣、二十八宿和其他星座。三垣包括太微垣、紫微垣和天市垣。紫微垣在三垣中央，而且位置永恒不变，因此把它作为代表天帝的星座，是天帝所居。进而把天帝所居的天宫谓之紫宫，有"紫微正中"之说。"禁"则意指皇宫乃是皇家重地，闲杂人等不可随意进入。

封建皇帝自称是天帝的儿子，自认为是真龙天子，而他们所居住的皇宫被比喻为天上的紫宫。他们希望自己身居紫宫，以上天之德施政天下，使四方归附，达到江山永固、政权长存的目的。

明朝时期的皇帝为了维护自己的权威和尊严，以及出于自身的安全考虑，所修建的皇宫不仅庄严雄伟，而且壁垒森严。城池四周用 10 米多高的城墙和 52 米宽的护城河围护，而且岗哨林立，全副戒备，非宫廷人员或政要官员，无特殊情况是不可以逾越紫禁城半步的。

明王朝的皇帝及其眷属居住的皇宫，除了为他们服务的宫女、太监、侍卫之外，只有被召见的官员以及被特许的人员才能进入，这里是外人不能逾越一步的地方。因此，明代的皇宫既被誉为紫宫，又是禁地，故旧称紫禁城。

 第 054 课　"宗人府"有哪些职责？

明朝初年设置的"大宗正院"为宗人府的前身，洪武二十二年（公元 1389 年）正式改称为"宗人府"。

宗人府是古代管理皇室宗亲的谱牒、爵禄、赏罚、祭祀等项事务的机构，设有经历司、左司、右司、银库、黄档房、左右翼宗学等部门，分别掌管收发文件、处理宗室内部事宜、登记黄册、红册、圈禁罪犯及教育宗室子弟等职；掌管皇帝九族的宗族名册、按时撰写帝王谱系、记录宗室子女嫡庶、名字封号、嗣袭爵位、生死时间、婚嫁、谥号安葬等诸事。但凡有宗室陈述之求，宗人府就要替他们向皇帝报告。明清时期的皇亲国戚触犯国法，相关刑法部门大都无权过问，由宗人府按皇室家法处置。宗人府一度成为连皇帝也要礼敬三分的重要机构，其管辖范围既包括人丁户籍，也涵盖祭祀礼仪，甚至包揽教育后勤，权力之广有如一个独立的小型行政机构。但其主要特点就是专门为皇室家族而服务的。

清代宗人府成立于顺治九年（公元 1652 年），结构主要沿袭明制。对相关部门和官员有所完善：宗人府下属有经历司、左司、右司、银库、黄档房、空房、左右翼宗学、八旗觉罗学等部门，把长官改称宗令，由亲王或郡王内选充；宗令以下设左右宗正、左右宗人、府丞、堂主事等官职；职权内容包括收发文件、管理宗室内部诸事、登记黄册、红册、圈禁罪犯及教育宗室子弟。

 第 055 课　《大明律》是一部什么样的律法？

《大明律》是明朝政府的法令条例，由开国皇帝朱元璋总结历代法律施行的经验和教训详细制定而成。《大明律》适应形势的发展，变通了体例，调整了刑名，肯定了明初人身地位的变化，注重了经济立法，在体例上表现了各部门法的相对独立性，并扩大了民法的范围，同时在"礼"与"法"的结合方面呈现出新的特点。

《大明律》共分 30 卷，篇目有名例一卷，包括五刑（笞、杖、徒、流、死）、十恶（谋反、谋大逆、谋叛、恶逆、不道、大不敬、不孝、不睦、不义、内乱）、八议（议亲、议故、议贤、议能、议功、议贵、议宾、议勤），以及吏律二卷、户律七卷、礼律二卷、兵律五卷、刑律十一卷、工律二卷，共 460 条。这种以六部分作六律总目的编排方式是承《元典章》而来的，与《唐律》面目已不尽相同，在内容上也较《唐律》有许多变更。又增加了"奸党"一条，这是前代所没有的。在量刑上大抵是罪轻者更为减轻，罪重者更为加重。前者主要指地主阶级内部的诉讼，后者主要指对谋反、大逆等民变的严厉措施。不准"奸党""交结近侍官员""上言大臣德政"等反映了明朝初年朱元璋防止臣下揽权、交结党援的集权思想。

《大明律》在中国古代法典编纂史上具有重大意义，不仅继承了明朝之前的古代法律制定的优良传统，也是中国明代以前各个朝代法典文献编纂的历史总结，而且还开启了清代乃至近代中国立法活动的发展。

 | 第 056 课　古代的"军机处"有哪些职能？

军机处是清代官署名，也叫作"军机房""总理处"，是清朝中后期的中枢权力机关。雍正七年（公元 1729 年），因用兵西北，以内阁在太和门外，恐泄露机密，始于隆宗门内设置军机房，选内阁中谨密者入值缮写，以为处理紧急军务之用，辅佐皇帝处理政务。十年（公元 1732 年），改称"办理军机处"，简称"军机处"。

军机处之职掌主要是：掌书谕旨、参赞军国机务、参议重要政务及刑狱；用兵时则考其山川道里、兵马钱粮之数，以备顾问；文武官员的简放、换防、引见、记名、赐予，以及拟定对外藩朝觐者的颁赐等。军机处无正式衙署，其办公处所设于内廷隆宗门内，称为值房，无专职官员，全部工作由军机大臣主持，设军机章京办理一切事务（军机处值房：清代军机大臣轮流在军机处值房值宿，办理皇帝交办的事务）。

军机处的设立标志着清代封建中央集权发展的顶峰。军机处设立之初是为了办理军机事务，由于它的性质方便发挥君主独裁统治，所以出现之后便被皇帝紧抓不放、常设不废，并且其职权范围越来越大。军机处设有军机大臣（俗称"大军机"）、军机章京（俗称"小军机"）。"大军机"由皇帝从满、汉大学士、尚书、侍郎等官员内亲自选定，很少一部分是由军机章京升任。军机大臣又称"军机处行走"，或"军机大臣上行走"。这里所说的"行走"，指的是入值办公之意。清朝的军机大臣没有特定的数额，

最初时设为三人，以后会根据实际情况增加四五人至八九人，最多为 11
人。军机章京同军机大臣一样无定额，后来朝代更替至嘉庆初年，开始规
定军机章京为满、汉各 16 人，共 32 人，满、汉章京各分两班轮流制，每
班八人。军机章京的任命有"军机司员上行走"或"军机章京上行走"
之称。

 第 057 课　监生和贡生分别是什么职位？

　　吴敬梓曾在《儒林外史》里生动刻画出了"严监生"和"严贡生"这
两个人物，通过对此"二生"的叙事描写，揭露了封建科举制度的弊端，
给人们留下了深刻的印象，那么"监生"和"贡生"在当时的封建官僚体
制下是什么级别的人呢？

　　监生是明清时期人们对于在国家最高学府国子监读书人的称呼。明代
监生共分为四类："举监"（会试不第入国子监深造的举人）、"贡监"（以
贡生身份入国子监的人）、"荫监"（官员重臣子弟被朝廷特批入监者）、
"例监"（捐资入国子监者）。清朝监生主要分为：恩监（皇家办喜事特招
的）"荫监"、优监（与明代贡监类似）、"例监"四种。监生出国子监之
后，有任官的资格。

　　科举时代，朝廷会挑选府、州、县生员（秀才）中成绩或资格优异者
升入京师的国子监读书，称为贡生。意思就是向皇帝贡献人才。元朝产生
这一制度，明清时期得到发展和完善。明代贡生分为四种："岁贡"（各地
州、府、县每年或每两年定期选送 1～2 名）、"选贡"（州、府、县每三年
到五年选拔一名）、"恩贡"（朝廷有喜事而被特选）、"纳贡"（捐资而来的
贡生资格）。清代贡生也称"明经"，主要有以下六种："岁贡""恩贡"与
明朝相同，"优贡""例贡"分别相当于明朝的"选贡""纳贡"，除此之外
增有"拔贡"（各省科试的一、二等生员中选拔）、"副贡"（乡试落榜生的
优秀者中选拔）。贡生做官的概率较大，即使科举不中的人也有知县、县
丞以下的小官做。总的看来，贡生制度是对科举制度的一种补充与完善。

第 058 课　清朝的"上书房"是什么地方？

古代社会习惯把小孩上学读书的地方称为私塾，在封建等级制度分化严重的清王朝，"上书房"就是专门给满清的皇子皇孙们读书的地方。

清道光之前，"上书房"叫"尚书房"，道光年间奉旨改为"上书房"。

上书房建于雍正初年，位于乾清门内东侧，坐南朝北共五间，分三层建造，分别为"前垂天贶""中天景运""后天不老"，在当时有"三天"之称。之所以把"上书房"设立在这里，是因为地处禁宫之内，方便皇帝稽查，雍正帝和乾隆帝对上书房都特别重视，都曾亲笔为上书房题过楹联。

清朝时规定，皇子凡年满六岁必须进上书房读书，派满汉两大学士为总师傅，课程包括满、汉、蒙等语言文字课；儒家"四书""五经"及古史圣训、诗词歌赋等。因为清朝是"马上得天下"，所以皇室对后世子孙的骑射训练也很重视，因此每位皇子配有五名谙达（分为内谙达和外谙达，意为满蒙老师），两人负责教授骑马、射箭，并"教演鸟枪"；三名内谙达负责满、蒙语言文字。依次轮流值班。除此之外，每个皇子还配有数名"哈哈珠塞"（满语，汉译为"男孩子们"），负责服侍皇子与师傅的日常茶食等事。

清朝对皇子的教育非常严格，无论严寒酷暑，每天寅时（凌晨 3：00～5：00）必须要准时到上书房早读，卯时（凌晨 5：00～7：00）准时上课，午时（11：00～13：00）放学。赶上各大节日的话放假一天。皇帝还会例行到上书房进行视察、督导，严厉程度可想而知。

第 059 课　清朝的"总理衙门"是什么样的机构？

总理衙门相当于清朝的外交部，总理各国事务衙门，简称总理衙门，别称总署或译署。它是清政府在第二次鸦片战争后设立的，专门办理外交事宜，派出驻各国的公使，并经管通商、海防、关税、路矿、军工、译文和派遣留学生等项事务。

清政府早期并无外交机构，由理藩院处理对沙俄的事务；礼部接待朝鲜、越南等东南及西方诸国的使节。等到鸦片战争爆发以后，中国与欧洲国家的外交事务日渐频繁，除原有的理藩院外，清政府又委派两广总督专门负责与欧美国家的交涉，并特加称钦差大臣的头衔，称"五口通商大臣"[道光二十二年（公元1842年），清政府在第一次鸦片战争中失败，被迫签订了《南京条约》，承认外国官员可与地方官府平等往来，并开放广州、福州、厦门、宁波、上海五口通商]，这是清政府首次向西方侵略者屈服。

第二次鸦片战争后，欧洲各国已不满足与效率低下的理藩院打交道，并且认为地方大臣不具外交职责。面对这种情况，清政府于公元1860年签订《北京条约》后，在恭亲王奕䜣等人的奏请下，于1862年成立了总理各国事务衙门，简称"总理衙门"。"总理衙门"按照一满一汉的原则设大臣、大臣上行走、大臣学习上行走、章京、总办章京、帮办章京等职。其中握有实权的大臣一职由恭亲王奕䜣做了28年，其后由庆亲王奕劻做了12年。总理衙门由最初的处理外交与通商事务扩大到办工厂、修铁路、开矿山、办学校、留学生派遣等层面，成为清政府的重要决策机构之一。1901年，总理衙门被改为外务部，位居六部之首。

 第060课　从清朝的"顶戴花翎"如何看出官位品级？

在古装影视剧中，以清朝宫廷为故事背景的不计其数。从皇太极建立清朝起始，历经顺治、康熙、雍正、乾隆、嘉庆、道光、咸丰、同治、光绪、宣统，共11个皇帝，都在影视剧中以不同的面貌出现过，这是其他朝代的皇帝望尘莫及的。

清朝官员的官服形制和历代有着很大的差别，这其中体现着森严的等级观念。而顶戴、花翎则是官员级别高低最典型的标志。

所谓"顶戴",就是官员戴的帽顶。从颜色上看,一、二品都是红色的;三、四品都是蓝色的;五、六品都是白色的;七品往下全为金色。相同的颜色的顶戴也有区别:一、二品有纯红和杂红之分;三、四品有亮蓝和暗蓝之分;另外,进士、举人、贡生都戴金顶;生员、监生戴银顶。

"顶戴"上戴的物品也有严格的区分:一品戴珊瑚;二品戴起花珊瑚;三品戴蓝宝石或蓝色明玻璃;四品戴青金石或蓝色涅玻璃;五品戴水晶或白色明玻璃;六品戴砗磲或白色涅玻璃;七品戴素金顶;八品戴起花金顶;九品戴镂花金顶。

所谓的"花翎"就是皇帝赐的插在帽子上的装饰品,通常都是奖赏给有军功的人或对朝廷有特殊贡献的人。"翎"分"蓝翎"和"花翎"两种。蓝翎是鹖翎,花翎是孔雀翎,它有单眼、双眼和三眼之分。六品以下的官员只赏给蓝翎,五品以上的官员赏给单眼花翎。双眼花翎赏给大官。三眼花翎只赏给亲王、贝勒等皇族或是有特殊功劳的重臣。

 第061课　辽代官员为什么分为"南面官"和"北面官"?

辽代时期疆域辽阔,民族结构复杂,为了对所征服地区进行有效的治理,契丹王室在建立政权和开拓疆域的同时不断任用各族上层人士参与治理,汲取他们的治国经验,学习各族的文化和制度,以此来推行他们的政治方针,使其与各区域的文化相结合。世宗耶律阮时,已经形成了适应本国的独特政治制度,后经其子孙的完善,统治体系日趋完备。辽国的基本方针是"以国制治契丹,以汉制汉",因此,这种统治体制就同时兼备"行国"和"城国"的性质。

"因俗而治"的方针在统治机构设置上的体现就是"官分南北"。辽国从朝廷到地方都有两套平行的政权机构——北面官和南面官。"北面治宫帐、部族、属国之政",主要处理契丹各部和其他游牧、渔猎部落的相关事宜,长官由契丹贵族担任,办事机构在皇帝御帐的北面;"南面官治汉人州县、租赋、军马之事",南面官主管汉人政事,长官在契丹贵族、汉人中的上层统治者中选拔，办事机构在皇帝御帐的南面。

　　在整个辽代的朝廷，北面官的权力远大于南面官，北面官中的最高行政机关是北枢密院，也称契丹枢密院，主要官员分为北院枢密使、知北院枢密使、北院枢密副使、北院枢密直学士、北院枢密都承旨等，掌权的枢密使由契丹贵族担任，直学士则多用汉族士人和契丹文学之士。由于整个辽朝统治集团全部以契丹贵族为核心，北枢密院成了皇帝直接控制下的最高军事决策机构。

第三章
中国人必知的天文历法

 第062课 "正月"一词是怎么来的？

正如歌词里唱道："正月里来是新年。"人们习惯把农历中一年的第一个月叫作"正月"，"正月初一""正月十五"也都是因此而来。但为什么把一月不叫一月，偏称作"正月"呢？

在中国古代，每年的第一个月选定，有时是随着朝代的更换而变化的，在汉朝以前，每换一个朝代，就往往把月份的次序改一次。据说，商朝把夏朝规定的十二月算作每年的第一个月，而周朝又把十一月算作每年的第一个月。秦始皇统一天下以后，又把十月算作每年的第一个月。直到汉朝的汉武帝，才恢复夏朝的月份排列法，一直沿用到现在。这几代王朝更改了月份的次序，便把更改后的第一个月叫作"正月"。"正"就是改正的意思。既然他们做了皇帝，居了正位，一年12个月的次序也得跟着他们"正"过来。因秦始皇姓嬴名政，他觉得"正"字的读音同他的名字同音，就下令把"正月"读作"正（征音）月"。后来人们习惯了这种叫法，就一直沿用到现在。

第063课 《春秋》中"有星孛入于北斗"是怎么回事?

　　彗星的形状如一把大扫帚,因此在民间有"扫帚星"之称,我国古代称其为"星孛"。中国对彗星的观测和研究已有4000多年历史,拥有世界上最早、最完整的彗星记录。

　　《春秋》上记录了公元前613年出现的彗星:"秋七月,有星孛入于北斗。"文中说的"星孛"就是哈雷彗星,这是最早关于哈雷彗星的记录。哈雷彗星是一颗周期彗星,每76年出现一次,从公元前240年开始到公元1910年止,哈雷彗星出现过29次,每次出现,我国都有详细的记录。如《史记·秦始皇本纪》记载:"始皇七年,彗星先出东方,见北方,五月见西方……彗星复见西方十六日。"这段记载中彗星出现的时间、位置与近代科学家推算的完全相符。到战国时期,我国已经对彗星的观测积累了相当丰富的经验。在长沙马王堆三号汉墓出土的帛书中有29幅形态不一的彗星图,其中所描绘的彗星彗尾宽窄不一,长短不同,形状各异,彗尾的条数更是不尽相同,彗星的头部或是圆圈圆点状,或是以圆点套圆点呈现。由此可见,当时的人们已经注意到彗星的不同形态,就当今的科技发展水平来看,当时观测的精确程度是超乎想象的。

 第064课 二十四节气是怎么来的?

　　二十四节气是中国特有的节气,起源于黄河流域。早在春秋战国时期,人们就已经定出仲春、仲夏、仲秋和仲冬四个节气。并依此在后来的社会发展中不断地完善和推进,后来到了《淮南子》一书问世的时候,就有了和现代完全一样的二十四节气的名称。公元前104年,由邓平等人制定的《太初历》正式把二十四节气订于历法,明确了二十四节气的天文位置。

太阳从黄经零度起，沿黄经每运行 15 度所经历的时日称为"一个节气"。每年运行 360 度，共经历 24 个节气，每月 2 个。其中，每月第一个节气为"节气"，即立春、惊蛰、清明、立夏、芒种、小暑、立秋、白露、寒露、立冬、大雪和小寒共 12 个节气；每月的第二个节气为"中气"，即雨水、春分、谷雨、小满、夏至、大暑、处暑、秋分、霜降、小雪、冬至和大寒共 12 个节气。"节气"和"中气"交替出现，各历时 15 天，现在人们已经把"节气"和"中气"统称为"节气"。

二十四节气的出现是古代先人智慧的体现，为中国古代的农耕事业提供了先进的指导，人们为了便于记忆，把二十四节气编成了一首歌诀：春雨惊春清谷天，夏满芒夏暑相连。秋处露秋寒霜降，冬雪雪冬小大寒。直至今日，二十四节气仍与人们的衣食住行紧密相连。

 第 065 课 "三正"指的是什么？

"三正"是指夏历、商历、周历，是春秋战国时期使用的三种历法，三者最主要的区别在于岁首为"正"的时期不同。《集韵·清韵》说"夏以建寅月为正，殷以建丑月为正，周以建子月为正"。所以先秦古籍里纪时的历日制度也并不统一。《春秋》或《孟子》多用周历，《楚辞》和《吕氏春秋》用夏历。《诗经》依具体情况而定，如《小雅·四月》用夏历，《豳风·七月》周历和夏历并用。夏历通常用建卯月（后世通常所说的阴历的新年正月）为第一个月，商历的新年正月则是夏历十二月（建丑月），而周历采用冬至的建子月为首。

夏商周各有自己的历法，秦国一统六国后也创立了自己的历法。汉初一直沿用秦历，直到公元前 104 年，汉武帝改用太初历，以建寅月为年首正月，岁首正月的问题正式在中国确立下来。此历一直延续了两千多年，到清朝宣统退位，这期间，除了王莽和魏明帝改用殷正、武则天和唐肃宗改用周正外，用的都是夏正。

中国古代认为日为阳、月为阴，故用地支来纪月，十二地支分别对应相应的月份（夏历以十一月为子月开始）。每年的开始月份称为正月、每年的第一天称为正旦，正朔。古代夏商周秦一年起始的正月不尽相同，自汉武帝采用夏历后，才形成现在的仍然使用的阴历（夏历）。

 第 066 课　《甘石星经》为什么被誉为天文学著作的先祖？

我国战国时期产生的《甘石星经》是现存于世最早的天文学著作。为了适应当时生产力的快速发展，出现了大批天文学家和有关于星象的观测记录，以备皇帝星占之用。齐国的甘德和魏国的石申夫就是当时比较有名的天文学家，甘德所著的《天文星占》和石申夫所著的《天文》在当时较为系统地记录了行星的运行规律，后人就把这两部著作合称为《甘石星经》。

《甘石星经》是我国也是世界上最早的一部天文学著作，由于在宋朝后，此著作失传，如今只能从唐代的天文学著作《开元占经》里了解到相关的一些信息。不过这些信息都明确地表明，甘德和石申夫曾系统地观察了金、木、水、火、土五大行星的轨迹，并提出了五大行星的运行规律和出没的时间，他们还记录了 800 颗恒星的名字，测定了 121 颗恒星的方位。后人将甘德和石申夫测定的恒星记录称为《甘石星表》，这是我国乃至世界上最早的恒星表，比希腊天文学家伊巴谷测编的欧洲第一个恒星表大约早 200 年，后世许多天文学家在测量日、月、行星的位置和运行时都要用到《甘石星经》中的数据，因此，《甘石星经》在我国和世界天文学史上都占有重要地位。

 第 067 课　"启明星"和"长庚星"指的是哪一颗星？

每天傍晚太阳落山，夜幕降临的时候，天空西南方就会早早地出现一颗很亮的星，这就是金星，又叫长庚星、启明星。金星比太阳落得晚，所以叫长庚星，由于它又比太阳出来得早，所以又称启明星。金星在中国古代称之为"太白金星""太白""启明"，八大行星之一，它有时是晨星，黎明前出现在东方天空，被称为"启明"；有时是昏星，黄昏后出现在西方天空，这时就称其为"长庚"。《诗·小雅·大东》上说："东有启明，西有长庚。"李白字"太白"即由此而来。

我国古代关于金星的传说特别多。在我国的道教中，太白金星可谓是三清（元始天尊、通天教主、太上老君）之下，众仙之上。太白金星在道教中的初始形象为头戴鸡冠、身着黄裙、手抱琵琶的女神，明朝后期变为白衣、白发、白胡须的老者，常被天帝派遣到人间察访民情，有西方巡使之称。太白金星成名于我国经久不衰的古典神话小说——《西游记》，由于常和孙大圣打交道，其憨厚、和事佬的画面被人们映入脑海，成为其专属形象。除了神话小说，最具有传奇色彩的非唐代大诗人李白的故事莫属了。相传诗仙李白在出生之前，他的母亲梦见太白金星入其腹中，因此取名李白，字太白。李白长大后确实也入了"仙班"，由于他的诗词飘逸洒脱、雅俗共赏，被人们冠以诗仙的美名。

 | 第068课　农历十二月为什么又叫"腊月"？

腊月又称"蜡月"，早在秦朝的时候，人们习惯在岁末的一个月举行祭神仪式，并把这个月称为"腊"，十二月正值蜡梅（也作"腊梅"）盛开之时，所以被称为"腊月"。

俗话说"寒冬腊月"，腊月正值一年中最寒冷的时候，民谚云："腊七、腊八，冻掉下巴。"说的就是其冷的程度超乎想象。这时冬季田事告竣，故有"冬闲"之说。农事上是"闲"了，但人们生活的节律并未因此而放慢，人们怀着愉悦而急切的心情加快了向春节迈进的步伐。春节，是中国人传统的三大节中最为隆重的一节。而腊月，正是迎接春节的前奏曲，在这个前奏曲里有着丰富的内容。首先从喝腊八粥开始，然后人们要扫房、请香、祭灶、封印、写春联、办年货，直到除夕夜。广义地说，过年应该从腊月二十三"过小年",甚至可以说从喝腊八粥就开始了,一直要过到正月十五元宵节才算结束。而过去一些官宦人家甚至还拖至二月二"龙抬头"那天过年才算结束。

 第069课　《太初历》是什么时候制定的?

我国在汉朝初年使用从十月朔日开始的历日制度,随着生产力的发展,这种历日制度不符合人们惯用的春、夏、秋、冬的计法,于是当朝大夫公孙卿、壶遂和太史令司马迁等人提出修改历法的建议。加上汉初以后,人们对天文、天象的认识进一步加深,这就为历法的修改提供了优越的条件。武帝元封七年五月,汉武帝命公孙卿、壶遂、司马迁等人拟定汉历,并广泛征集民间天文学家参与修改,经过他们反复地进行仪器实测和推考计算,拟定出了18种改历方案,经过层层筛选,最后选定了邓平、落下闳提出的八十一分律历。公元前104年十一月初一适逢甲子日,刚好日值冬至,很适合修改历法,新的历法正式颁发,规定把元封七年改为太初元年,以十二月底为太初元年终,以后每年都从孟春正月开始,到冬季十二月年终。这种历法叫作太初历,它是我国最早根据相关规定制度而颁布施行的历法。

未制定《太初历》之前,人们一直使用秦朝的《颛顼历》。但《颛顼历》有一定的误差,《太初历》的制定正弥补了这一缺陷。其中规定:一年为365.2502日,一月等于29.53086日;将原来以十月为岁首改为以正月为岁首;开始采用有利于农时的二十四节气;以没有中气的月份为闰月,修整太阳周天与阴历纪月不相合的矛盾。《太初历》的出现在我国历法上具有划时代的意义,不仅根据天象实测和多年来史官的记录,得出135个月的日食周期,而且还是我国第一部比较完整的历法,在当时世界上也是较为先进的历法,自从《太初历》问世以后,一共被沿用了189年。

第070课 "浑天"是一种什么学说？

人们都知道东汉的张恒发明了浑天仪，但好多人对"浑天"一词并没有多少了解。"浑天"是我国古代的一种宇宙学说，浑天说最初认为地球不是孤零零地悬在空中的，而是浮在水上，经过后来天文学的发展，认为地球是浮在气中，因此有可能回旋浮动，这就是"地有四游"说的由来。浑天说认为恒星全天都集中在一个"天球"上，日月星辰就在这颗"天球"上运行。这一说法与现代天文学的天球概念十分相近，因此浑天说是以球面坐标系来度量天体位置（如赤道坐标系）和天体运动的。在古代，人们对于许多天文现象都采用浑天说体系来描述。例如，日月五星的顺逆去留、对恒星的昏旦中天等。可见浑天说并不只是一种宇宙学说，更是一种较为完备的观测和测量天体运动的计算体系，与现代的球面天文学说类似。

我国古代的"浑天仪"正是在"浑天"学说的基础上发明的，浑天家可以用精确的观测事实来论证浑天说。古人依据这些观测数据而制定的历法在当时是相当精准的，这是"盖天说"所无法比拟的。"浑象"是浑天说的另一种展现，古代天文学家们可以利用它形象地演示天体运行的现象，使人们对于浑天说理论叹为观止。社会发展至唐朝后，天文学家一行等人正式确立了"浑天说"的理论，使"浑天说"在中国古代天文领域独领风骚上千年。

 第071课 古代关于"黑子"的最早记录是在什么时候？

太阳黑子是太阳表面上的一种风暴，因为它的温度比它附近的太阳表面温度低，所以显得暗些。现在世界上公认最早的黑子记录是我国西汉河平元年（公元前28年）的《汉书·五行志》，其中这样写道："成帝河平元年三月乙未，日出黄有黑气，大如钱，居日中央。"意思就是在三月乙未那天，太阳出来的时候显得发黄，在它的中央部分有黑气，好像钱那样大。

实际上，早在汉元帝永光元年（公元前43年）《汉书·五行志》已早有对太阳黑子的记录，"四月，日黑居仄（zè），大如弹丸"，意思是这个四月，太阳边侧有黑子像弹丸那样大。我国古书的记载常有"日中有三足乌"的记载。所谓"三足乌"，其实就是指太阳黑子。据统计，从汉朝到明朝，我国共约有100次的太阳黑子记录。

中国古人对于黑子的观测非常精密，他们用"如钱""如栗""如飞鹊"等词汇形象地表示黑子的形状；用"三日乃伏""数月乃销"等来表明黑子的出现和消失。还用"日赤无光""昼昏日晡"等来描写观测时的情形。

我国古代的太阳黑子记录是一份十分珍贵的天文遗产。当时所观测到的黑子周期以及种种形状都和近代所观测的相符合，我国古代天文学家从这些黑子出现的日期和间隔得出太阳黑子出现的大概周期，计算结果为11.33年，经过现代观测的验证，这个结论是正确的。这些珍贵的太阳黑子记录资料对于研究太阳物理以及日地关系和气候变迁等都有重要参考价值。

 第072课 "十二星次"是什么意思?

"十二星次"初见于《左传》《国语》《尔雅》等书，当时主要用于记木星的位置。据《汉书·律历志》记载，十二星次的名称是：星纪、玄枵、娵訾、降娄、大梁、实沈、鹑首、鹑火、鹑尾、寿星、大火、析木。它们是按赤道经度等分的，并和二十四节气相联系，如星纪次的起点为大雪节气，中点为冬至中气，其余以此类推。各次起点在星空间的位置因受岁差影响而不断改变。明末欧洲天文学传入后即以十二星次名来翻译黄道十二宫名称，如称"摩羯宫"为"星纪宫"等。各宫均按黄道经度等分，其起点改与中气相连，如星纪宫起点为冬至点等。十二星次在星占术中也被用作分野的一种天空区划系统。

由于十二星次与二十八星宿一样，都是划分黄道附近一周天的，所以十二星次中的每一次都与二十八宿中的某些宿相对应，如斗宿和牛宿对应星纪，女宿、危宿和虚宿对应玄枵。古人发明十二星次不仅可以用来指示四季太阳所在的位置，以此说明节气的变换，而且还可以划分岁星每年所在的位置，据此进行纪年。

 第073课　《天文志》和《五行志》是关于什么的记载？

《天文志》和《五行志》均出自我国第一部纪传体断代史——《汉书》，是正史中志类记载的其中两篇。

《天文志》是对古代发生的各种天文现象的记录，包括星宿运行规律、日食月食的产生，等等。《天文志》秉承了《天官书》中对汉朝之前的天文知识和事件的记载，其中对上古的天文记录极为罕见，上古到中古时期的人们一直把天象看作是国家兴衰的重大征兆，被准确详细地加以记录，一些重大历史事件中发生的特别的天象，比如日月食、五星连珠等，更是会被详细记述。根据这些天象的发生时间，运用现代天文学的知识可以进行反推，得出发生这些天象的时间，从而可以校正史书相关事件的时间记述是否正确，对于一些三代间没有可靠纪年的时间，根据天文学推算，更是判定发生时间的重大根据。

《五行志》中记载的是古代发生的奇异现象和各种自然灾害，其中包括水灾、旱灾、地震、雹灾、蝗灾、日月食、彗星、陨石等众多方面。《五行志》是汉代儒家思想意识形态化的产物，其思想渊源包括了《尚书·洪范》的原始感应说、《五行传》、汉儒对《春秋》"灾异"的阐发，以及古老的月令传统。班固创立《五行志》，目的是要遵循《洪范》大法、《春秋》大义，以此来彰显王道。从这一方面来看，《五行志》为人们研究当时的社会思想提供了宝贵的资料。

第074课　《大明历》的制定有什么意义？

　　《大明历》，亦称"甲子元历"，是南北朝时期的一部先进历法，由著名数学家、天文学家祖冲之制定。在《大明历》中，祖冲之首次引入了"岁差"的概念，从而使得历法更加精确，是中国第二次较大的历法改革。

　　《大明历》成历于公元462年，在《大明历》中，祖冲之提出了在公元391年插入144个闰月的新闰周。依此新的闰周和朔望月长度，可算出《大明历》的回归年长度为365.2428日，与现代测得回归年长度一年只差46秒，这是非常精确的测算。冬至点是历法制定时的重要起算点，只有测定它在天空中的准确位置，编出的历法才会精准无误。在祖冲之编订《大明历》之前，历算家们一直认为冬至点的位置是固定不变的，这一错误的认识，使得历法制定从一开始就产生了误差。为此祖冲之把岁差概念引进到历法中后，极大地提高了历法计算的精准度。

　　《大明历》中定义的一个回归年为365.24281481日（今测数据为365.24219878日），直到南宋宁宗庆元五年（公元1199年）杨忠辅制统天历以前，《大明历》一直是最精确的数据。除了精确度高外，《大明历》还区分了回归年和恒星年，首次把岁差引进历法，据此测得的岁差为45年11月差一度（今测约为70.7年差一度）。岁差的引入在中国的历法史上具有重大的意义。

第075课　"日晷"是怎样计时的？

　　日晷又称"日规"，是我国古代利用日影测得时刻的一种计时仪器。由晷针和晷盘组成，晷盘上有时间刻度，晷针垂直于盘面，根据晷针日影在盘面上的方向就能测定时间。日晷大概出现在唐朝之前，《隋书·天文志》中提到袁充于隋开皇十四年（公元594年）发明的短影平仪（即地平日晷）。

古代的日晷通常由铜制的指针和石制的圆盘组成。铜制的指针叫作"晷针"，垂直地穿过圆盘中心，起着圭表中立竿的作用，因此，晷针又叫"表"，石制的圆盘叫作"晷面"，安放在石台上，呈南高北低，使晷面平行于天赤道面，这样，晷针的上端正好指向北天极，下端正好指向南天极。在晷面的正反两面刻画出 12 个大格，每个大格代表两个小时。当太阳光照在日晷上时，晷针的影子就会投向晷面，太阳由东向西移动，投向晷面的晷针影子也慢慢地由西向东移动。晷面的刻度是均匀的，于是，移动着的晷针影子好像是现代钟表的指针，晷面则是钟表的表面，以此来显示时刻。早晨，影子投向盘面西端的卯时附近。接着，在日影长度不变的同时，向北（下）方移动。当太阳达正南最高位置（上中天）时，针影位于正北（下）方，指示着当地的午时正时刻。午后，太阳西移，日影东斜，依次指向未、申、酉各个时辰。

在机械钟还没有被发明的时代里，日晷的出现无疑给人类在天文计时领域带来了重大影响，这一伟大的发明在人类历史长河中存在了长达数千年之久。

 第 076 课　我国最早测量子午线长度的人是谁？

一行（约公元 683～727 年），中国唐代著名的天文学家和佛学家，本名张遂，魏州昌乐（今河南省南乐县）人，也是数学家。

开元五年（公元 717 年），唐玄宗命一行进京修订制定新历法。一行主张在实测日月五星运行情况的基础上编制新历，他和机械制造师梁令瓒合作，创制了黄道游仪、水运浑天仪等大型天文观测仪器和演示仪器，对古老的观测仪器进行改进，掌握了大量天文实测数据资料。一行发现古籍上关于有些恒星的位置记载与实际不符，于是对 150 多颗恒星位置进行了重新测定，大大提高了新历法的精确度。为了使新历法在我国广泛适用，一行等人于开元十二年（公元724年）发起和组织了一次大规模的天文测量活动，其中就包括测量子午线的长度。子午线，就是人们假设的一条通过地球南北两极的经线，测出子午线的长度就可以测知地球的大小。一行在全国共选了13个区域作为观测点，其中最南端到达了今天的越南中部，最北边的观测点为今天蒙古国的乌兰巴托南部，测量内容包括二分（春分、秋分）、二至（冬至、夏至）正午时分八尺之竿（表）的日影长、北极高度（天球北极的仰角）以及昼夜的长短等。根据严谨的实际测量，一行推翻了"日影千里差一寸"的错误结论，得出"三百五十一里八十步，而极差一度"的新数据，测出子午线的弧度距离为123.7公里，与现代精密仪器测量的结果111.2公里较为相近，虽然不是十分准确，在世界上却是大规模测量子午线的开端，比国外最早实测子午线的阿拉伯天文学家阿尔·花剌子模等人在公元814年进行的测量早90年。一行的这一成就在中国，乃至世界天文史上都具有重大的意义。

 第077课　日历是怎么来的？

日历是人们日常生活中必不可少的东西，它像一本神奇的无形日记，记录着生活中发生的一切。但要说起日历的来历，大多数人都会一下子从熟悉感中产生陌生感。

我国最早的历法大约产生于4000多年前。其依据是考古学家在甲骨文中发现的一页甲骨历，证明我国在殷代时期已经有使用历法的记载，这一页被称为日历的甲骨历也成为全人类最古老的历书实物。

根据史料记载，早在唐顺宗永贞元年，宫廷之中已经有使用日历的记录了，那时的日历被称为皇历，除了记载日期以外，还是编修国史的重要参考资料。那时候的日历把一年分为12册，按每月的天数来确定每册的页数，并且把月份和日期写在每一页上，交由皇帝身边的贴身太监保管，太监每天在空白页上记下皇帝的言行并在每月月末交皇帝过目，代皇帝批准以后，送至史官存档。史官阅览过日历的内容后，与朝廷、国内各地区发生的大事结合在一起，经整合润色后记录下来，便形成了国史。从那以后，由于日历给生活带来许多方便，不少在朝为官的家庭也开始使用日历，稍加改动后，编制成自家的日历。在接下来的社会发展进程中，日历逐渐走进千家万户，成了人们生活的必需品。人们开始把历书上的干支月令、节气及黄道吉日等信息都印制到日历上，并预留出大片空白，以供日常记事之用。

 第 078 课　我国最早的观星台是哪一座？

我国现存最早的天文观测台坐落在河南省登封市仅东南 15 公里的告成镇北，始建于元朝初年至元十三年，距今已有 700 多年的历史，它是我国现存最古老的天文台，在世界上也是现存较早的天文科学建筑物。

元世祖忽必烈统一中国后，为了恢复农牧业生产，任用著名科学家郭守敬和王恂等进行历法改革。首先，让郭守敬创制了新的天文仪器，然后又组织了规模空前的天文大地测量，在全国 27 个地方建立了天文台和观测站。登封观星台就是当时的中心观测站。经过几年的辛勤观测推算，终于在 18 年（公元 1218 年）编制出当时世界上最先进的历法——《授时历》。《授时历》求得的回归年周期为 36.2425 日，合 365 天 5 时 49 分 12 秒，与当今世界上许多国家使用的阳历、格里历一秒不差，但格里历是 1528 年由罗马教皇改革的历法，比《授时历》晚 300 年。与现代科学推算的回归年期相比，《授时历》仅差 26 秒，之所以能取得这样的成果，观星台实在功不可没。

观星台是一座高大的青砖石结构建筑，由台身和量天尺组成，为了起到"昼参日影，夜观极星，以正朝夕"的作用，特将台身设计成覆斗状。观星台中不仅保存了我国古代圭表测影的实物，也展现出自周公土圭测影以来我国测影技术发展的高峰，它反映了我国天文科学发展的卓越成就，对于研究我国天文史和建筑史都具有极高的价值。

第 079 课　各地的"鼓楼"都是怎么来的？

经常出去旅游的人对鼓楼并不陌生，好多城市都有古代遗留下来的鼓楼，而且都成了当地有名的景点之一，像北京、天津、南京、西安等地都有各自的鼓楼，形态不一，各具特色。

鼓楼在古代是用来报时与警示的一个建筑，与"钟楼"搭配使用，白天撞钟报时，夜晚击鼓报时，"晨钟暮鼓"说的就是这个意思。

鼓楼最早建于北魏时期，当时社会动荡，匪盗猖獗，时任兖州刺史的李崇为了防范盗贼、稳定治安，想出了一个别出心裁的办法，下令每个村庄都建造一座高楼，楼上悬一面巨鼓。一旦有盗贼出现，就迅速击响大鼓，附近百姓听到鼓声后就会封锁各个通道，上报官府准备缉盗。同时，鼓声会在附近的村庄依次传递击响，顷刻之间，百里之内，鼓声就连成一片。而且，各险要地段及路口要道也都埋伏好了缉盗之人。盗贼刚刚作案，就被擒获。时间不久，盗贼就吓得不敢作案，地方也就平静无虞了。于是，各府州县纷纷效仿这个行之有效的好办法，在各乡镇村庄构筑高楼，置木架、悬巨鼓，并一直延续到清代。

因此可以说，兖州刺史李崇最早下令建造的鼓楼，其击鼓的原始作用是为了报警防盗，只是到了后来，建造鼓楼的位置已由乡镇农村转移到了城里，其作用也由单纯的击鼓防盗逐渐演变成为祭祀和迎宾礼仪，以及报时等多种用途了。

大多数的钟楼、鼓楼建筑在城市的中心偏北侧一些，并按照我们对地名命名的习惯，鼓楼所在的位置就会被称为"鼓楼"，即使原来的鼓楼被拆除，地名往往也会留下来，所以有的城市虽然有的地方被称为鼓楼，但其实并没有鼓楼的存在。

第080课 《大衍历》的制定有什么意义？

《大衍历》俗称"开元大衍历"，是唐朝开元十七年（公元729年）起施行了29年的古代历法，由唐朝著名天文学家僧一行制定，根据《易》象大衍之数而得名。在编写大衍历期间，僧一行测量各地的纬度，从南部的交州（古地名，包括今天的越南）到北方的铁勒（古代北方突厥族的一种）都曾留下过深深的足迹，并采用"九服晷影算法"，确定各地日食、月食出现的位置和时间，掌握其运行规律，前后用了两年时间写成立法草稿。

全书共分七篇，包括平朔望（历法名词，指月亮进入黄白交点的时刻）和平气（推算节气的一种方法）、七十二候（历法的一种），日月每天的运行轨迹、星象出现和昼夜交替的时刻、日食、月食以及五大行星的位置等。由于内容记录全面、推算精准，被后世历法家在编历时传承沿用。

根据《新唐书·历志一》中记载，唐朝在历史上存在了近290年，其间更改历法就达到了八次之多。经历了最初由博仁钧和崔善为创的"戊寅元历"，再到"麟德甲子元历"，最后确立了"开元大衍历。"《历志三上》对一行著历也有相关的记载，在唐开元九年，麟德历记载的日食时间无效，皇帝下谕旨召一行著新历，一行根据《周易》大衍数算法进行推算，结合经史上相关日、月、星辰的相关记载进行新历制定。到了开元十五年写好草稿，但一行却不幸去世。

《大衍历》在历史上沿用达800年之久。比起《大明历》《皇极历》等古代历法要精准很多，当时在世界上也是较为先进的历法，并且被日本、印度等国家所使用，对其他国家的历法产生了极大的影响。

第081课 "分野"指的是什么？

古人占卜天相时，经常会把天上和地上的事理联在一起，所谓的分野，就是古人把地上的州域和天上的星宿相关联而形成的一个概念。据史料记载，我国在春秋战国时期就已经开始根据地上的州域来划分天上的星宿了。古人把天上的星宿分别划分到地上的州国上，就令州国和星宿有了对应关系，古人再根据这种对应的关系，说某星宿是某国家的分野、某星是某国的分星等，如王勃的《滕王阁序》上说："豫章故郡，洪都新府。星分翼轸，地接衡庐。"就是说南昌地处翼宿、轸宿分野之内，这就是分野的基本含义。

古代的列国或各州通常被定为星宿分野的依据，有时也把十二星次作为依据，逐个把列国相应地分配上去。

古代文人墨客常常提到的某些星宿往往就是在分野的意义上说的，如李白在《蜀道难》中说道："扪参历井仰胁息，以手抚膺坐长叹。"其中的参、井就分别代表着益州（今四川）和雍州（今陕西、甘肃大部）的分野。

第082课 古人测观天象的仪器有哪些？

俗话说"工欲善其事，必先利其器"，意思就是如果要把工作做得完美、出色，就必须做足充分的准备，让自己有一件得心应手的工具。想要发展天文学，掌握天象运行规律，就必须有相当水平的天文仪器，我国古代的天文学家在这一方面可以说是下足了功夫，发明出来的仪器因其种类繁多、构思巧妙，而且具有美观性和实用性，得到了世人的认可，在世界天文仪器发展史上具有举足轻重的地位。

圭表是一种既简单又重要的测天仪器，它由垂直的表（一般高八尺）和水平的圭组成。圭表的主要功能是测定冬至日所在，并进而确定回归年长度，此外，通过观测表影的变化可确定方向和节气。

日晷又称"日规"，是我国古代利用日影测得时刻的一种计时仪器，通常由铜制的指针和石制的圆盘组成。

漏刻是古代的一种计时工具，漏是指计时用的漏壶，刻是指划分一天的时间单位，它通过漏壶的浮箭来计量一昼夜的时刻。

浑仪是我国古代的一种天文观测仪器。早期由三个圆环和一根金属轴构成。最外面的圆环叫"子午环"，固定在正南北方向上；中间叫"赤道环"，固定在圆环平行于地球赤道面处；最后一个可以绕金属轴旋转的圆环叫作"赤经环"；赤经环与金属轴相交于两点，一点指向北天极，另一点指向南天极。在赤经环面上装着一根望筒，可以绕赤经环中心转动，用望筒对准某颗星星，然后，根据赤道环和赤经环上的刻度来确定该星在天空中的位置。

水运仪象台把观测天象的浑仪、演示天象的浑象和报时装置巧妙地结合在一起，是我国古代一项卓越的创造。

天体仪，古称"浑象"，是我国古代一种用于演示天象的仪器，可以直观、形象地了解日、月、星辰的位置和运行规律。

 第083课　《授时历》是一部怎样的历法？

元朝1276年，元世祖忽必烈下令修改历法，1277年左右，郭守敬向政府建议，为编制新历法，组织一次全国范围的大规模的天文观测。元世祖接受了建议，派14名天文学家到国内26个地点进行了几项重要的天文观测，历史上把这项活动称为"四海测验"，测定了夏至日的表影长度和昼、夜时间的长度，为编制新历提供了较为精确的数据。

元世祖至元十七年（公元1280年），《授时历》编写完成。元世祖按照"敬授民时"的古语，取名为《授时历》。这部历法反映了当时我国天文历法的新水平。它有不少革新创造，通过对之前40多部历法著作的认真总结研究，把一年规定为365.2425天，与地球绕太阳公转一周的实际时间仅差26秒，与现代世界通用的公历平均年的长度是一样的。书中废除了前朝采用上元积年以及复杂的分数表示天文资料的方法，简化了计算方法，极大地提高了准确度。另外，《授时历》采用三次差分的内插法来计算太阳与月亮的不匀称运动；同时采用了与球面三角法类似的数学方法来计算黄道与赤道宿度之间转化及太阳维度的变化。

《授时历》经受住了时间考验。它在我国沿用了 300 多年，产生了重大影响。现行公历是意大利天文学家利里奥在 1582 年提出的，比《授时历》晚了整整 300 年。朝鲜、越南都曾采用过《授时历》。

 第 084 课　"天干地支"是什么意思?

"天干地支"的说法最早产生于炎黄时期，在我国古代的历法中，甲、乙、丙、丁、戊、己、庚、辛、壬、癸被称为"十天干"，子、丑、寅、卯、辰、巳、午、未、申、酉、戌、亥叫作"十二地支"。古人们在记录重大节日，纪年、纪月、纪时等命名时，主要采取按规定的顺序干支组合的方法。

上古时期，华夏民族的始祖黄帝建国时，命大挠氏探究天地五行之气机。五行之说源于五方，五行中的"五"指金、木、水、火、土五种物质，"行"指五种物质的运动变化。二十八宿即由绕日周期最久的土星的 28 年一周天所定义的，始作甲、乙、丙、丁、戊、己、庚、辛、壬、癸十天干，以及子、丑、寅、卯、辰、巳、午、未、申、酉、戌、亥十二地支，相互配合成六十甲子用为纪历之符号。根据《五行大义》中记载，干支为大挠所创。夏历中，常用干支来编排年号、日期。具体是以一天干配以一地支，天干从甲开始，在前，地支从子开始，在后，60 年为一周期，叫作"六十甲子"或"花甲子"。天干表示时、日、月、年的次序，地支用来纪月、纪时。其中纪时就是把一天分为 12 个时段，分别用十二地支表示，称为十二时辰。

 第 085 课　《夏小正》是什么历法?

古代社会封建落后，社会生产全部采用原始的手工劳作，人们在劳动过程中不断总结和发现了气候变化的规律，《夏小正》就是我国古代关于农耕生产事业的历书，全书全部采用夏时编写，是中国现存最早的一部农事历法。

《夏小正》原文收录在《大戴礼记》中。全书近500字，由"经"和"传"两部分组成，主要内容是按一年12个月，分别记载每月的物候、气象、星象和有关重大政事，尤其是生产方面的重大记事记录比较全面，内容包括：纤维植物、园艺作物、谷物、染料的种植、桑蚕、养马、畜牧、渔猎等，而且都颇受重视。其中，马的阉割、染料的蓝和园艺作物的芸、桃、杏等的栽培，均为首次见于记载。

《夏小正》是一部原始而古老的历法，《史记·夏本纪》中说："太史公曰：孔子正夏时，学者多传《夏小正》云。"《礼记·礼运》也载道："孔子曰：我欲观夏道，是故至杞，而不足征也；吾得夏时焉。"郑玄笺："得夏四时之书也，其书存者有《小正》。"这些记载都表明，《夏小正》早在春秋时期就已经出现并被使用了。

 第086课 "二十八星宿"是怎么来的？

"星座"一词在当今生活中较为常用，不仅在占卜游戏时需要使用星座，它更和姓名、年龄、血型等信息一样，成了一个人名片中不可少的词条之一。但是，很少有人知道我们的祖先早在4000年前就已经制定出了中国的星座属相，那就是"二十八星宿"。

外国使用的"十二星座"是关于行星运动变化轨迹的记录，被定义为"黄道十二宫"，我国则叫"二十八星宿"。

我国古代很早就开始了天文观测，并有相当数量的著作、文献留存于世。古人为观测日、月、五星运行而划分的28个星区，用来说明日、月、五星运行所到的位置。二十八星宿，又名二十八舍或二十八星，它把南中天的恒星分为28群，且其沿黄道或天球赤道（地球赤道延伸到天上）分布一圈星宿。它分为四组，又称为四象、四兽、四维、四方神，每组各有七个星宿，自西向东排列为：东方苍龙七宿（角、亢、氐、房、心、尾、箕）；北方玄武七宿（斗、牛、女、虚、危、室、壁）；西方白虎七宿（奎、娄、胃、昴、毕、觜、参）；南方朱雀七宿（井、鬼、柳、星、张、翼、轸）。

二十八宿创设之后，随着天文学的发展，它的作用亦不断扩大，它不仅在观象授时、制定历法方面发挥了重要作用，而且在现代天体测量学形成之前，在推算、测定太阳、月亮、五大行星以及流星、彗星、新星乃至满天星辰的位置等，起到了不可替代的作用。

 第 087 课　"黄历"和"皇历"有什么不同？

"黄历"和"皇历"都是我国古代使用的历书，但它们并不是一回事。

"黄历"，指黄帝历。根据史料记载，我国早在 4000 多年前就开始有了历法，3000 多年前就已经有了用甲骨文记载的历书。我国古代使用的历法有颛顼历、黄帝历、殷历、夏历、周历和鲁历六种，其中以相传是由轩辕黄帝创建的"黄历"最为古老。唐朝诗人卢照邻对此曾在《中和乐·歌登封章》中说道："炎图丧宝，黄历开睿。"由于古时我国使用"黄历"的区域广阔，影响很深，所以人们习惯把历书称之为"黄历"。不过，民间在使用"黄历"的过程中，在其中添加了许多宣扬吉凶忌讳的内容，所以"黄历"具有一定的迷信色彩。

与其不同的是"皇历"属于"官方"历书。历书在社会生活中的重要性不言而喻，历代皇帝都很重视历法的颁制。从唐朝起，各代王朝开始对历法实行严格的管理。唐文宗大和九年（公元 835 年），唐王下令编制了我国第一本雕版印刷的历书《宣明历》。《宣明历》对日月、时辰和节令有着详细的记载。当时，为了防止民间滥印历书，唐文宗下令今后历书必须由皇帝亲自审定，官方印刷。从此，历书就被称作了"皇历"。

"皇历"所记的历法，一般是以一年为限，第二年变更。如果拿去年的"皇历"来查看今年的历法，就一定是错误的，因此人们常用"老皇历"一词来形容那些因循守旧、不合时宜的思想意识。

 第088课　"太岁纪年法"是怎么回事？

人们常常提到的"犯太岁"，"太岁头上动土"都是源自"太岁纪年法"。"太岁纪年法"源于"岁星纪年法"。我国古人发现岁星运行一周天的恒星周期是12等分，并且根据这一运行规律把黄道自西向东平均划分为星纪、玄枵、娵訾、降娄、大梁、实沈、鹑首、鹑火、鹑尾、寿星、大火、析木十二星次，以岁星每年所经过的星次纪年，史称此方法为"岁星纪年法"。不过，岁星由西向东运行，和人们所熟知的十二辰顺序方向恰好相反，而且恒星实际运行周期并不是12年，而是11.86年，可见岁星不用12年便可沿十二星次走完一周天。如此日积月累，岁星的位置就会出现超次现象。据史料记载，鲁襄公二十八年本应该是"星纪"年，但该年岁星的实际位置已经达到"玄枵"次，所以，《左传·襄公二十八年》有"岁在星纪而淫于玄枵"的陈述。为此古天文占星家就设想出一个假岁星——太岁（又称"太阴""岁阴"），使其与真岁星做反向运动，这样就使其与十二辰（子、丑、寅、卯、辰、巳、午、未、申、酉、戌、亥）顺序保持一致，并起了摄提格、执徐、大荒落等12个名称来纪年，一年走一辰，以太岁每年所在辰位纪年，如某年岁星在星纪，太岁便在析木，这一年就成为"太岁在寅"，次年岁星运行到玄枵，太岁就运行至大火，这一年就是"太岁在卯"，以此类推。史上把这种纪年法称为太岁纪年法。

 第089课　"阳历"和"阴历"分别是因何而定的？

阳历就是公历，是一种国际通用的历法。阳历把地球绕太阳转一圈的时间定作一年，一年共365天5小时48分46秒。平年只计整数365天，省略尾数；一年分为 12 个月，大月 31 天，小月 30 天，二月只有 28 天。4 年的尾数积累起来为 1 天，加在第四年的二月里，这一年叫作闰年。所以闰年的二月只有 29 天。阴历是把月亮圆缺一次的时间算做一个月，一个月共 29 天半。为了方便计算，大月定为 30 天，小月 29 天，一年 12 个月中，大小月交替排列。阴历一年只有 354 天上下，也不分平年闰年之说。

阴历不依据地球绕太阳的运行轨迹，因此就没有四季变化的固定时间，进而不能反映季节，人们为了克服这一缺点，制定出了一个折中的历法，就是所谓阴阳合历。如今我国仍在使用的夏历（就是日常的阴历或农历），就是这种阴阳合历。它和阴历一样，以月球绕行地球一周为一月，同样也是大月 30 天，小月 29 天，但是它又采用加闰月的办法，使平均每年的天数和阳历全年的天数十分接近，并以此来调整四季。再配合地球绕日一周之时数为一年，夏历大约每过两三年多一个闰月。我国在民国元年前一直使用这种历法，为了区别于现行历法，把它称作"旧历"。阴历方便农民耕作生产，所以被惯称为"农历"。

 第 090 课　月亮为何有"朔、望、晦"和"上、下"弦之说？

农历每月的正月初一，正值月亮运行到地球和太阳之间，月亮的黑暗半球正好对着地球，这时人们是无法看见月亮的，我们称之为"朔月"。

农历每月十五日前后的月亮是满月状，这时的月亮正运行到太阳的对面，经度为 180°，地球则处于月亮和太阳之间，此时从地球上看月亮刚好能见"全盘"，称之为"望月"。《尔雅·释名·释天》中说道："望，月满之名也。月大十六日、小十五日，日在东，月在西，遥相望也。"由于农历是综合阴历、阳历优点混合而定的，所以"望月"的出现就难免有误差，当人们把农历初一定为"朔"时，"望"则要视月球运转情况而定，通常，它会出现在农历十五、十六两天。所以就有了"十五的月亮十六圆"这一说法。

晦月是指农历每月的最后一天，即大月 30 日、小月 29 日，正月晦日作为一年的第一晦日即"初晦"，很受古人的重视。

到了农历初八左右，从地球上看，月亮已移到太阳以东90°角，这时我们可以看到月亮西边明亮的半面，这时的月相叫"上弦"。上弦月只能在前半夜看到，半夜时分便没入西方。上弦过后，月亮一天天变得丰满起来，我们可以看见月亮明亮半球的大部分，这时的月相叫"凸月"。

农历每月二十二、二十三日只能看到月亮东边的半圆，这种月相叫"下弦"，这时的月亮，人们称为"下弦月"。

 第091课 "四季"和"月份"还有哪些别称？

农历四季的别称

春季：阳春、艳阳、淑节、青春、阳节、青阳

夏季：三夏、朱明、九夏、炎夏、朱律、清夏

秋季：凄辰、金天、三秋、商节、素节、白藏

冬季：安宁、冬辰、岁余、九冬、无序、严节

农历各月份的别称

正月：孟春、寅月、嘉月、首阳、献岁、早春、元月、端月、华月、夏正、冠月、新正

二月：建卯、夹仲、丽月、酣春、花朝、仲春、花月、杏月、竹秋、火壮、中春

三月：季春、姑先、桃月、辰月、莺时、末春、蚕月、桐月、秒春、桃浪

四月：槐序、孟夏、麦春、乾月、除月、麦候、建巳、中吕、朱明、正阳

五月：建午、炎月、天中、午月、暮月、仲夏、蒲月、郁蒸、小刑、鸣蜩

六月：季夏、林钟、征暑、荷月、遁月、精阳

七月：早秋、兰秋、首秋、建中、上秋、相月

八月：仲商、中秋、壮月、桂月、仲秋、南宫

九月：朽月、霜序、菊月、暮秋、无射、咏月

十月：良月、子春、孟冬、初冬、坤月、吉月

十一月：建字、葭月、畅月、复月、黄钟、寒月

十二月：建丑、严月、腊月、嘉平、残月、冰月

 | 第 092 课　我国古代主要的纪年法有哪些？

我国古代主要的纪年法有以下四种：

王公即位年次纪年法：以王公在位年数来纪年。如《左传·殽之战》："三十三年春，秦师过周北门。"指鲁僖公三十三年。《廉颇蔺相如列传》："赵惠文王十六年，廉颇为赵将。"

年号纪年法：古代从汉武帝起开始有年号一说。此后每位皇帝即位都要改元，并以年号纪年。如《岳阳楼记》"庆历四年春"、《琵琶行》"元和十年"、《游褒禅山记》"至和元年七月某日"、《石钟山记》"元丰七年"、《梅花岭记》"顺治二年"、《指南录后序》"德祐二年"等。

年号干支兼用法：纪年时，皇帝年号置前，干支列后。如《扬州慢》"淳熙丙申。""淳熙"为南宋孝宗赵眘年号，"丙申"是干支纪年；《核舟记》"天启壬戌秋日。""天启"是明熹宗朱由校年号，"壬戌"是干支纪年；《祭妹文旷乾隆丁亥冬》"乾隆"是清高宗爱新觉罗·弘历年号，"丁亥"是干支纪年；《梅花岭记》"顺治二年乙酉四月。""顺治"是清世祖爱新觉罗·福临年号，"乙酉"是干支纪年。

干支纪年法：如《五人墓碑记》："予犹记周公之被逮，在丁卯三月之望。""丁卯"指公元 1627 年；《〈黄花冈七十二烈士事略〉序》："死事之惨，以辛亥三月二十九日围攻两广督署之役为最。""辛亥"指公元 1911 年；《与妻书》"辛未三月念六夜四鼓。""辛未"应为辛亥。近世还常用干支纪年来表示重大历史事件，如"甲午战争""戊戌变法""庚子赔款""辛丑条约""辛亥革命"。

第四章
中国人必知的医学常识

 第093课　《黄帝内经》是一部怎样的著作？

《黄帝内经》简称《内经》，约成书于战国至秦汉时期，是一部综合论述中医理论的经典著作。它总结了春秋至战国时期的医疗经验和学术理论，并吸收了秦汉以前有关天文学、历算学、生物学、地理学、人类学、心理学，运用阴阳、五行、天人合一的理论，对人体的解剖、生理、病理以及疾病的诊断、治疗与预防做了比较全面的阐述，确立了中医学独特的理论体系，成为中国医药学发展的理论基础和源泉。

《黄帝内经》包括《素问》81 篇和《灵枢》81 篇，各九卷。书中内容分别从阴阳五行、天人相应、五运六气、脏腑经络、病机、诊法、治则、针灸等学说，论述病因、病机、脏腑、经络、药物、摄生、养生、防病等各方面的关系，甚至已经涉及现代医学中的预防医学和时间医学等内容，结合当时哲学和自然科学的成就，作出了比较系统的理论概括和认识。是中医基本理论的根基。

《黄帝内经》中提出人体血液是在脉管内不停地流动，并且是"如环无端"的循环状态，这一理论被世界科技史学界公认为是血液循环概念的萌芽。其他诸如体内各脏器的解剖结构以及灌肠法、物理疗法等论述，在世界医学史上都属于首次记载。

第094课　中国现存最早的药物学专著是哪一部？

《神农本草经》又名《神农本草》，简称《本草经》或《本经》，中国现存最早的药学专著。全书共三卷，载药365种，其中植物药252种、动物药67种、矿物药64种，书中根据药物的功效、药性不同首创了药物的三品分类法，把全部药物分为上、中、下三品。其中上品药120种，"为君，主养命以应天，无毒，多服久服不伤人，欲轻身益气不老延年者"；中品药120种，"为臣，主养性以应人，无毒，有毒，斟酌其宜，欲遏病补虚羸者"；下品药125种，"为佐使，主治病以应地，多毒，不可久服，欲除寒热邪气、破积聚、愈疾者。"不仅分类详细，书中对每味药的产地、性质、采集时间、主治病理和入药方式等都有详细记载；对各种药物相互间的配合使用、药物的味道及简单药剂的制作都作了相关的概括，如"四气""五味"的理论和"七情合和"的理论，等等。最难得的是我们的祖先早在两千多年前就已经发现了许多特效药，如大黄可以泻火、麻黄对哮喘病有奇效、连翘可治头痛等，这些不仅在古代是医生治病救人的法宝，在现代更经受住了科学分析的考验，成为医药史上的不朽之作。

《神农本草经》一书的作者不详，关于其名称的由来，现代学者猜测此书是出自集体之手而托名于神农。在我国古代，植物药是药物的主体，所以本草成了它们的代名词，《淮南子·修务训》中说："世俗之人，多尊古而贱今，故为道者必托之于神农、黄帝，而后始能人说。"汉朝时期盛行托古之风，人们尊古薄今，为了使自己的理论得到人们的重视，常借用"神农尝百草"和"黄帝养生"等传说，所以《本草经》被冠以神农二字，便成了《神农本草经》的由来。现代学者根据书中相关内容，推测此书成书于汉代。

第 095 课　"神医"扁鹊有哪些医学成就？

扁鹊（公元前 407 年～前 310 年）本名秦越人，又号卢医，春秋战国时期名医。勃海郡郑（今河北任丘）人，一说为齐国卢邑（今山东长清）人。扁鹊之名的由来与《禽经》中"灵鹊兆喜"的说法有关。古人认为医生治病救人，走到哪里，就为哪里带去安康，如同飞翔的喜鹊，飞到哪里，就给哪里带来喜讯。秦越人在长期医疗实践中刻苦钻研，努力总结前人的经验，大胆创新，成为一个学识渊博、医术高明的医生。他走南闯北，真心实意地为人民解除疾病的痛苦，获得人民普遍的崇敬和欢迎。于是，人们也尊敬地把他称为"扁鹊"。

扁鹊是中医学的开山鼻祖，世人敬他为神医，先秦典籍及司马迁的《史记》中都有扁鹊救死扶伤的相关记载与陈述。扁鹊发明的望、闻、问、切的诊断方法奠定了中医临床诊断和治疗方法的基础。

扁鹊看病行医有"六不治"原则：一是倚仗权势、骄横跋扈的人不治；二是贪图钱财、不顾性命的人不治；三是暴饮暴食、饮食无常的人不治；四是病深不早求医的不治；五是身体虚弱不能服药的不治；六是相信巫术不相信医道的不治。扁鹊在总结前人医疗经验的基础上创造总结出望（看气色）、闻（听声音）、问（问病情）、切（按脉搏）的诊断疾病的方法。在这四诊法中，扁鹊尤擅长望诊和切诊。据《史记·扁鹊仓公列传》记载，扁鹊的医术高超，名扬天下。他遍游各地行医，擅长各科，在赵国为"带下医"（妇科），至周国为"耳目痹医"（五官科），入秦国则为"小儿医"（儿科）。但一代名医最终因为给秦武王治病，被秦国太医令李醯妒忌杀害。据《汉书·艺文志》载，扁鹊著有《内经》和《外经》两部医学经典。范文澜在《中国通史简编》称他是"总结经验的第一人"。

| 第096课 古代哪位医学家被称为"医圣"？

张仲景（约公元 150 年～219 年）是东汉名医，姓张名机，字仲景，被人们尊称为"医圣"。

张仲景是南阳郡涅阳人（今河南省邓县穰东镇）。张仲景刻苦好学，天资聪慧，少年时学医于同郡张伯祖，得其真学。明朝《李濂医史》中称："仲景之术精于伯祖，起病之验，虽鬼神莫能知之，真一世之神医也。"

张仲景的时代处于军阀混战的东汉末年，当时瘟疫肆虐，张仲景家族中有一半以上的人因伤寒而死，张仲景从此立志"勤求古训，博采众方"，为百姓救死扶伤。他刻苦钻研《黄帝内经》中的中医理论，在总结前人经验的基础上结合自己的行医经验，寒来暑往几十载，写成了医学史上的不朽名著《伤寒杂病论》。全书对外妇科疾病、急性传染病进行了系统的论述，除此之外还系统地分析了伤寒杂症的原因及处理方法，奠定了中医学方、药、法、理的理论基础。书中精选了 300 多种方剂，为中医药剂学提供了发展依据，后世大部分药方都是由它发展而来。

古代中医所说的伤寒病，除了包括普通的外感病外，通常主要泛指一切热性传染病。在张仲景生活的东汉年间，疾病流行，张仲景的家人也在所难免，据他自己记载，在张氏宗族的两百余人中，自东汉建安元年（公元 196 年），在不到 10 年的时间里，感染疾病而死亡的就占了 2/3。其中患伤寒而死者占 7/10。面对这尸横遍野、疫病流行的惨状，他勤奋钻研学习《内经》等中医经典。在总结前人经验的基础上，呕心沥血几十个寒暑，终于写成了《伤寒杂病论》这部人类医学史上不朽的名著。

《伤寒杂病论》成书至今已经将近两千年，是公认的中国医学方书的鼻祖，在医学界被誉为讲究辨证论治而又自成体系的最权威的临床经典医书。张仲景首创的六经分证、中医八纲和辨证施治的理论是中医学的基础纲领。后人根据《伤寒杂病论》著成《金匮要略》和《伤寒论》两部医学经典著作。

第 097 课　华佗因何被称为"外科鼻祖"?

华佗（公元 145 年～208 年），字元化，东汉末年著名医学家。沛国谯（今安徽亳州）人。

华佗一生奔波各地，救死扶伤，精通内、外、妇、儿、针灸各科。《后汉书·华佗传》记载："若疾发结于内，针药所不能及者，乃令先以酒服麻沸散，既醉无所觉，因刳破腹背，抽割积聚。若在肠胃，则断截湔洗，除去疾秽，既而缝合，傅以神膏，四五日创愈，一月之间皆平复。"由于他"兼通数经，晓养性之术""精于方药"，被人们称为神医。

史书对于华佗治疗的病例记载有 20 多个，涉及传染病、妇产科病、小儿科病、寄生虫病、内科病、皮肤病等。在对"肠胃积聚"之疾实施医治时，华佗首创了麻沸散，对患者麻醉后实施手术，这是全世界医学史上首次应用麻醉进行手术治疗，对后世有着极大的影响。后来中药麻醉都是在麻沸散的基础上发展而来，而且这一应用比西方早 1000 多年。

华佗以为："人体欲得劳动，但不当使极耳。动摇则谷气得消，血脉流通，病不得生，譬犹户枢终不朽也。"他模仿虎、鹿、熊、猿、鸟的动作和姿态，创造了一种"五禽之戏"，以此来进行医疗体育锻炼，他的弟子吴普坚持做"五禽之戏"，九十高龄仍耳聪目明、齿牙完坚。

华佗是古代杰出的医学家，医术高明，而且有着高尚的道德情操，为人治病不分对象、不论场所。一生行医，对外科、内科、妇科、针灸、寄生虫病和医疗体育保健等方面都有独到的见解和精湛的医术。华佗曾把平生的医学理论和医疗经验写成《青囊经》，可惜失传。

 第 098 课　孙思邈为什么被称为"药王"?

孙思邈（公元 581 年～682 年）为唐代著名道士、医药学家。京兆华原

（今陕西耀州区）人。人们把他当作"神仙"，尊称为"药王"。他从小苦读经书，7 岁读书，20 岁时已精通诸子百家学说，"善于老庄，兼好儒典"，学识渊博。

孙思邈小的时候体弱多病，家人为给他治病几乎耗尽了所有钱财，因此，他从小就立志研究医学，治病救人。他认真研读了《黄帝内经》《神农本草经》《伤寒杂病论》等医学著作，广泛搜集单方、验方和药物的使用知识，向经验丰富的医师学习请教，取长补短。他所著的《备急千金要方》，简称《千金要方》，共 30 卷，分医学总论、妇人、少小婴孺、七窍、诸风、脚气、伤寒、内脏、痈疽、解毒、备急诸方、食治、平脉、针灸等，共计 232 门，收方 5300首。最难得的是，书中首创"复方"。《伤寒论》的体例是一病一方，而孙思邈在《千金要方》中发展为一病多方，并变通了张仲景的"经方"，有时将两三个经方合成一个"复方"，这在我国医学史上是重大的革新。

孙思邈不但精通内科，对外科、妇产科、儿科、五官科也尤为擅长。他描述的颌骨脱臼复位手法至今仍被沿用。孙思邈著的《千金翼方》是对《千金要方》的补编。此书共 30 卷，其中收录了唐代以前本草书中所未有的药物，补充了很多方剂和治疗方法。首载药物 800 余种。这两部书合称为《千金方》，收集了大量的医药资料，是对唐代以前医药成就的系统总结。

 | **第 099 课　宋慈为什么被尊称为"法医学之父"？**

宋慈（公元 1186 年～1249 年），字惠父，汉族，建阳（今属福建南平地区）人，一生中曾四次担任刑法官，是我国古代杰出的法医学家，著有《洗冤集录》。

宋朝法医鉴定方面的成就取得了较大的进步，相关著作相继问世，有无名氏的《内恕录》、1200 年郑克的《折狱龟鉴》、1213 年桂万荣的《棠阴比事》以及赵逸斋的《平冤录》、郑兴裔的《检验格目》等。宋慈在结合这些著作的基础上写出了我国历史上第一部系统性的法医学著作——《洗冤集录》。它在世界范围内也是比较早的法医学著作，过了 300 多年以后，意大利人菲德里于 1602 年写成了《医生关系论》一书，西方才有了第一部法医学相关著作。《洗冤集录》全书共五卷，卷一载条令和总说，卷二为验尸，卷三至卷五备载各种伤、死情况。《洗冤集录》记述了人体解剖、检验尸体、检查现场、鉴定死伤原因、自杀或谋杀的各种现象、各种毒物和急救、解毒的方法等十分广泛的内容。书中对于自杀、他杀或病死的区别十分明确，案例详明。如火死与假火死、溺死与非溺死、自刑与他杀、自缢与非自缢等都有详细论述说明，并列举出各种猝死情状。书中所记载的夹板固定伤断部位、人工呼吸法、洗尸法，以及银针验毒、明矾蛋白解砒毒等都有合理的科学依据。《洗冤集录》已成为后世各种法医著作的主要参考书，并且流传广泛，被译成荷兰文、法文、德文以及朝、日、英、俄等各种文本传到邻国或西方国家。

 第 100 课　李时珍除了《本草纲目》外还有哪些著作？

　　李时珍在药物学方面的巨大成就和辉煌巨著《本草纲目》可谓妇孺皆知，其实，李时珍在中国医药学史上的地位不仅如此，除《本草纲目》外，李时珍对中医基础理论的发展也做出了积极贡献。其所撰《濒湖脉学》《奇经八脉考》《脉学考证》三书都是有关"脉学"的论著，在中医脉诊方面影响深远。

　　其中，《濒湖脉学》是作者研究"脉学"的心得。他根据各家论脉的精华列举了 27 种脉象。先以简明的字句，再以适当的比喻来叙述各种不同的脉象，以帮助读者理解。其中同类异脉的鉴别点和各种象的相应病证都编成歌赋，以帮助读者诵记。最后所附删补宋代崔嘉彦所著的"四言举要"，也是以易诵、易记的词法，全面地叙述有关"脉学"的各种问题，是初学"脉学"的良好读物。

　　《奇经八脉考》是研究"奇经八脉"的专著。"十二经脉"是中医论述生理、病理机制的一种学说，而"奇经八脉"是十二经脉以外的旁支，也就是中医"脉经"学说中不可分割的一部分，本书不但详叙"奇经八脉"的循行路线，还结合所主病证提出相应的治疗办法，同时也是凭脉诊断疾病的一种依据，所以对学习和研究"脉学"也有重要的参考价值。

《脉诀考证》则是以当时流行的脉学著作王叔和的《脉诀》为考证和评论对象，其内容是辑录明以前各家对该书的不同意见，结合作者自己的见解所作的学术讨论，由于这里面涉及许多脉学上的实际问题，如"七表八里""男女脉位"等，所以对研究脉学来说，能起到论证和解决部分存疑问题的作用。

第 101 课　《本草纲目》为什么被称为药物"百科全书"?

李时珍（公元 1518 年～1593 年），字东璧，时人谓之李东璧，号濒湖，晚年自号濒湖山人，湖北蕲州（今湖北省黄冈市蕲春县蕲州镇）人，明代著名医学家和药学家。

李时珍出身医学世家，自幼喜爱研习医学药典，立志悬壶济世。38 岁时，曾被楚王召任"奉祠正"一职，兼管良医所事务。三年后，又被推荐上京任太医院判。李时珍在王府和太医院任职期间，阅读了大量医书，为《本草纲目》的编写积累了宝贵经验。

《本草纲目》问世前，我国医学书上记载的药物共有 1558 种，药物繁杂，名称混乱，行医时非常不方便使用，甚至还会有开错药方的风险。李时珍立志将这些药物系统地整理起来，重新编订一部药典。在编写《本草纲目》过程中，他脚穿草鞋，身背药篓翻山越岭，访医采药，足迹遍及大江南北、名山大川。走了上万里路，汲取了民众近万人的意见，查阅医书 800 多部，对其中所记载的药物一一进行鉴别考证，广泛搜集新药物，对之前的错误进行改正，历时将近 30 年，终于在他 61 岁那年（公元 1578 年）写成。《本草纲目》共 16 部、52 卷，约 190 万字。全书收纳诸家本草所收药物 1518 种，在前人基础上增收药物 374 种，合 1892 种，其中植物

1195 种；共辑录古代药学家和民间单方 11096 则；书前附药物形态图 1100 余幅。这部经典的医药著作是到 16 世纪为止中国最系统、最完整、最科学的一部医药学经典。《本草纲目》不仅涉及医学、药物学，对生物学、矿物学、化学、环境与生物、遗传等诸多科学领域也同样涉猎。正如李建元《进本草纲目疏》中所说："上自坟典，下至传奇，凡有相关，靡不收采，虽命医书，实该物理。"《本草纲目》不仅是我国一部药物学巨著，也不愧是我国古代的百科全书，甚至被朝鲜、越南、日本等国家广泛使用。

第 102 课　《四部医典》是谁编著的？

《四部医典》是我国古代藏医学的精华，又称《医方四续》，藏名简称《据悉》，是著名藏医学家陀宁玛·元丹贡布等人编著。《四部医典》全书共分四部，约 24 万字，共 156 章。第一部为《根本医典》，共六章，总论人体生理、病理、诊断及治疗；第二部为《论述医典》，共 31 章，介绍人体生理解剖、病症分类和治疗原则；第三部《秘诀医典》共 92 章，阐述临床各科疾病之诊断和治疗；第四部《后续医典》共 27 章，主要论述脉诊和尿诊、各种方剂药物的配伍、药物的炮制、功能、给药途径及外治法，包括放血、艾灸、火灸、外敷、拔罐等。

《四部医典》共收载方剂 443 方，药品 1002 种，根据药物来源、质地、生境、入药部位的不同，分为精华类、贵重药类、土类、宝石类、木类、平地产类、草类、动物药等八大类。并对药物的性味、炮制作了记载。作者认为药物的生长与五行（土、水、火、风、空）有密切关系；并将药物分为热性与寒性两类，热症用寒性药治之，寒症用热性药治之，这与中医用药理论类同。

全书从生理到病理，都贯穿着隆、赤巴、培根三大因素，五脏六腑、寒热气血等理论具有藏族的民族特色，其中有一些疾病是高原所特有的，有些病名至今未能找到中医或西医学中相匹的病名，藏医中关于胚胎学的认识，认为是由父精母血的结合逐渐发展起来，并且由简单到复杂，最后形成胎儿。藏医在胚胎学方面的认识在世界生物学史上是很先进的。

第 103 课　"经络"指的是什么？

　　武侠小说里提到的身怀绝技的高手大都是要打通"七经八络"的，而且好多绝世神功也都和经络通畅与否有着直接的联系，如"轻功""缩骨功""气功"在练习之前都要先把经络打开。现实生活中，经络学在现在临床医学的应用方面发挥着重要作用，如在解释病理变化，协助疾病诊断，指导临床治疗方面有着不可替代的指导性作用。

　　经络是经脉和络脉的总称，人体运行气血的纵行的干线称为经脉，遍及全身各个部位的经脉分支为络脉，人体的经络网就是由经脉和络脉共同组成的，人体经络网将人体内外、脏腑和肢节联结成为一个有机整体。古人用阴阳来命名经络系统，分布于肢体内侧面的经脉为阴经，分布于肢体外侧面的经脉为阳经，一阴一阳衍化为三阴三阳，相互之间具有相对应表里相合关系，即肢体内侧面的前、中、后分别称为太阴、厥阴、少阴，肢体外侧面的前、中、后分别称为阳明、少阳、太阳。在人体经络网中，十二经脉和十五脉络尤为重要。十二经脉发挥着主体性作用，其名称分别是：手太阴肺经、手厥阴心包经、手少阴心经、手阳明大肠经、手少阳三焦经、手太阳小肠经、足太阴脾经、足厥阴肝经、足少阴肾经、足阳明胃经、足少阳胆经和足太阳膀胱经。十二经脉和任、督二脉各自别出一络，加上脾之大络，共计 15 条，称为十五脉络，分别以十五络所发出的腧穴命名，如任脉之别络、足太阳别络、脾之大络、手太阴之别络等。十五络脉加强了十二经脉中表里两经的联系，对十二经脉循行进行了补充。经络学说是祖国医学基础理论的核心之一，对指导中医的各种诊疗实践发挥着重要作用。

第 104 课　我国第一部临床急救手册是什么？

　　东晋葛洪撰写的《肘后备急方》是我国第一部临床急救手册，是葛洪摘录其原著《玉函方》，结合实用有效的单方和针灸法汇编而成的。后经南朝时期陶弘景、金朝杨用道补录，即现存《肘后备急方》，简称《肘后方》。书中主要记载了某些慢性急发病或急性病症的治疗方法，包括外治、针灸、方药等。其中对很多疾病的记载都是很宝贵的医学资料，如对羌虫病、疥虫病等寄生虫病的描述，在世界医学史上属首例，而且叙述最为精准；倡导采用狂犬脑组织治疗狂犬病，被认为是中国免疫思想的萌芽；对天花症状的描述和相关传染性的分析都十分确切，属于世界上最早的关于此病的记载。除此之外，书中还对结核病的主要症状作了相关描述，并提出结核病家族遗传性及对他人的传染性等特征，还涉及了骨关节结核、肠结核等多种结核病证，其论述的准确性不亚于现代医学。另外，书中对于流行病、传染病提出了"疠气"的概念，对以往鬼神作祟的说法予以否认，这在当时是十分科学的疾病判断方法，在当代来讲，也是十分有见地的总结。

 | 第105课　我国现存最早的骨伤科著作是什么？

　　我国现存最早的、很有科学价值的骨伤科医学著作是唐代蔺道人所著的《仙授理伤续断秘方》，成书于公元841～846年。从书的序文中能了解到这本书的形成源于一个有趣的传说。

　　早在唐朝年间，有一道人在结草庵居住，一百四五十岁的高龄，仍旧鹤发童颜，精力充沛，常与彭老翁往来。有一天，彭家的儿子因砍柴从树上跌下而致颈部骨折，臂肱处挫伤，疼痛难忍，呻吟不止。道人知道此事后就命人买了几种药亲自配制，拿给彭老翁的儿子吃。服后不久疼痛即止，几天之后就完全病愈。此后，道士高超的医术在附近百姓中广为传颂，都来请他治病。道人不想被这些人频繁地打扰，于是就把方剂授予彭老翁，从此闭门谢客，只是照常与彭老翁吃酒高歌。直到道人仙逝而去，人们才知此人姓蔺，因此把他留下的秘方取名为《仙授理伤续断秘方》。

　　全书共有医治口诀24条、治伤病方20条。书中对一般骨折主张复位后用衬垫固定，并指出要注意关节活动，对开放性骨折则主张快刀扩创，避免感染；对肩关节脱臼已能采取用"椅背复位法"。这也是世界正骨学之首创。

公元 1343 年，元朝的危亦林根据《仙授理伤续断秘方》发明吊悬复位法，并获得成功，这在世界医学史上属首创。西方国家在 1927 年才提出吊悬复位法，比危氏法晚了近 600 年。现代临床根据吊旋复位法创造出的整复陈旧性关节脱臼的"改良危氏法"被广泛使用。此外，书中记载的骨伤内服诸法是现代伤科用药的系统理论指导。

 第 106 课　"中医八纲"指的是什么？

中医所说的"八纲"，是以阴、阳、表、里、寒、热、虚、实为主的辨证论治的理论基础。医生根据对病人的"望、闻、问、切"初步诊断后，根据人体正气的盛衰、病邪的性质、疾病所在的部位深浅等情况进行综合分析，归纳为阴、阳、表、里、寒、热、虚、实八类症状，即为"八纲"。

八纲辨证是中医师诊断病情时常用的一种分析疾病性质及产生原因的辨证方法，通过八纲辨证法可确定其症状的分类，判断病因，为确诊和治疗提供了科学基础。八纲辨证是其他各种辨证法的基础，其他辨证法均是在八纲辨证基础上的深化。

在八纲辨证中，阴、阳、寒、热、表、里、虚、实八类征候之间的关系并非是彼此平行的。一般而言，表证、热证、实证隶属于阳证范畴，里证、寒证、虚证统属于阴证范畴。所以，八纲辨证中，阴阳两证又是概括其他六证的总纲。此外，八类征候也不是相互独立，而是彼此错杂、互为交叉，体现出复杂的临床表现。在一定的条件下，疾病的表里病位和虚实寒热性质往往可以发生不同程度的转化，如表邪入里、里邪出表、寒证化热、热证转寒、由实转虚、因虚致实等。当疾病发展到一定阶段时，还可以出现一些与病变性质相反的假象。如真寒假热、真热假寒、真虚假实、真实假虚等。所以，进行八纲辨证时不仅要熟悉八纲征候的各自特点，同时还应注意它们之间的相互联系。

 第107课　中医分为哪些流派？

中医学的形成就是对我国古代传统医学精华部分的继承和发扬，其实本无流派之分，因为不同医生主治的领域不同、相同的医术掌握的程度不同，也就出现了所谓的流派。在古代，中医主要有以下几个流派：

伤寒派：因张仲景的《伤寒论》而问世。伤寒派是问世最早的流派。张仲景介绍的辨证方法是六经辨证，其中还有明显的药证辨证和方证辨证，以及体质辨证的例子。张仲景的伤寒论对于中医的兴旺有着极其重要的贡献。

脾胃派：该派由李东恒创立，也叫作补土派。李东恒创立《脾胃论》学说，认为脾胃是水谷气血之海，后天之本，虚则百病丛生，主张疾病应补脾胃，从脾胃着手论治。

滋阴派：由朱丹溪创立。该派治疗以滋阴为主。他创立"阳常有余，阴常不足"的论点，强调保护阴气的重要性，确立"滋阴降火"的治则，为倡导滋阴学说打下牢固的基础。

寒凉派：以金元四大医学家之一的刘完素为主要人物，刘完素提出"五运六气"的理论，重视针灸治法，临床施治重视井穴、原穴。善用五口穴，以火热论思想指导针灸临床，形成了以清热泻火为基点的针灸学术思想，对金元以后的医学家影响很大。

温补派：指由张景岳、薛己主导的温补阴阳的流派。他初创了"温补学说"，提出"阴常不足，阳本无余"的著名论点。

温病学派：以叶天士为代表。该派用药多以寒凉轻灵为特点，崇尚阴柔，恣用寒凉，治病喜欢补而害怕攻下，喜轻避重，讲究平和。

火神派：该派脱胎于伤寒派，但更主张补阳为先。所以该流派也叫作温阳派和扶阳派。代表人物是郑钦安。后人有吴佩衡、祝味菊、范中林、唐步祺、卢崇汉等。

 第 108 课　中医称"堂"是怎么来的?

在中医界,许多医师喜欢以"堂"来命名自己的药店、药铺,并以此为荣,比如"同仁堂""保安堂""燕喜堂"等。根据考证,"堂"字之称的兴起源于医圣"张仲景"的一个行医典故。

张仲景,本名张机,东汉著名医学家,南阳郡(今河南南阳市)人。自幼天资聪慧、博学苦读,曾拜当地著名医生张伯祖为师,对医学情有独钟,学习异常勤奋刻苦。学成之后因其医术超群,广受平民百姓的好评。建安中期,汉献帝曾下诏封张仲景为长沙太守,那时,天灾人祸,百姓饱受疾病之苦,当地伤寒泛滥,死者不计其数。张仲景为拯救百姓,常常是在公堂上,边断案边行医,一有空闲的工夫就给穷苦百姓诊脉下方,而且分文不收。百姓称赞不已,深感其恩,尊称张仲景为"坐堂神医"。

张仲景弃官行医后,经常走街串巷为黎民百姓治病,并且广泛搜集民间秘方、药方,结合经验推敲其可行性,著有《伤寒杂病论》一书于世,为中医学的发展和发扬做出了重大贡献。后世行医者为了纪念和发扬他的高尚医德,把"坐堂医生"的称呼流传下来并沿用至今,以"堂"为名的医馆药铺更是随处可见。

 第 109 课　中医里面说的"人身三宝"指的是什么?

精、气、神本是古代哲学中的概念,被用来指代宇宙物质的本源。中医认为精、气、神是人体生命活动的根本。古代人把"精、气、神"称为养生的三宝,精、气、神退化就会加快人的衰老,古人对这点非常重视。荀子认为:"养备而动时,则天不能病;养略而动罕,则天不能使之全。"其中包含两层意思：一个是说要注意精、气、神的物质补充；二是强调不可滥耗"三宝"。

精是构成人体、维持体内生命活动的物质基础。广义上说，精包含精、血、津液，一般所说的精指的是人体的元阴，不但促进人体的生长发育，而且具有生殖功能，促进人体的生长发育，而且能够抵抗外界各种不良因素影响而免于发生疾病。因此阴精充盛不仅使生长发育正常，而且是抵抗疾病的重要因素。

气为生命活动的动力所在。气包含两层意思：其一是运行于人体内微小难见的物质；其二是人体各脏腑器官活动的能力。因此，中医所说的气，既是物质，又是功能。气是维持人体呼吸吐纳、血液运行、消化代谢等生命活动的基础。古人提倡"人体欲得劳动，但不可使之极"。生活中的养生拳、保健操等就是以动养气的原理。

神是精神、意志、知觉、运动等一切生命活动的统称。它包括魂、魄、意、志、思、虑、智等活动。

第110课　中医上说的"邪气"和"正气"分别指什么？

"气"是中医学上特有的术语，在人体中分为"邪气"和"正气"两种。"邪气"能引发疾病，包括外感六淫、疫疠，内伤七情、饮食、劳逸，以及外伤、虫兽伤等，只有在两气平衡的状态下，身体才达到健康。

中医学所论的"正气"内涵相当广泛而丰富，仅就发病机理而言，正气是指人体的形体结构、精微物质及其产生的功能活动、抗病能力、康复能力，以及人体对外界的适应能力、调控能力之总称。

正气又简称为"正"。中医发病学认为内脏功能正常、正气旺盛、气血充盈，病邪难以侵入，疾病无从发生。即使邪气侵袭人体，正气即起来抗邪，若正气强盛，则病邪难以侵入，或侵入后即被正气及时消除，一般不易发病，即使发病也较轻浅易愈。自然界中经常存在着各种各样的致病因素，但并不是所有接触的人都会发病，此即是正能胜邪的结果。当正气不足，或邪气的致病能力超过正气的抗病能力的限度时，邪正之间的力量对比表现为邪盛正衰，正气无力抗邪，感邪后又不能及时驱邪外出，更无力尽快修复病邪对机体造成的损伤，及时调节紊乱的功能活动，于是发生疾病。

邪气简称为"邪"，又称为"虚邪"、病邪等，是对一切致病因素的统称。邪气是发病的重要因素，在一定的条件下，甚至可能起主导作用。

祖国医学在治疗疾病时所应用的法则有汗、吐、下、和、温、清、消、补八法，概括为扶正与祛邪两大法则。疾病的发生与正气的虚弱有着密切的关系，扶正不能忽视祛邪，因为祛邪能消除致病因素，故前人有"正足邪自去"，"邪去正自安"之说。

 ## 第111课　中医界为什么有"杏林"之称？

人们常把医术精湛、医德高尚的医生称为"杏林"，比如愈者家属在对医生表达感激之情时经常会用到"誉满杏林""杏林春暖"等类似的敬辞。世代为医的家庭更有着"杏林之家"的美誉。

"杏林"一词源于三国时代的名医董奉。葛洪所著的《神仙传》中对此记载道：董奉为人正直、医术精湛，隐居于庐山一带为百姓治病，他行医不收分文，但有一条很特别的规定：凡是重病被治愈的患者必须在他的居所附近栽种杏树五株；病疾较轻的愈者须栽种杏树一株。日积月累，被董奉治愈的患者数不胜数，房前屋后的杏树也早已葱葱郁郁，蔚然成林。每到金秋时节，硕果满枝头，百里飘杏香，董奉就在茂密的杏林中建起了一间简易的草屋，内置一个盛杏的容器，并且告诉大家，凡是想买杏的，不必付钱，只需拿等量的谷物即可换等量的杏子。就这样，董奉把以杏换谷得来的粮食施与庐山的贫苦大众和南北难民，一年施舍的粮食达数十万斗。

董奉去世后，附近百姓就在杏林中设祭坛祭祀这位高尚的道医，后人又在董奉住处修建了杏坛、真人坛，以缅怀董奉。后来，"杏林"一词广泛流传，逐渐成为医界的专有名词，历代医家更是以此来鞭策自己不仅要有高明的医术，更要有高尚的医德。

第 112 课　医生在古代都有哪些别称?

医生是一个神圣的职业，在中国古代，最初从医的人不叫医生而叫郎中，而在后来的社会发展进程中，又对医生赋予了很多不同的称谓。

疾医：周代医官名，相当于后世的内科医生。

医师：春秋战国时期对医生的尊称。

太常：医官名，前身为秦朝时设置的奉常。公元前 2 世纪中期，汉景帝改称太常。西汉时设太常、少府官职，太常为百官治病，少府在宫廷里行医。

太医令：东汉曹魏时设置，隋唐改称太医署令，为掌管医疗机构的职官。

太医博士：北魏设置太医博士，官阶从七品以下，专门负责传授医学知识。

药医师：唐代已设药医师（后称药师），负责采办诸药、调和制剂等。

郎中：始于宋代，皆称医生为郎中。

大夫：始于宋代，今北方仍沿称医生为大夫。

医生：此称呼始于唐代。

医士：此名首见于北宋。

院使：隋唐设有太医署，宋有医官院，设置提点为长官。明清时期沿承此制，将长官称为院使，下设御医、吏目、医士数十人，主要为宫廷服务。

御医：专门为皇亲国戚服务的医生。

 第 113 课　"药膳"是怎么一回事?

药膳是我国特有的将传统的饮食和中医疗法结合的食疗文化，寓医于食，不仅将药物作为食物，而且又将食物赋予药用，既可以防病治病、健体强身，又具有较高的营养价值和食疗之效，其作用历来为医家所称道。

早在 2000 多年以前，《黄帝内经》中就对人体所需的营养有过论述。书中说："五谷为养，五果为助，五畜为益，五菜为充，气味合而服之，以补精益气。"药膳的产生源于"药食同源"的理论，形成于秦朝后期，唐宋年间广受推崇，明清时期大为昌盛。古医药典籍《神农本草经》中收载了许多食用与药用兼顾的药品，如龙眼、大枣、核桃、薏米、葡萄、芝麻、山药、莲子、百合、蜂蜜等。这些既是药物又是食物，平时适当食之可补充人体所需要的营养，提高抵抗疾病的能力。

中国自古以来就有"药补不如食补"之说，药膳食疗在民以食为天的华夏文明中备受瞩目，源远流长，古代自宫廷到民间，广为人知。它的配剂方法和应用范围虽遵循于中医药学，但却以普通食品的形式被大众广泛接受，在中国的医疗史上形成为独立的药膳学食疗学科。

第 114 课　古代的医院叫什么？

据史料记载，公元 6 年左右，黄河一带瘟疫横行，汉平帝刘衍下令在地方建造房屋，内置各种药品，并配置医生，这也许是我国第一批公立的临时医院。到了隋唐时代，具有一定收容能力并有相应管理制度的医院已初步形成。如在唐武宗年间，丞相李德裕就曾倡导成立"病坊"。

到了宋代，医院门类日渐齐全，如出现较早的"福田院"，以佛家世间有"三佛（福）田"之说而取名，是用来收养老、瘫、乞丐的官办慈善医院。北宋末年，各地陆续设立了为贫困病人治疗的"安济坊"，它们都带有救济色彩。南宋时，不少地方设置了供四方宾旅患者疗养的"养济院"。

明、清两代出现的"太医院"，设院使、院判、御医吏目、医士、医员等职别，其作用主要为皇室服务。至于下属的医院，仍通称"病坊"。

值得注意的是，清代的医院开始出现了乳母、女使等职称，其作用相当于现代医院的护士。

 第115课 "悬丝诊脉"是真的吗?

古时因为宫廷尊卑有序、男女有别，御医为娘娘、公主们看病，不能直接望、闻、问、切，只能用丝线一端固定在病人的脉搏上，御医通过丝线另一端的脉象诊治病情，俗称"悬丝诊脉"。这类场景在影视剧中经常有讲述，例如古典小说《封神演义》中，闻太师悬丝诊脉识破妲己为狐狸精所化；《西游记》中孙行者为朱紫国国王悬丝诊脉测病因，等等。但光从这些历史小说、神话故事上并不能确定悬丝诊脉是否存在，现实生活中对于"悬丝诊脉"一说只是亦真亦假。

相传唐太宗李世民曾让孙思邈为长孙皇后看病，因为孙思邈不是御医，所以就运用了悬丝诊脉的方法，太宗因为不相信此方法，就把诊脉用的细丝缠在了太监的手上，以此来试探孙思邈的医术，但最终孙思邈医术高超，识别出了脉象的不同，最终治好了皇后的病。唐太宗因此十分赏识孙思邈，并亲自为他题词，至今陕西药王山南庵内还留有唐太宗御道、"拜真台""唐太宗赐真人颂"古碑一通等。

对于悬丝诊脉的真实性，有人也曾经专门采访过曾给清廷皇室内眷看病的施今墨老先生，他介绍说悬丝诊脉确有其事，但只是当时社会制度下的一种形式，因为在给后妃们看病时，都是由贴身太监来介绍病情，如胃纳、舌苔、二便、症状、病程等。一切都介绍完之后，医生也已经把病因断个八九不离十了。所以说，悬丝诊脉只是人们自己给它蒙上了神秘的面纱，并非是神乎其神的。

 第116课 "任督"二脉怎么"打通"?

在中医学上，任督二脉属于"奇经八脉"，以人体正下方双腿间的会阴穴为起点，从身体正面沿着正中央往上到唇下承浆穴，这条经脉就是任脉；督脉则是由会阴穴（一说长强穴）沿脊椎往上，过头顶再向前穿过两眼之间，到达口腔上颚的龈交穴。在中医学中，任脉主血，督脉主气，是人体经络的主脉。任督二脉若通，则八脉通；八脉通，则百脉通，进而强身健体、强健筋骨，加强血液循环的作用。任督二脉在道家导引养生法和中医诊脉中具有主要作用，是为大多数人所熟知的气脉。

说到所谓的"打通任督二脉"，分别要从道家与中医诊断两个方面说起。道家导引养生学认为，所谓"打通任督"就是行"周天"运转、通三关（尾闾、夹脊、玉枕）之意。道家经典《太平经》认为，120岁是人的寿命极限，只要以导引内丹之法，从相反的方向上集天地之精华，凝练精、气、神，增强生命动力，就可以益寿延年。因此说"打通任督二脉"并非是科学的说法，至今，在科技上对此仍无实质性的认证方法。中医的观点可从《灵枢·营气篇》的叙述深入了解十二经脉与任督两脉的循环规律。经脉的流注从肺经开始，依次循环到肝经，再由肝经入胸，上行经，前额到头顶，再沿督脉下行至尾闾，经阴器而通任脉上行，然后再回流注入肺经。《营气篇》说："此营气之所行，逆顺之常也。"这是医经所述任督之气在人体运行的自然规律。由此可知，正常人的任督二脉是会按规律自行运转的，根本无打通一说。

 第117课 "五脏六腑"说的是什么？

人体内各种器官统称为五脏六腑，中医上把实心有机构的器官称为脏器。心、肝、脾、肺、肾为五脏。"腑"是指人体内空心的器官，有大肠、小肠、胆、胃、膀胱、三焦，受五脏浊气，称为六腑。

五脏的主要生理功能是生化和储藏精、气、神、血和津液，因此也被称为五神脏。中医认为精、气、神是人体生命活动的根本，五脏通过经络的联系，相互协调，相互配合，共同维持人体正常的生命活动。所以五脏在人体生命中起着重要作用。

六腑在人体内的主要功能是消化和吸收食物。汲取其精华，排除其糟粕，大致流程是饮食物入口，通过食道入胃，经胃的腐熟，下传于小肠，经小肠的分清泌浊，其清者（精微、津液）由脾吸收，转输于肺，而布散全身，以供脏腑经络生命活动之需要；其浊者（糟粕）下达于大肠，经大肠的传导，形成大便排出体外；而废液则经肾之气化而形成尿液，渗入膀胱，排出体外。

 ## 第118课 古代有女医生吗？

提到古代医生，人们马上就会想到李时珍、孙思邈、华佗、扁鹊等这些耳熟能详的名医。那中国古代就没有女子为医的吗？答案是肯定的。虽然古代社会男尊女卑的思潮泛滥，但据史料记载，早在西汉时期我国就已经有女医了。下面就来看看古代女医的主要代表人物有哪些。

汉代义妁：有史料记载的第一位女医生，她救死扶伤，深得民心。后奉旨入宫，被汉武帝拜为女侍医。

晋代鲍姑：东晋的名医，葛洪之妻。鲍姑出身于官宦家庭，医术精湛，尤为擅长针灸，以治疗赘瘤与赘疣闻名于世，是我国历史上第一位女针灸家。

唐代胡愔：擅长养生调息法。亲自绘制了《黄帝内经图》卷，详细介绍了人体五脏分布的位置。

宋代冯氏：一代名医郭敬仲的母亲，相传只用一剂药就治好了孟太后的病，连当朝御医也自愧不如，后被高宗封为安国夫人。

明代谈允贤：出身医学之家。在身患重病的情况下依然坚持学医，难能可贵的是把自己的顽疾作为研习对象，亲自开方配药，并最终取得了突破，医好了自己。晚年时著有《女医杂言》一书，并流传于世。

清末曾懿：善于创新，医法独特。主张不拘泥于古代医学，善于总结经验，把前人医学的精华与民间实际经验相结合，在医疗方面取得了重大突破。她著有《古欢室丛书》一部，内有《女学篇》《医学篇》《诗词篇》三大部分。

 第 119 课　"悬壶济世"是怎么回事？

"悬壶济世"出自《后汉书·方术列传·费长房》，大致内容说的是：传说费长房是河南汝南（今河南上蔡西南）人，有一天，他看到一位竹杖上挂了葫芦的老人（即壶翁）在市集中卖药，当天黑散街之后，壶翁就跳入葫芦中，当时只有费长房一人看到，他觉得很奇怪，为了弄清楚壶翁的来历，费长房便以酒款待，壶翁知道来意后，便请他隔日再来。当他再来时，壶翁邀他一起进入葫芦中，只见大厅布置得整齐华美，佳肴满桌，他立刻拜壶翁为师，学习医术与修仙之道，几年后，费长房艺满后，也开始悬壶济世行医。虽然这个传说有些神话传奇色彩，但二人的精湛医术令人赞佩，也正是因为这个故事的流传，所以后人将行医称为悬壶，后世医生或诊所的贺词无一不是悬壶济世，而悬挂的那个葫芦更成了中医的标志。

时至今日，仍然有许多药店、药厂把悬挂葫芦作为行医、制药的标志。

 第 120 课　世界上最早的医学校是什么？

唐"太医署"是我国古代第一座由国家兴办的正式医学机构。它由唐高祖于公元 624 年在长安建立，分为药工、教学、医疗、行政四大部分，管理体系比较接近于现代的医学院校。

"太医署"设太医令两人，为最高官员；太医丞两人，为太医令的助手；医正八人，医监四人为太医丞差遣。这 18 人都是"太医署"的高级官员。

"太医署"由药学部和医学部两大部门组成，类似于现在医学院校系别差异。医学部又划分为按摩科、针科、咒禁科和医科，类似于院系开设的一些不同专业。

"太医署"制度严格，学生除了入学考试之外还要参加规定的月考、季考和年考。在太医署学习九年仍未及格者会被取消学习资格，对于考试成绩优秀者，予以嘉奖。这样的考试制度在保证了学生质量的同时又可以防止人才埋没。太医署不仅规定对学生定期考核，而且所有医师、医正、医工，疗人疾病，以其痊多少而书之以为考课。这样就保证了师资队伍的质量，为整个医学校的教育质量提供了保障。

唐"太医署"在当时培养了大批医学泰斗，以后各个朝代都设立类似唐"太医署"的医学机构。宋朝开始，"太医署"由最高教育机构"国子监"管理，并扩大"太医署"的规模，使"太医署"的发展达到了鼎盛时期，像朱肱、陈自明，元代危亦林、齐德之，明代徐春甫、薛己等著名医师全部出自"太医署"。

太医署的设立不仅推动了我国古代医疗事业的发展，而且还使得许多邻邦国家争相效仿，如朝鲜效仿唐朝"太医署"设立了博士。日本于公元701年设立了类似"太医署"的医学机构，并且规定只以《新修本草》《素问》等中国医书作为教科书。

 第121课　我国最早的病历源于何时？

病历是去医院看病时必不可少的东西，上面详细记录着医生诊断出的病因、病情及所开的处方，等等。但你知道我国是什么时候开始使用病历的吗？

据记载，西汉时期有个叫淳于意的人，在年轻时做过管理粮仓的小官，人们便称他为"仓公"。淳于意小时候家里很穷，他的许多亲人都因患病无钱医治而过早离开了人世。种种惨痛的现实激发淳于意的意志，他决定自学医术，挽救患病的贫苦大众的生命。于是，他在管理粮仓之余便四处搜寻药方，拜求良医。经过数年的不懈努力，他终于成了一名医术精湛、医法高明的医师。学有所成后，他串街走巷，治愈黎民百姓无数，世人尊称其为"妙手回春""百方之祖"。中国医学上最早的"病历"就是淳于意首创的。

淳于意是个细心人，他在给人治病诊病时，总是把病人的病情和自己诊断处理的方法记下来。当时人们把这称为"诊籍"；现在我们称它为"病历"。

汉代历史学家司马迁在《史记》一书中为淳于意作传时，曾摘要记录了他的25份病历，这是现在我们所能见到的古人最早的"病历"。

 第122课　我国有哪些药材之乡？

中医文化博大精深，源远流长，诸多医学巨著开创了医疗领域的先河，为世界各国所认同和传承，中药的发展更是为我国医学的发展提供了保障，时至今日，神州大地上已经展现出许多珍贵中药药材的生产集聚地，下面就让我们看一下这些"中药之乡"都在哪里。

三七之乡——云南省文山壮族苗族自治州；川贝之乡——四川省松潘县。

黄连之乡——重庆市石柱土家族自治县；党参之乡——山西省长治县。

当归之乡——甘肃省岷县；山药之乡——山西省平遥县。

甘草之乡——内蒙古自治区杭锦旗；白术之乡——浙江省磐安县。

枸杞之乡——宁夏回族自治区中宁县；银花之乡——山东省平邑县。

茯苓之乡——湖北省罗田县；银耳之乡——四川省通江县。

浙贝之乡——浙江省鄞州区；玄胡之乡——浙江省东阳市。

杭菊之乡——浙江省桐乡市；麦冬之乡——浙江省慈溪市。

枳壳之乡——江西省靖安县；木瓜之乡——安徽省宣城市。

泽泻之乡——福建省建瓯市；珍珠之乡——广西壮族自治区合浦县。

山楂之乡——河南省林州市；黄芪之乡——内蒙古自治区武川县。

第五章
中国人必知的传统艺术

 第123课　汉字的五种主要书法字体是什么？

作为华夏五千年文明史的根基，汉字的形成经历了甲骨文—金文—篆书—隶书—草书—楷书—行书的转变过程，人们根据由繁到简的规律又演变出了篆书—隶书—草书—楷书—行书这五种主要书法字体。

小篆：秦始皇统一六国后，命令宰相李斯推行"书同文"政策，来统一全国文字，李斯废除了其他六国文字中各种和秦国文字不同的形体，并把秦国使用的大篆籀文进行简化，并结合民间文字的简体、俗体加以整合规范，形成了统一的文字书写格式——小篆体。

隶书：隶书始于秦朝，在汉魏时期较为成熟并广泛通用，也被称作"隶字""古书"。隶书是在小篆的基础上形成的。由于小篆字体书写比较烦琐，人们就把小篆匀圆的线条改为平竖方正的笔画，以此来提高书写速度，便于推广。

草书：草书起源于汉朝，有章草、今草、狂草之分。草书是隶书的一种演变，书写时结构简省而不失梗概，减去了隶书的中规中矩，起笔奔放，笔画连绵。唐朝以后，草书逐渐成为一种书法艺术，尤其是狂草的出现，使草书本身传递信息的作用大幅减退，更多地被人们以艺术品眼光来看待。

楷书：也称正楷、真书。从隶书演变而来，字体更加简化，字形由扁体改为方体。《辞海》中的解释是：字形方正，笔画平直工整，是在汉末八分书（见隶书）基础上演变而成的新书体。这种书体在三国时已通行全国，世传魏初钟繇为真书之祖。隋唐以后真书在书法风格上有了新的发展，代表作如智永的《真草千字文》中的真书和欧阳询的《九成宫醴泉铭》。真书一直作为正体字沿用至今。

行书：行书是结合楷书的字体方正、草书的洒脱大气两大优点而成，在书写时，弥补了草书的难以辨认和楷书的速度缓慢。

 ## 第 124 课　我国历史上的"书圣"是谁？

王羲之（公元 303 年~361 年），字逸少，号澹斋，祖籍琅琊临沂（今山东临沂），东晋著名书法家，被人们尊称为"书圣"。王羲之出身名门望族，曾经官至会稽内史和右军将军，所以又被人们称为王会稽、王右军。王羲之在书法方面造诣较深，楷草行隶样样精通，他的楷书学习的是钟繇的笔法，草书学的是张芝、李斯、蔡邕等人的书法，可谓是集各家所长于一身。后人经常用《洛神赋》中"翩若惊鸿，婉若游龙，荣曜秋菊，华茂春松。仿佛兮若轻云之蔽月，飘飘兮若流风之回雪"一句来赞美王羲之书法的传神。据史料记载，它的主要书法作品有草书《十七帖》《初月帖》，行书《姨母帖》《快雪时晴帖》《丧乱帖》《兰亭集序》，楷书《乐毅帖》《黄庭经》等。其中的《兰亭集序》最具代表性，被誉为"天下第一行书"。

东晋穆帝永和九年（公元 353 年）三月三日，王羲之与好友谢安、孙绰等 41 人，在山阴（今浙江绍兴）兰亭嬉游、雅聚，会上各人作诗，大家把诗汇集起来，这便是《兰亭集》。随后大家公推王羲之写一序文，于是，王羲之乘着酒兴，一挥而就，一气呵成，写下了 28 行、324 字的被后人誉为"天下第一行书"的《兰亭集序》。《兰亭集序》通篇 324 个字，姿态各异，挥洒自如，尤其是在重字表现上可谓出神入化，无人能及。例如文中的 20 个 "之" 字，形神兼具，无一雷同。《兰亭集序》是王羲之书法技艺登峰造极之作，淋漓尽致地表现出其各种书法的精髓所在。太宗曾亲自为王羲之作传云："详察古今，研精求篆，尽善尽美，其惟王逸少乎！观其点曳之工，裁成之妙，烟霏露结，状若断而还连，凤翥龙蟠，势如斜而反直，玩之不觉为倦，览之莫识其端。心摹手追，此人而已。其余区区之类，何足论哉。"

 第 125 课 "癫张醉素" 说的是谁？

"癫张" 指的是唐代书法家张旭，"醉素" 指的是唐代书法家怀素。他们都是以狂草书著称。张旭，字伯高，吴（今苏州）人，为人豪放洒脱，不拘一格，每当创作之前都激情澎湃，甚至达到癫狂的地步，而且好喝酒，每喝必醉，"性嗜酒，每喝必醉"，喝醉之后就狂叫奔走，而后挥洒自如、落笔成书，甚至有的时候竟然用自己的头发蘸墨写书，等到酒醒之后，自己都会感叹其作品的神妙，因此被人们称为 "癫张"。玄宗皇帝更是亲下诏书把张旭的草书、李白的诗歌和裴旻的剑定为三绝。张旭也因其草书笔法的独特而有着 "草圣" 的美誉。

怀素（公元 737 年～779 年），俗姓钱，子藏真，永州零陵（今湖南永州）人，怀素是他的僧名，因出身贫寒，很小的时候就出家当了和尚，但极其喜好书法，每逢佛事完毕就刻苦研习书法，暑往冬来从不间断，而且学书特别勤奋。怀素天性爽朗，嗜酒如命。他自称 "饮酒以养性，草书以畅志"。因此被人们称为 "醉素"。怀素善以中锋笔纯任气势作大草，如 "骤雨旋风，声势满堂"，到 "忽然绝叫三五声，满壁纵横千万字" 的境界。怀素的草书在张旭的基础上有所创新，不拘一格，变化多端，风格大胆多变。怀素与张旭被后人合称为 "癫张醉素"。怀素传世的书迹较多：计有《千字文》《清净经》《圣母帖》《藏真帖》《律公帖》《脚气帖》《自叙帖》《苦笋帖》《食鱼帖》《四十二章经》等。

第 126 课 "颜筋柳骨"说的是谁?

"颜"指唐朝的颜真卿,字清臣,京兆万年(今陕西西安)人,祖籍琅琊临沂(今山东临沂)。由于他的书法筋力丰满,所以有"颜筋"一说。颜真卿自幼从师于张旭学习书法,得其真传,并集百家所长,融会贯通,形成独特的风格。颜真卿的楷书和行书都比较有名,尤其以楷书最佳。他的楷书气势浑厚,气势开张又不失端庄高雅,蕴含古法却不拘于古法,气宇轩昂间透出一种盛世风貌。如史学家范文澜所说"盛唐的颜真卿,才是唐朝新书体的创造者"。《新唐书·颜真卿传》赞道:"虽千五百岁,其英烈言言,如严霜烈日,可畏而仰哉!"颜真卿成为继二王之后成就最高的书法大家。他的传世之作有《颜勤礼碑》《祭侄文稿》《湖州帖》《麻姑仙坛记》《多宝塔牌》等。《多宝塔牌》为颜真卿的成名之作,通篇结构严谨、端庄秀丽、点化圆整。

"柳"指柳公权,(公元 778 年~865 年)京兆华原(今陕西耀县)人。柳公权的书法骨力刚健,所以有"柳骨"之称。柳公权曾任翰林院书诏学士、太子太保等职。他的楷书集王羲之与颜真卿两人的精华,极负盛名。后来,他把颜书刚劲雄厚的风格与晋人劲媚的书法特点相结合,自成一体。他的书法骨力偏重,笔画锋棱有秩,字体连接紧密,尽显劲媚之风,在书法史上产生了巨大的影响。世人常将其书法与颜真卿并提,称之为"颜筋柳骨"。他的代表作有《玄秘塔牌》《金刚经》《神策军牌》等。《玄秘塔牌》是柳公权众多作品中最为著名的一篇,被后人誉为楷书中的模范之作。原碑现存于陕西西安碑林;《神策军牌》通篇布局沉稳匀整,具有左紧右舒的特点,被历代书法家作为著名的临摹范本之用。

 第 127 课 "秦书八体"指的是什么?

秦书八体是指秦代通行的八种书体。汉人许慎的《说文解字》中叙

"自尔秦书有八体：一曰大篆；二曰小篆；三曰刻符；四曰虫书；五曰摹印；六曰署书；七曰殳书；八曰隶书"。

1. 大篆：即"籀文"，是西周时太史籀写的15篇文字。名称是根据作者而来的。

2. 小篆：又名"秦篆"，由秦朝李斯、赵高、胡母敬根据大篆衍生而来。

3. 刻符：是刻在符节（多为金、银、铜、玉）上的字体，常用于军事调用的符信。

4. 虫书：是写在旗帜或符节上的字体。因这些字体与虫鸟相似，并且鸟又有羽虫之称，所以称为虫书。

5. 摹印：是写刻在印材上的字体。字体屈曲缜密，印材有大小，写刻之前须先规划，"摹印"之称就源于此意。

6. 署书：是题在匾额上的文字。

7. 殳书：是铸在兵器上的文字。殳是古代一种兵器。

8. 隶书：由秦篆的基础上衍生而来，具有书写方便的特点。

第 128 课 "永字八法"说的是什么？

"永字八法"是古人在总结书法书写规范时用到的一种方法。其内容就是以"永"的八个笔画来规范书写，是中国汉字最基本的几种笔画的最基本体现。相传东晋书法大家王羲之曾花费几年时间，专门练写"永"字，认为"永"字熟，则书法通。

"永字八法"的第一笔画为点，称为侧，有侧锋落笔、势足收锋之意；第二笔为横，称为勒，要求逆锋落纸，缓去急回；第三笔为直，称为努，要求中锋落笔，直中见曲；第四笔是钩，称为趯（tì），要求力集笔尖，驻锋提笔，顿笔停锋；第五笔是仰横，称之为策，要求起笔同直画，得力在画末；第六画为长撇，称为掠，要求起笔有力，出锋利落；第七笔为短撇，称为啄，要求落笔左出，快而峻利；捺笔为磔，犹如飞鸟啄食；第八笔为捺，称为磔，要求逆锋轻落笔，收锋重含蓄。

 第129课 古代著名的琵琶曲有哪些？

琵琶是一种有着2000多年历史的"弹拨乐器"，有着"民乐之王""弹拨乐器之王"的美誉。相传在秦朝民间就已经流行这种乐器，其形状为直颈，音箱为圆形，弦数和音位数不定。人们在弹奏时主要有两种手法：前弹为"批"，后挑为"把"，所以又称"批把"。到了魏晋时期，西域的曲颈琵琶随着丝绸之路传入中原，顾名思义，其形状呈曲颈，而且有四柱四弦，横抱弹拨演奏。唐代人根据它的特点，把我国的琵琶进行了改善，形成了一种演奏方便、曲调柔美的竖抱手指演奏琵琶。

琵琶有文曲、武曲、大曲三大曲风，人们根据不同的曲风总结出10首有代表性的曲目，被称为"十大琵琶名曲"。

《塞上曲》是一首传统琵琶大套文曲，乐曲通过描写王昭君对故国的思念，表达了哀怨悲切之情。

《十面埋伏》是一首著名的大型琵琶曲，堪称曲中经典。乐曲内容的壮丽辉煌、风格的雄伟奇特，在古典音乐中是罕见的。

《霸王卸甲》是一首著名的琵琶传统大套武曲。这首曲子的取材与《十面埋伏》一样，也是描述垓下之战，同样是采用章回式结构，但立意不同。

《大浪淘沙》是华彦钧创作的一首琵琶独奏曲，乐曲表现了作者对不平人世的无限感慨及对命运的态度。

琵琶独奏曲《昭君出塞》由华彦钧传谱。乐曲通过刻画昭君出塞时的情绪变化，表达了作者对这一历史事件的无限感慨。

《阳春白雪》，亦名《阳春古曲》，简称《阳春》，是一首广泛流传的优秀琵琶古曲。质朴而丰富的音乐语言表现了人们积极进取、乐观向上，对大自然充满无限感情的精神气质。

《草原小姐妹》乐曲描写了蒙古族少女龙梅、玉荣为保护集体羊群与暴风雪搏斗的事迹，表现了新中国少年儿童热爱集体、不畏风暴的高尚风格和勇敢的精神。

《海青拿天鹅》，据说它是现今所知，流传年代最早的一首琵琶曲。

《夕阳箫鼓》又名《浔阳夜月》《浔阳琵琶》或《浔阳曲》，《夕阳箫鼓》是一首抒情写意的文曲，旋律雅致优美。

《彝族舞曲》以抒情优美的旋律、粗犷强烈的节奏，描绘了彝家山寨迷人的夜色和人们欢乐舞蹈的场面，音乐富有浓郁的民族特点，并具有强烈的时代气息，深受众多音乐家喜爱，被改编成古筝、三弦、扬琴、阮独奏曲及管弦乐曲。

第 130 课　古代著名的古筝曲有哪些？

古筝是我国独特的、重要的民族乐器之一。它的音色优美、音域宽广、演奏技巧丰富，具有相当的表现力，因此深受广大群众的喜爱。

古筝由面板、雁柱、琴弦、前岳山、弦钉、调音盒、琴足、后岳山、侧板、出音口、底板、穿弦孔组成。演奏时用右手大拇指、食指、中指、无名四指拨弦，演奏出旋律、掌握节奏，左手演奏法还要在筝柱左侧顺应弦的张力、控制弦音的变化，以调整音高，完善旋律。比较著名的曲目有：

《渔舟唱晚》是一首著名的北派筝曲。是娄树华在 20 世纪 30 年代中期根据古曲《归去来辞》的素材改编而成。

《汉宫秋月》是现今流传的演奏形式，有二胡曲、琵琶曲、筝曲、江南丝竹等。主要表达的是古代宫女哀怨悲愁的情绪及一种无可奈何、寂寥清冷的生命意境。

《出水莲》是传统的广东客家筝曲，中州古调，采用传统的十六弦钢丝筝演奏，音调古朴、风格淡雅，表现了莲花"出淤泥而不染，濯清涟而不妖"的高尚情操。

《高山流水》的音乐与琴曲迥异，同样取材于"伯牙鼓琴遇知音"，现有多种流派谱本。而流传最广、影响最大的则是浙江武林派的传谱，旋律典雅、韵味隽永，颇具"高山之巍巍，流水之洋洋"貌。

《林冲夜奔》以《宝剑记·夜奔》为题材而创编，反映了现实与理想之间的矛盾与冲突，从一开始的低迷到乐曲的末了呈现出"博得个斗转天回"的积极向上，这是本乐曲深感人心之处。

古筝独奏曲《侗族舞曲》由厦门大学焦金海教授创作于云南体验生活期间。有感于侗族的广大人民群众对生活的热爱和他们富有深刻韵味的音乐风格，遂创作了这首筝坛经典作品。

《寒鸦戏水》是潮州音乐十大套曲之一。此曲旋律优美、格调清新、韵味别致，常戏称为潮州之州歌。

《东海渔歌》是马圣龙、顾冠仁在 1959 年所作的一首民乐合奏曲，以东海渔民劳动生活为题材而编创，旋律动听上口，经常被各地的民乐团所演奏，根据合奏曲改编的同名古筝曲被列为中国十大古筝名曲之一。

 第 131 课　"燕乐"是一种怎样的乐曲？

燕乐是古代宫廷宴请宾客时一种专用的乐曲，在隋唐时期尤为盛行，并最终取代了雅乐，成为风靡一时的宫廷曲乐。

隋唐时期，燕乐广泛吸收民间音乐、少数民族音乐和外来的俗乐，形成一种注重娱乐性和艺术性的多元化宫廷乐曲。宋朝的沈括在《梦溪笔谈》中说："先王之乐为雅乐，前世新声为清乐，合胡部为燕乐。"隋唐初年，燕乐按照乐队编制和音乐来源被分为七种，即"七部乐"，后到隋炀帝时增为九部，唐太宗年间改为十部，其中含有天竺伎、高丽伎、安国伎、疏勒伎、高昌伎、康国伎、龟兹伎、西凉伎，外加燕乐和传统清商乐。到了唐玄宗时期，燕乐据其表演的形式被改为立部伎和坐部伎两大类，立部伎在室外站立演奏，人数众多，场面宏大，偶尔还会加入百戏；坐部伎在室内演奏，人数较少，注重个人技巧，其演奏的乐曲音律清雅细腻，在当时的众多宫廷乐中，坐部伎地位最高，立部伎次之，雅乐地位最低。到了中唐时期，燕乐已经完全将雅乐取而代之，成了宫廷的主要乐种。

燕乐所使用的主要乐器有琵琶、箜篌、筚篥、笙、笛、羯鼓、方响等。歌舞大曲就是由众多乐器组合而成的代表性燕乐，是唐代燕乐最高的艺术成就，结合了器乐、歌唱、舞蹈等众多表演手法，共分为"散序""中序""破"三部分。其中散序是由乐器演奏，没有节拍限制，节奏自由；中序加入歌唱，以抒情慢板类型为主；破是燕乐的高潮部分，舞蹈随节奏逐渐加快，使整首乐曲在欢快的气氛中结束。

 第 132 课　《溪山琴况》是一部什么著作？

徐上瀛（约公元 1582 年～1662 年），江苏娄东（太仓）人，明末著名琴家。所著《溪山琴况》是一部全面而系统地讲述琴乐表演艺术理论的专著，也是中国音乐美学史上的重要著作。这部著作在总结前人琴学理论的基础上提出了古琴表演艺术的 24 个审美范畴，即所谓"二十四况"。这二十四况是：和、静、清、远、古、澹、恬、逸、雅、丽、亮、采、洁、润、圆、坚、宏、细、溜、健、轻、重、迟、速。

徐上瀛提倡"往来动宕，恰如胶漆"的演奏理论，使弦与指处于顺和的融洽关系中，由此达到"弦与指合"的技艺水准；在演奏的熟练度与技法上要"务令宛转成韵，曲得其琴"。使乐曲的韵律合乎音乐的章法，从而达到手指与音韵相"和"，实现琴乐演奏中的技艺美；最后，徐上瀛提出了"以音之精义而应乎与音之深微"的理论，进一步加强"音与意合"的演奏境界，他在《溪山琴况》中说："其有得之弦外者，与山相映发，而巍巍影现；与水相涵濡，而洋洋徜恍。暑可变也，虚堂凝雪；寒可回也，草阁流春。其无尽藏，不可思议，则音与意合，莫知其然而然矣。"
这是一种对人在音乐审美中借助于内心的想象、联想等情感体验，使审美
感受变得更为丰富和充实的肯定。

在琴乐"二十四况"中，具有理论核心意义的就是"和"。徐上瀛所
说的"和"，并不是平淡无味的"淡和"，也并非庸然无所思，而是蕴含着
相当动人的情感力量的"和"。这也是，《溪山琴况》琴乐美学思想中值得
借鉴、吸收的精华。所以徐上瀛在卷首便提到"二十四况"中，"其所首
重者，和也"。说明"和"况作为琴乐审美范畴之一，在琴学理论中具有
其他著作无法替代的地位。

 第 133 课　《乐律全书》是怎样的著作？

朱载堉，字伯勤，号句曲山人，是明太祖朱元璋的第九世孙，明宗室
郑恭王朱厚烷之子。《明史·郑王瞻埈列传》中载道："世子载堉，笃学有
至性，痛父非罪见系，筑土室宫门外，席藁独处者十九年。厚烷还邸，始
入宫。"他早年学习算术、天文，潜心于学术研究，在律学、数学、历学
方面都有很深的造诣。嘉靖年间，朱载堉因遭遇家庭变故，在一间木屋里
独居了 19 年，潜心研究音乐、数学和历学，完成了许多传世名著的撰写，
如《乐律全书》《嘉量算经》《律吕正论》《律吕质疑辩惑》等。其中《乐
律全书》是集乐律、乐谱、乐经、舞蹈教学和历学为一身的综合性巨著，
成为音乐方面经久不衰的代表作。

《乐律全书》的《律吕精义》内外两篇，对 40 余种乐器作了考证
和研究。详细地阐述了他所创造的新法密率，即"十二平均律"，将音
乐中的八度音程分为 12 个半音。他记录乐曲达百首之多，比较著名的
有《六代小舞谱》《小舞乡乐谱》《二佾缀兆图》《灵星小舞谱》等，乐
曲多用工尺谱、律吕字谱、宫商字谱、笙奏谱、合乐谱等记写，其中
《灵星小舞谱》是由幼童在农民祈年、庆丰收时表演的歌舞节目，用
钟、鼓、拍板、管伴奏。《乐律全书》是音乐史上最早用等比级数音律

系统阐明十二平均律的乐理巨著。德国音乐家迈尔克迈斯特在 100 多年后才提出相同的理论。

 第 134 课　工尺谱是怎么来的？

工尺谱产生于隋唐年间，是中国民间传统记谱法之一，以工尺等字将不同的音高符号命名是我国古代特有的记谱法，它与许多重要的民族乐器的指法和宫调系统紧密联系，在民间的歌曲、曲艺、戏曲、器乐中应用很广泛，尤其在明朝中后期以后，昆腔的流行带动了记谱法的推广和统一，工尺谱在此过程中逐渐成为应用最广的一种谱式。

近代常见的工尺谱，一般用合、四、一、上、尺、工、凡、六、五、乙等字样作为表示音高的基本符号，等同于 sol、la、si、do、re、mi、fa（或升 Fa）、sol、la、si。工尺谱的音高分别以上、尺、工、凡、六、五、乙表示现在音阶的 do、re、mi、fa、sol、la、si。古代工尺谱的节奏符号称为板眼。一般板代表强拍，眼代表弱拍，板和眼的构成分为散板、流水板、一板一眼、一板三眼、加赠板的一板三眼等形式。散板就是自由节奏；流水板是每拍都用板来记写，一般是 1/4 的节奏，有实板与腰板两种形式；实板是指与乐音同时打下的板，腰板则是在乐音发出前或后打下的板；一板一眼就是一个板与一个眼合成 2/4 的节拍；一板三眼就是一个板和三个眼合成的 4/4 节拍；加赠板的一板三眼只有在昆曲的南曲中才有，大致相当于 4/2 节拍。

工尺谱的历史悠久，唐代即已使用燕乐半字谱，如敦煌千佛洞发现的后唐明宗长兴四年（公元 933 年）写本《唐人大曲谱》，至宋代即为俗字谱，如张炎《词源》中所记的谱字、姜夔《白石道人歌曲》的旁谱、陈元靓《事林广记》中的管色谱等。清朝乾隆至嘉庆年间出现了用工尺谱谱写的管弦乐合奏总谱——《弦索备考》。其中的每首曲子都能用箫、笛、提琴等乐器进行演奏，它们各部工尺谱的音高、调号、节奏符号基本相同于常用工尺谱，展现出了我国古人在音乐艺术上的高深造诣。

第 135 课 "百戏之祖"说的是哪个曲种?

昆曲发源于苏州昆山,至今已有 600 多年的历史,它是现今活跃在舞台上最为古老的戏剧之一,许多地方剧种都是在昆剧的基础上发展起来的,例如江浙越剧、蒲剧、川剧、赣剧、湘剧、京剧、邕剧、广东粤剧、闽剧、滇剧、桂剧,等等都受到过昆曲的滋养、哺育。因此,昆曲被人们冠以"百戏之祖"的雅称。

昆曲在明末清初只是流行于苏州昆山一带的民间小唱,俗称"昆腔"。明朝正德年间,著名戏曲唱家魏良辅对昆山腔进行了改良,保留了南曲特有的中州韵调,汲取北曲字正腔圆的行腔,使昆曲综合了南北曲种的优点于一身,形成了婉转细腻的"水磨腔"。新腔传播不久就得到了大江南北民众的广泛认可,成为戏曲界的标准唱腔。清乾隆年间,昆曲已经发展为全国性的成熟剧种,极大地影响和推动了地方剧种的衍变和发展。

昆曲以联曲体作为其主要的音乐结构,也可以简称为"曲牌体"。根据不完全统计,昆曲使用的曲牌体达千种之多,不仅涵盖了古代的音乐、歌舞,还包括了唐宋的词牌、词曲、唱调等方式。在伴奏上,以曲笛为主乐器,三弦、琵琶、唢呐等作为辅助。昆曲唱腔婉转、表演细腻,巧妙的歌舞结合,搭配完美的舞台置景,把戏曲表演的各个方面都展现得淋漓尽致。

昆曲不仅作为中国的"百戏之祖"有着悠久的历史,在世界范围内更是与印度梵剧、古希腊戏剧并称为世界三大古老戏剧。联合国教科文组织在 2001 年把昆曲艺术列为"人类口头和非物质遗产代表作"。昆曲已经走出国门,向世界展现出它的独特魅力。

第 136 课　川剧是怎么"变脸"的？

川剧发源于四川，流行于四川、贵州、重庆及云南等地，是当地百姓喜闻乐见的地方剧种。

川剧有着浓郁的四川文化特色。成都自古以来就是戏剧之乡，唐朝就有"蜀戏冠天下"的说法。清朝时期，大批移民涌入四川，各种地方小调在四川流传融合，这些声腔剧种逐渐发展演变为川剧的昆（腔）、高（腔）、胡（琴）、弹（戏）、灯（调）五种声腔，并通过锣鼓将这五种声腔纳入了统一的川剧表演体系之中。清末时统称"川戏"，后改称"川剧"。

高腔，在川剧中居主导地位。源于江西弋阳腔，明末清初时流入四川，楚、蜀之间称为"清戏"。在原本"以一人唱而众和之，慢板、紧板结合"的传统基础上，广泛汲取四川秧歌、号子、神曲、连响中的营养，丰富和发展了"帮、打、唱"紧密结合的特点，形成具有本地特色的四川高腔。

变脸，当之无愧为川剧中最有名的表现技巧，主要手法分为："抹脸""吹脸""扯脸"和"运气变脸"。

"抹脸"就是把化妆用的油彩涂在脸的某一特定部位上，到时用手往脸上一抹，便可变成另外一种脸色。如果要全部变，则油彩涂于额上或眉毛上，如果只变下半部脸，则油彩可涂在脸或鼻子上。如果只需变某一个局部，则油彩只涂要变的位置即可。

"吹脸"只适合于粉末状的化妆品，如金粉、墨粉、银粉，等等。有的是在舞台的地面上摆一个很小的盒子，内装粉末，演员到时做一个伏地的舞蹈动作，趁机将脸贴近盒子一吹，粉末扑在脸上，立即变成另一种颜色的脸。

"扯脸"是比较复杂的一种变脸方法。它是事前将脸谱画在一张一张的绸子上，剪好后将每张脸谱上都系一把丝线，再一张一张地贴在脸上，丝线则系在衣服的某一个顺手而又不引人注目的地方（如腰带上之类）。

随着剧情的进展，在舞蹈动作的掩护下，一张一张地将它扯下来。

"运气变脸"，是运用气功来改变脸色，难度较高，相传已故著名川剧家彭泗洪曾经运用过这种手法。

 第137课　"百戏之源"说的是哪一曲种？

秦腔起源于古代陕西，是西北地区的地方戏，在古都西安发展壮大，逐渐形成有代表性的曲种。自周朝以来，关东地域一直被人们称作"秦"，秦腔之名由此而来。

秦腔也被称为"梆子腔"，主要演奏乐器就是枣木梆子，梆子击节（"节"为古代乐器）时发出"咣咣"声，俗称"咣咣子"。清朝戏曲家李调元在《雨村剧话》中说道："俗传钱氏缀百裘外集，有秦腔。始于陕西，以梆为板，月琴应之，亦有紧慢，俗呼梆子腔，蜀谓之乱弹。"秦腔在西安成形后，在全国各地广泛流传，因为地域的不同而衍生出诸多不同的流派：陕西东部的蒲城、大荔一带为东路秦腔；关中宝鸡和甘肃天水一带为西路秦腔；汉中地区为南路秦腔；陕西秦川北部地区为北路秦腔；古都西安一带就叫作中路秦腔。其中东路秦腔在河北衍生为梆子，河南为豫剧，山西为晋剧；西路秦腔在四川也形成了梆子曲种，所以说秦腔是以上各地方戏剧的鼻祖，为"百戏之源"。

秦腔属于板式变化体剧种，音乐结构分为"散板——慢板——由中板而入于急板——结束"几大过程，由板路的节奏来控制故事情节的进程。秦腔的唱腔分为苦音和欢音两类，表现欢快、喜悦的情绪时即用欢音；抒发悲愤、凄凉的感情时要用苦音。秦腔的主要伴奏乐器为板胡，秦腔的角色分类有"十三头网子"之说，即四生、六旦、二净、一丑，共计13门。各门演员又细分为28类。可见秦腔的表演是具有相当的丰富性和观赏性。

据不完全统计，现存的秦腔传统剧目约有3000个，其中《白蛇传》《伐董卓》《法门寺》《屈原》《和氏璧》等剧目都成了脍炙人口的佳作。

第 138 课 "梨园行"之称源于哪个朝代？

唐朝是我国历史上的兴盛期，经济文化各个方面都得到了空前的发展。"梨园行"就是在这一时期，由唐玄宗亲手栽培起来的一个音乐机构。

当今人们大都知道，梨园说的其实就是戏剧界，家里世代都从事戏曲艺术的叫作"梨园世家"，从事戏曲的演员叫"梨园弟子"。唐朝著名诗人白居易的《长恨歌》中也曾提道"梨园弟子白发新，椒房阿监青娥老"。可见唐朝梨园的兴盛。

唐玄宗是一个知音律、懂乐理的皇帝，他酷爱戏曲艺术，在宫里养了上百个歌伎、舞伎学习戏曲、歌舞艺术。皇宫的禁苑里有一个很大的园子遍植梨树百余棵，名叫"梨园"，梨园里有宫殿、亭阁设施，是供皇室和达官贵人们娱乐的场所。唐明皇就将这些人都集中在"梨园"里，练习歌舞、戏曲，以备宫中开宴会时来表演助兴，也供唐明皇平日娱乐之用。他还亲自担任了"梨园"的主管事。这个"梨园"是历史上规模最大的培训演员的地方。除了请专门的人士来教习，还请当时有名的文人雅士为他们编撰节目，像唐朝著名的诗人李白、贺知章等人都为梨园编写过节目。这里成了历史上有名的集歌、舞、戏于一体的练习场所。因此，在"梨园"这个地方培训过表演行当的都叫"梨园行"。在这里学习过的都叫"梨园弟子"。戏曲界追根溯源就到了"梨园"这个地方，于是，就用了"梨园"的名称，世代相传，称戏曲界叫"梨园界"，这一行业叫"梨园行"，戏曲演员们为"梨园弟子"，而有几代人从事这个事业的家庭为"梨园世家"。

 第 139 课 古代十大悲剧都有哪些？

我国古代十大悲剧为：《窦娥冤》（杂剧，元朝关汉卿）、《汉宫秋》（杂居，元朝马致远）、《赵氏孤儿》（杂剧，元朝纪君祥）、《琵琶记》（南戏，明朝高则诚）、《精忠旗》（传奇，明朝冯梦龙）、《娇红记》（杂剧，明朝孟称舜）、《清忠谱》（传奇，清朝李玉）、《长生殿》（传奇，清朝洪升）、《桃花扇》（传奇，清朝孔尚任）、《雷峰塔》（传奇，清朝方成培）。

在历史发展的长河中，我国古典戏剧的发展算得上是"百家争鸣"，各题材优秀的剧目更是层出不穷，但悲剧类型是最能扣人心弦，并且经久不衰的剧目。千百年来，这些作品一直活跃在舞台上，鲜明的人物形象、感天动地的故事情节激励了一代又一代人，尤其在教育、文化普及率较低的时代，我国人民群众利用它们来教育和娱乐自己，从中获得对历史人物和现实生活的认识，同时鼓舞自己的生活热情，提高自己的道德情操。作为中国古典文学百花园的一枝奇葩，大悲剧以深邃的思想、紧扣心弦的主题为古今观众及读者所认可，毋庸置疑地成为中国文学艺术库藏中的珍品。

第 140 课　古代十大喜剧都有哪些?

我国古代十大喜剧为：《救风尘》（杂剧，元朝关汉卿）、《墙头马上》（杂剧，元朝白朴）、《西厢记》（杂剧，元朝王实甫）、《李逵负荆》（杂剧，元朝康进之）、《看钱奴》（杂剧，元朝郑廷玉）、《幽闺记》（传奇，元朝施惠）、《中山狼》（杂剧，明朝康海）、《玉簪记》（传奇，明朝高濂）、《绿牡丹》（传奇，明朝吴炳）、《风筝误》（传奇，清朝李渔）。

在戏剧的大观园中，喜剧以其多变丰富的表现手法和纷繁复杂的主题吸引了无数观众的目光，这些古典平民喜剧不论是在人物设计上，还是情节构造上都与现实生活紧密结合，展现出了一幅幅幽默机智、敢想敢为的劳动人民同腐朽势力斗勇斗智的画面，调动了人们生活的积极性，增加了人们同封建恶势力斗争的勇气。十大喜剧因其生动的言辞和恰当的音乐，成了中国文学艺术宝库中的一颗璀璨明珠，永远屹立于东方艺术之巅。

第 141 课　中国画有哪三大画种？

中国画涵盖范围广泛，按题材可分为人物画、山水画、花鸟画三大画种。

中国自周朝时期就已经出现了以历史人物壁画为雏形的人物画，人物画按题材可分为宗教人物画、历史人物画和现实人物画三大种类。按艺术手法可分为白描、写意、泼墨和工笔重彩几大类。按画面人物的多少可分为肖像画和群像画。肖像画以描绘人物外表形态为主，群像画以突出人物活动为主。不同的人物画所表现的侧重点不同，但共同的要求是形神兼备，人物形象要符合人体的比例、形体、场景透视原理等，要着重表达出人物的性格、气质和神态。人物画描绘的重点是人的面部，要求绘画者处理好人与物之间、人与环境之间的关系，以求画面整体统一。

山水画所表达的是古人对自然的崇拜和热爱之情，展现出中国文化中天人合一的境界和追求，在一定程度上反映作者对自然的思考以及对人生价值的感悟，在用艺术或写实的手法表现自然之美的同时，也间接地反映出当时社会的生活状态。在技法上，山水画分为水墨山水、金碧山水、淡彩山水、浅绛山水、没骨山水等形式。在取材和内容上，田野村居、寺院舟桥、名胜古迹、名山大川等元素皆可入画。山水画的技法大致可分为"勾""皴""染""点"四大步骤。即首先要用墨线勾出景物的大致轮廓，再用皴法绘出山石的明暗向背，接着用淡墨渲染，加强景物的立体效果，最后用浓墨或鲜明的颜色点出画面上需要的近物或远物。

花鸟画的描绘对象主要包括花鸟鱼虫、松竹柏石等。我国古代原始社会的陶器上就有简单的鱼鸟图案，为我国花鸟画的最早雏形。花鸟画注重结构上要突出主体，常常通过枝叶来进行对画作整体布局的安排和调整，要体现虚实相对、互相呼应的效果。除此之外，配合对画作内容进行解说或烘托的诗文，也成了花鸟画的一大特点。东晋、南宋时期，花鸟画成为独立的画种，并且发展为鼎盛时期，相继出现了水墨写意的"四君子画"（梅、兰、竹、菊）和以线描为主的白描花卉。明清时期出现了许多具有书法个性的花鸟画名家，如明朝的徐渭将草书入画，首创了表达个人情感的花鸟画的先河。清朝初期的朱耷，将表达个性的花鸟画发展到了巅峰水平。

 第 142 课　顾恺之为何有"虎头三绝"之称?

顾恺之（约公元 345 年～406 年）是东晋著名绘画理论家、诗人。字长康，小字虎头，晋陵无锡（今江苏无锡）人，曾为醒温及殷仲堪参军，义熙年间任通直散骑常侍。顾恺之多才多艺，工诗赋、书法，尤为擅长绘画，有"才绝、画绝、痴绝"之称。

顾恺之出身士族，才思敏捷，在绘画方面有较高的造诣，尤其是肖像、历史人物、道释、禽兽、山水等题材。认为"传神写照，正在阿堵（眼睛）中"。所以他的绘画最大特点就是"传神"，能够将人物的精神用绘画显现出来，甚至突出人物的性格志趣。顾恺之的经典之作有《洛神赋图》《列女仁智图》《女史箴图》等，均为后代摹本。《洛神赋图》一作源于曹植的名篇《洛神赋》，画中描绘出从曹子建和他的随从在洛水看到洛神起，直到洛神离去而止，整篇画卷将欢乐、惆怅、哀怨的感情交织其中，描绘曹子建依依不舍、怅然愁思之情已达到了出神入化的地步。顾恺之创作的《女史箴图》，取材于日常生活，笔法如泉涌般灵动不绝，全画采用游丝描手法，令画面高雅宁静而又不失欢愉开阔之气，画中的线条纤细如"春蚕吐丝"。

顾恺之的作品对后世绘画艺术影响较深，其行云流水般的线条和春蚕吐丝般的笔法令他所画之景自然流畅，所绘之人神采焕发。顾恺之与南朝的陆探微、梁朝张僧繇并称为"六朝三杰"。后人对三人的作品曾有如下评价："像人之美，张得其肉，陆得其骨，顾得其神，神妙无方，以顾为最。"

此外，顾恺之在绘画理论上也有卓越成就，现有《魏晋胜流画赞》《论画》《画云台山记》三篇画论流传于世。阐述了"以形守神，迁想妙得"等观点，主张绘画要结合人物的精神状态和性格特征，把握对象的内在本质，在形似的基础上将人物的形态神思表现出来，顾恺之的绘画及其理论上的成就，在中国美术史上占有不可磨灭的地位。

 第 143 课 "十八描"说的是什么？

"十八描"指的是我国古代绘画的一种技法，主要是关于画中衣服褶皱的 18 种描法，具体包括：

1. 高古游丝描：最古老的工笔线描之一，常见于顾恺之的画作。线条提按变化不大，细而均匀，多为圆转曲线，顿笔为小圆头状。

2. 琴弦描：比高古游丝描要粗，多为直线，有写意味道，线条用颤笔中锋，线中有停停顿顿的变化，大多为直线的感觉。

3. 铁线描：相比琴弦描粗些，用笔方硬，是最常见的描法之一。转折处方硬有力，直线硬折，如铁丝弄弯的形态。用笔中锋，圆头顿笔。

4. 混描：是一种写意画法。先用浓墨皴衣纹，墨未干时，间以浓墨，讲求"浓破淡"的墨法变化。

5. 曹衣描，即为曹衣出水描的简称。来自于西域的画家曹仲达，其画佛像衣纹下垂、繁密，贴身如出水状，有"曹衣出水"之称。受印度犍陀罗艺术的影响，用笔细而下垂，成圆弧状，讲求线之间的疏密排列变化。

6. 钉头鼠尾描：任伯年最常用的线描方法。叶顿头大，而顿时由于大的转笔，行笔方折多，转笔时线条加粗如同兰叶描，收笔尖而细。

7. 橛头钉描：秃笔线描，是一种写意笔法。顿头大而方，侧锋入笔，有"斧劈皴"之笔意。线条粗而有力。

8. 蚂蝗描：马和之常用手法。相似兰叶描，顿头大，行笔曲折柔软，强劲有力。

9. 折芦描：用笔粗，而转折多为直角，折笔时顿头方而大，线多为直线，是一种写意画的线描方法。梁楷的《六祖劈竹图》用的就是这种手法。

10. 橄榄描：顿头大，如同橄榄，行笔稍细，但粗细变化亦大。

11. 枣核描：顿头如同枣核状，线条行笔中亦有枣核状的用笔变化。

12. 柳叶描：用笔两头细，中间行笔粗。十八描中无兰叶描。柳叶描和竹叶描类似，都是虚入虚出的笔法，吴道子常用此法。

13. 竹叶描：与柳叶描类似，也是中间粗两头细。

14. 战笔水纹描：明代唐寅作仕女图多用，如山水画水纹之画法。表现薄而褶多的衣纹。

15. 减笔描：用笔粗，一气呵成，一笔中有墨色变化。大多只画个外轮廓，用笔简练到极致。指的是马远、梁楷等作大写意用的笔法。

16. 枯柴描：水墨画笔法。用笔粗，水分少，类似皴法。用笔往往逆锋横卧。

17. 蚯蚓描：粗细均匀，曲折多而柔软。用篆书笔法，圆转有力。

18. 行云流水描：表现软而弯转的衣纹。

 第 144 课　古代哪位画家有"画圣"之称？

吴道子（约公元 680 年～759 年）又名吴道玄，画史尊称吴生，阳翟（今河南禹州市）人。

吴道子幼时就失去父母，生活窘迫，曾向民间刻匠和画工学习技艺，经常为邻里百姓作画，颇有名气，在当时已有"穷丹青之妙"的美誉。开元初年，吴道子浪迹东都洛阳，由于他的画艺精湛，声名鹊起，被唐玄宗召入长安，专门为宫廷画画。时人曾把裴旻舞剑、张旭草书和吴道子作画并称为"三绝"。

吴道子的画手法多变，气势雄伟，对草木鸟兽、亭台楼阁和道佛两家的人物尤为擅长。吴道子不拘一格，在壁画创作方面也有许多名作流传于世，巅峰时期曾在洛阳、长安两地寺庙作壁画300多幅，却无一雷同，其中的《地狱变相图》更是成为经久不衰的代表作。他的山水画也堪称一绝，唐玄宗曾派他去四川中部的嘉陵江作画，吴道子触景生情，对嘉陵江的大好山水过目不忘，回到长安时竟没有打一张草图，完美无瑕地把嘉陵美景绘于大殿的墙壁之上。玄宗无限地感慨道："李思训数月之功，吴道玄一日之迹，皆极其妙也。"

千百年来，人们把吴道子奉为"画圣"；民间画工更把吴道子尊为"祖师爷"。唐朝绘画理论家张彦远曾说道"山水之变，始于吴，成于二李"。苏轼也认为"画至吴道子，古今之变，天下之能事毕矣"。可见吴道子的绘画技艺和雕塑手法已经达到了无人能及的地步，他的"守其神，专其一"的艺术法则被绘画界作为纲领，代代传承。

第145课　哪位君王有"书画皇帝"之称？

宋徽宗（公元1082年～1135年），宋神宗之子，北宋第八位皇帝，从政期间昏庸无道，重用"六贼"（蔡京、王黼、童贯、梁师成、李彦、朱勔，时称六贼）。公元1126年，金军南侵，直取汴京，废宋徽宗赵佶为庶人，赵佶被囚禁九年后死于五国城（今黑龙江依兰），北宋灭亡。

宋徽宗虽政治上失败，但多才多艺，精通绘画书法，和南唐李煜一样，这位亡国皇帝在艺术上是有作为的，他对于宋代画院的建设和院体画的发展，对于书画艺术的提倡和创作，以及对于古代艺术的整理与保存是有突出贡献的。他称得上是一个"不爱江山爱丹青"的皇帝。

他的绘画有两种格调：一是精工富丽的黄（筌）派传统，如他临摹张萱的《捣练图》和《虢国夫人游春图》，以及他自创的《瑞鹤图》《芙蓉锦鸡图》《听琴图》等作品，均采用细腻的工笔，充分表现艳丽富贵情调，对画院派画家影响很深；二是用水墨渲染的技法，不特别注重色彩，崇尚清淡的笔墨情趣。如他的名作《柳鸭芦雁图》和纯用水墨表现的《斗鹦鹉图》。宋徽宗造诣最高的是花鸟画。他所画的花鸟采用生漆点睛，高出纸素，如脱离画纸，展翅欲飞，如《蜡梅山禽图》和《杏花鹦鹉》，皆用笔精练准确，蜡梅、萱草和杏花，均形象生动。

宋徽宗著名的存世之作有《池塘秋晚图》《芙蓉锦鸡图》等。他在位期间大力发展绘画机构，鼓励画家创作。并将宫中收藏的绘画作品进行评比，编著成《宣和睿览集》，首创了文人画册的先河。

 第 146 课　"扬州八怪"都有谁？

扬州八怪是中国清代中期活动于扬州地区一批风格相近的书画家总称，或称扬州画派。在中国画史上指金农、郑燮、黄慎、李鳝、李方膺、汪士慎、罗聘、高翔、边寿民等人。因其艺术活动多在扬州，故有"扬州八怪"之称。

"扬州八怪"在艺术观上最突出的是重视个性表现。他们提倡风格独创，主张"自立门户"，他们公然宣布，自己的作品是为了卖钱谋取生活，撕破了过去文人画家把绘画创作视为"雅事"的面纱。在作品的题材上，他们一方面继承了文人画的传统，把梅、兰、竹、菊、松、石作为主要描写对象，以此来表现画家清高、孤傲、绝俗外，另一方面他们还运用象征、比拟、隐喻等手法，通过题写诗文，赋予作品以深刻的社会内容和独特的思想表现形式。如李方膺的《风竹图》，用不畏狂风的劲竹象征倔强不屈的人品；黄慎的《群乞图》、罗聘的《卖牛歌图》表现了他们对现实社会的细致观察，直接或间接地表现出社会的不平。扬州八怪在绘画的风格上主要继承了前人绘画中的水墨写意画的技巧，并进一步发挥了水墨特长，以高度简括的手法塑造物象，不拘泥于枝枝叶叶的形似。在笔墨上，他们不受约束，纵横驰骋、直抒胸臆。由于他们的作品和当时流行的含蓄典雅的花鸟画风相违背，所以常受到评论家的猛烈批评，被称之为"怪"。

"扬州八怪"知识广博，善于诗文，在生活上大都历经坎坷，最后走上了以卖画为生的道路。他们虽然卖画，却是以画寄情，在书画艺术上有更高的追求，不愿流入一般画工的行列。他们的学识、经历、艺术修养、深厚功力和立意创新的艺术追求已不同于一般画工，达到了立意新、构图新、技法新的境界，开创了一代新画风，为中国绘画的发展立下了不朽的功业。

 第 147 课 "江南三大名楼"是哪三座？

"江南三大名楼"分别为江西南昌市的滕王阁、湖北武汉市的黄鹤楼和湖南岳阳市的岳阳楼。

黄鹤楼始建于三国时期东吴夺回荆州之后（公元 223 年）。最初建楼的目的是东吴为了防御蜀汉刘备的来犯，作为观察瞭望之用。黄鹤楼高 51 米，明面上看为五层，实际上还有五个夹层，共为 10 层。因修建武汉长江大桥而从原来的黄鹄矶移到了蛇山的高观山上。黄鹤楼是现代武汉市的标志和象征。黄鹤楼在历史上就是文人墨客会聚的场所，并留下很多不朽名篇。唐代诗人崔颢的七律《黄鹤楼》："昔人已乘黄鹤去，此地空余黄鹤楼。黄鹤一去不复返，白云千载空悠悠。晴川历历汉阳树，芳草萋萋鹦鹉洲。日暮相关何处是？烟波江上使人愁。"将黄鹤楼的地理、环境、传说和楼的雄姿诉说得淋漓尽致，以至于唐代大诗人李白到此之后想写诗赞颂黄鹤楼，因看到了崔颢的佳作，不得不发出"眼前有景道不得，崔颢题诗在上头"的感叹。

滕王阁坐落在江西省南昌市赣江之滨，建于唐永徽四年（公元 653 年），现阁是 1989 年重修落成，共九层，高 57.5 米，是一座大型的仿宋建筑，也是江南三大名楼中最高的楼阁。在阁的第六层东西两面各挂着写有"滕王阁"三字的大匾，是宋代大文学家苏轼的字体；阁的三个明层四周均建有平座栏杆，以供游人远眺；在第五层的屏壁上还镶嵌着铜制的王勃《滕王阁序》碑；在滕王阁的门柱上，还有毛泽东亲笔手书的《滕王阁序》中的佳句"落霞与孤鹜齐飞，秋水共长天一色"。

位于湖南省岳阳市洞庭湖西岸的岳阳楼是三国时期（公元 215 年）东

吴将领鲁肃为了对抗驻守荆州的蜀国大将关羽所修建的阅兵台，当时称为阅军楼。据记载，这就是最早的岳阳楼的原型，也是江南三大名楼修建年代最早的楼阁，是江南三大名楼中唯一的一个木质结构的建筑，比滕王阁和黄鹤楼的规模小得多，但是这个屹立在洞庭湖边上的古代建筑也可以说是江南三大名楼中唯一不是在新中国成立后重新修建的，并且是保留完好的中国古代传统建筑风格的楼阁。北宋大文学家范仲淹写下了一篇脍炙人口的《岳阳楼记》，其中的"先天下之忧而忧，后天下之乐而乐"被中外广为传诵，亘古不衰。岳阳楼也与范仲淹的这篇《岳阳楼记》一起声名远播。

第 148 课　北京的四合院有哪些特点?

古人有诗云，庭院深深几许。庭院越深，越不得窥其堂奥。说的就是北京的四合院，四合院是一种四四方方或者是长方形的院落，就是三合院前面有加门房的屋舍来封闭。呈"口"字形的称为二进一院；"日"字形的称为三进二院；"目"字形的称为四进三院。一般而言，大宅院中，第一进为门屋，第二进是厅堂，第三进或后进为私室或闺房，是妇女或眷属的活动空间，一般人不得随意进入。

元明清时期，四合院逐渐成熟。元世祖忽必烈"诏旧城居民之过京城老，以赀高（有钱人）及居职（在朝廷供职）者为先，乃定制以地八亩为一分"，分给前往大都的富商、官员建造住宅，由此开始了北京传统四合院住宅大规模形成时期。20 世纪 70 年代初，北京后英房胡同出土的元代四合院遗址可视为北京四合院的雏形。后经明、清完善，逐渐形成北京特有的四合院建筑风格。

正式的四合院，一户一宅，平面格局可大可小，房屋主人可以根据土地面积的大小、家中人数的多少来建造，小到可以只有一进，大到可以三进或四进，还可以建成两个四合院宽的带跨院的。小者，房间为 13 间；一院或二院者，房间为 25 间到 40 间。厢房的后墙为院墙，拐角处再砌砖墙。大四合院从外边用墙包围，墙壁高大，不开窗户，以显示其隐秘性。从制式上来说，许多王府和寺庙也是按照四合院的布局进行设计和建造的。

第 149 课　古代民居有哪些特点？

中国疆域辽阔，历史悠远，各地自然和人文环境不尽相同，因而中国民居的多样性在世界建筑史上也较为鲜见。

民居分布在全国各地，由于民族的历史传统、生活习俗、人文条件、审美观念不同，也由于各地的自然条件和地理环境不同，因而，民居的平面布局、结构方法、造型和细部特征也就不同，淳朴自然，而又有着各自的特色。特别是在民居中，各族人民常把自己的心愿、信仰和审美观念，把自己所最希望、最喜爱的东西用现实的或象征的手法反映到民居的装饰、花纹、色彩和样式等结构中去。如汉族的鹤、鹿、蝙蝠、喜鹊、梅、竹、百合、灵芝、万字纹、回纹等，云南白族的莲花、傣族的大象、孔雀、槟榔树图案等。这样，就导致各地区各民族的民居呈现出丰富多彩和百花争艳的民族特色。

中国的民居种类可以说是数不胜数。北京的四合院、蒙古族的蒙古包、陕西与河南的窑洞、福建的土楼，等等。而其中最具有民族特色的是傣族传统住居。傣族民居是傣族人民根据当地的自然气候和自然经济条件，在比较原始状况下发展起来的一种传统民居形式，有着很强的地方特色和鲜明的历史特征。傣族住居因地处偏远的热带地区，形成了与内地迥然不同的建筑风格。住居围护结构轻薄通透，象征性的院墙——篱笆，使住居十分开敞。这就是传统傣族民居的三大特征之一——适应自然环境。第二大特征是形式语言：根据地区特有的自然、社会条件和文化习俗，形成了由整体到细部一系列完善、独有的造型语言，即纤细、含蓄和柔媚的风格。而其三则是住居是人类对自然、社会和文化形态认识过程的一种注解。傣族人温和、善良、内向、细腻的心理气质决定了其居住的阴性特征

——朴实、轻盈、柔媚，与中原汉式住居浑厚、粗犷、敦实的造型形成了鲜明的对照。

 第 150 课　古代著名的皇家园林有哪些？

从公元前 11 世纪周文王修建的"灵囿"起到清朝晚期慈禧太后重建清漪园为颐和园，皇家园林已经有 3000 多年的历史，可谓源远流长。在这漫长的历史时期中，几乎每个朝代都有宫苑的建置。根据其建造的位置不同，主要分为大内御苑和离宫御苑两大类。建在京城里面，与皇宫相毗连，为私家的宅园，称为大内御苑；建在郊外风景优美、环境幽静的地方，一般与行宫相结合，为行宫御苑。行宫御苑供皇帝偶一游憩或短期驻跸之用，离宫御苑则作为皇帝长期居住并处理朝政的地方，相当于一处与大内相联系着的政治中心。

秦汉两代，皇家园林是当时造园活动的主流。此时的皇家园林以山水宫苑的形式出现，即皇家的离宫别馆与自然山水环境结合起来，其范围大到方圆数百里。秦始皇在陕西渭南建的信宫、阿房宫不仅按天象来布局，而且"弥山跨谷，复道相属"，在终南山顶建阙，以樊川为宫内之水池，气势雄伟、壮观。

魏晋南北朝时期，皇家园林的发展处于转折时期，到了隋唐时期（公元 581 年～907 年），皇家园林的发展也相应地进入一个全盛时期，隋代的西苑和唐代的禁苑都是山水构架巧妙、建筑结构精美、动植物种类繁多的皇家园林，洛阳的"西苑"和骊山的"华清宫"为此时期的代表作。

元明清时期，皇家园林的建造日趋成熟，高潮时期奠定于康熙，完成于乾隆，由于清朝定都北京后完全沿用明朝的宫殿，这样皇家建设的重点自然地转向于园林方面。这个时期出现的名园如颐和园、北海、避暑山庄、圆明园，无论是在选址、立意、借景、山水构架的雕塑，还是建筑布局与技术、假山工艺、植物布置乃至园路的铺设都达到了令人叹服的地步。

譬如颐和园在仿制无锡寄畅园的基础上，将江南水乡的风貌与北方雄伟起伏的高山融合起来，加上众多庄严雅韵的佛香阁，令人犹如遍赏了大江南北的精髓景致。

 第151课　苏州园林因何"甲江南"？

苏州园林是江南私家园林的代表之作。与皇家园林相比，江南私家园林的规模较小，以几亩至几十亩最为常见，最小的也有一亩或半亩，但古代的能工巧匠却能在这有限的空间内运用众多艺术技巧构造一种深邃不尽的景象，给人以空间上很大的满足感。院子以水面为中心，四周散布着精美的建筑，构成一个小小的景点，数个小景点又围合成一个大的景区，院子的主人一般都具有较高的文化素养，能诗善画，善于品评，追求园林超凡脱俗、清高淡雅之风。院子主要供主人修身养性、闲暇时自娱自乐之用，苏州的古典园林极具特色，建筑布局、结构、造型、风格都运用了巧妙的衬托、对景、借象、尺度交换、层次配合等众多造园艺术手法和技巧，将亭台楼阁、花木泉石有机地融为一体，浑然天成，巧夺天工。

始建于明朝正德四年的拙政园是私家园林中的经典之作，经历朝的几经雕琢，现存的原貌主要形成于清朝末期。全园分为中、西、东三部分，以中部为主，园子呈矩形，水面较多，也有呈横长的矩形，水池内建有东西两座假山，几条小桥和坝堤把水面划分为几个部分。水池的南岸有面积较大的平地，建筑物多集中于此，由宅入园的小门就开在南岸的院墙上，入园之后，迎面有一座假山伫立中间，使园内景致不至于一览无余，这种手法称之为"障景"。岸西有一座名为"别有洞天"的凉亭，透过清澈的水面，东岸有一座方亭与之遥相呼应，水中的荷花和四面亭，加上曲折的小桥使景观的层次感呈现得淋漓尽致，这种手法称之为"隔景"。园的北岸以土为主，遍植芦苇、柳树，另有一番风味。东岸有梧林幽居亭，由此向西望去，透过水池亭阁，从树梢的缝隙中可遥见远处的苏州报恩寺，将塔景引入园内，称之为"借景"。院内的粉墙、碧水、几处怪石、数竿细竹，非自然天成，但经过人工巧夺后却恰到好处，胜似天成。

第六章
中国人必知的历史政治

 第152课　"尧舜禹禅让"是怎么回事？

传说黄帝以后，在黄河流域的部落联盟出现了尧、舜、禹三个著名的领袖。关于他们"禅让"的故事，古书有不少的记载。

尧，号陶唐氏，是帝喾的儿子、黄帝的五世孙，居住在西部平阳（今山西省临汾市一带）。尧当上部落联盟的首领，和大家一样住茅草屋、吃糙米饭、煮野菜作汤，夏天披件粗麻衣，冬天只加块鹿皮御寒，衣服、鞋子不到破烂不堪决不更换。老百姓拥护他，如爱"父母日月"一般。

尧在位70年后，开始考虑继承人一事。他的儿子丹朱为人粗犷，好惹是生非。有人推荐丹朱即位，尧不同意。后来尧又召开部落联盟议事会议，讨论继承人的人选问题，大家都推举虞舜，说他是个德才兼备、很能干的人物。尧很高兴，把自己的两个女儿娥皇、女英嫁给舜，并考验了三年才将帝位禅让给舜。

舜，号有虞氏，传说是颛顼的七世孙，距黄帝九世，生于诸冯（在今山东省境内）。舜即位后，亲自耕田、打鱼、制陶，深受大家爱戴。他通过部落联盟会议，让八元管土地、八恺管教化、契管民事、伯益管山林川泽、伯夷管祭祀、皋陶作刑，完善了社会管理制度。他也仿照尧的样子召开即位人选会议，民主讨论，大家推举禹来做继承人。舜到晚年身体不好，依旧到南方各地去巡

131

视，竟病死在苍梧（今湖南境内）的途中。舜死后，禹做了部落联盟的首领。

尧舜"禅让"的历史传说反映了原始公社的民主制度。禅让的方式是和平、民主地推选，不是个人权力的转移。体现了"以人为本，任人唯贤"的思想。有利于部落联盟的团结，协调社会生产。

 第 153 课　历史上第一位治理黄河水患的人是谁?

尧帝治国时，中原洪灾肆虐，百姓愁苦不堪。鲧奉尧之命治理水患，用了九年时间，仍旧未平水患。舜巡视天下，发现鲧用堵截的办法治水，一点成绩也没有，最后在羽山将其处死，接着命鲧的儿子禹继续治水。

禹接受任务以后，立即与益和后稷一起，召集百姓前来协助。他视察河道，并检讨鲧失败的原因，决定改革治水方法，变堵截为疏导，亲自翻山越岭、蹚河过川，拿着工具，从西向东，一路测度地形的高低，竖立标杆、规划水道。他带领治水的民工、走遍各地，根据标杆、逢山开山、遇洼筑堤，以疏通水道，引洪水入海。禹为了治水，费尽脑筋，不怕劳苦，从来不敢休息。他与涂山氏女娇新婚不久，就离开妻子，重又踏上治水的道路。后来，他路过家门口，听到妻子生产、儿子呱呱坠地的声音，都咬牙没有进家门。第三次经过的时候，他的儿子启正被抱在母亲怀里，他已经懂得叫爸爸，挥动小手，和禹打招呼，禹只是向妻儿挥了挥手，表示自己看到他们了，还是没有停下来。禹三过家门不入，经过长达 13 年的不懈努力，终于平息了水患，尧帝因为大禹治水有功，深得百姓拥戴，就将帝位传位于他。

 第 154 课　夏朝的建立者是谁?

启，史称夏启，创建了中国历史上第一个奴隶制国家——夏朝。禹病死后，启破坏了禅让制，自行袭位，成为中国历史上由"禅让制"变为"世袭制"的第一人。启建立了中国历史上第一个朝代——夏，从此，原始社会宣告结束，开始了奴隶社会。启在位九年，病死后葬于安邑附近（今山西省夏县西池下村里）。

夏启，姓姒名启，大禹的儿子，大禹死后，启即位为天子，公天下制度被禹的儿子夏启破坏后，自然遭到了一些人的反对。夏启没有急于镇压这些反对他的人，他认为当前最需要做的是收买人心，让民众心服口服地拥护自己。于是夏启严格要求自己，以博得人们对他的信任。他的每顿饭菜只吃一碗普通的蔬菜；睡觉只铺一床粗糙的旧褥子；除了祭神和祭祖外，他不许演奏音乐来娱乐；他尊敬老人、爱护小孩；谁有本领，他就亲自请来加以重用；谁懂得武艺，他就让谁带兵打仗。

夏启治国时收买人心，真的产生了很好的效果，才过了一年，他的声誉就大大提高了。大家一致认为夏启理所当然的是夏禹的继承人了，对于父死子继的家天下制度，人们并没有觉得什么不合理。

有扈氏对启破坏禅让制度的做法十分不满，拒不出席。夏启发兵对有扈氏进行征伐，大战于甘，有扈氏战败被灭。正是这次战役，使启的夏朝政权得到极大巩固。但启的晚年，生活日益腐化，整日饮酒作乐，不理国政，传说他曾创作了名为《九韶》的大型乐舞。

 第 155 课　史上第二个世袭制王朝是怎么建立的？

商代是继夏朝之后，中国历史上第二个世袭制王朝时代。自天乙（汤）至帝辛（纣），共 17 世、31 王，前后经历了将近 600 年。

传说商族是高辛氏的后裔，居黄河下游，有着悠久的历史。舜帝在位时，商族出了一位杰出的军事首领——契。后来商人把他称作"玄王"，作为始祖，并编出了"天命玄鸟，降而生商，宅殷土茫茫"的颂歌来赞美他。太康失国时，契的孙子相土开始向东方发展，《诗经》上说："相土烈烈，海外有截。"到夏朝中期，契六世孙冥"勤其官而水死"，商人"郊"祀之。冥子王亥"作服牛"，向河北发展。到契第十四代孙汤时，商已成为东方一个比较强大的王国。《国语·周语下》说："云王勤商，十有四世而兴。"

天乙姓氏为"子"，甲骨文称大乙，后人习惯上称之为成汤，是一位很贤良尚德的商族首领，相传曾被囚于水牢。他在当选为首领后，看到夏王朝日益腐朽，夏的暴政已引起众叛亲离，便着手建立新的王朝。首先，以德立威，厉兵秣马，使临近部落纷纷归附。其次，剪除夏王朝方国葛（今河南宁陵县北）、韦（河南滑县东）、顾（山东鄄城东北）、昆吾（河南淮阳南）。最后，向夏王朝首都发起进攻。双方战于鸣条（河南封丘东），夏师败绩。灭夏后，汤回师亳邑，大会诸侯，正式建立了商王朝，定都于亳。

商汤立国后，汲取夏代灭亡的深刻教训，废除了夏桀时残酷压迫人民的暴政，采用了"宽以治民"的政策，使商王国内部的矛盾比较缓和，政治局面趋于稳定，国力也日益强盛起来。他对四周的许多国家进行了征伐，取得了一系列胜利。所以《孟子·滕文公下》记有：汤"十一征而无敌于天下"。《诗·商颂·殷武》也有"昔有成汤，自彼氐羌，莫敢不来享，莫敢不来王"的记载，反映了商王朝在汤的统治下已经成为四夷不敢来犯的强大国家。

第 156 课　"宣王中兴"是怎么回事？

周宣王，周厉王之子，周朝第十一代帝王。在位期间（公元前 827 年～前 781 年）讨戎狄、征荆楚，使衰落的周朝逐渐强盛，史称"宣王中兴"。

公元前 827 年，国家动荡不安，民不聊生，周宣王即位后，为了巩固国家政权，进行了一系列政治改革。宣王效法先帝的政治遗风，重用周公、召公、钟山甫等贤臣，废除了籍田礼，提高百姓的耕田积极性，国家政权得到稳固。对外方面，由于之前周厉王施暴政，使得国家一片衰落，戎、狄、淮夷等国不断侵扰边界，烧杀抢掠，无恶不作。周宣王即位后，派名将南仲镇守朔方，加强防守力量，同时又命尹吉甫率兵北伐，痛击犹兵至陕北黄土高原一带，犹兵败北逃走，此后，戎狄其他部落也重新向周朝称臣。边界问题解决之后，宣王又派方叔带兵南征荆楚，也取得一些胜利。派尹吉甫用武力压服南淮夷，南淮夷进献贡物，暂时控制了东南地区，恢复了对南方的影响。在宗周以南，以秦仲为大夫，命他西征西戎，结果秦仲为西戎所杀，又召秦仲之子庄公兄弟五人，带兵 7000 人再伐西戎，结果取得胜利。周宣王这一系列措施及行动大大提高了王室的威信，遂使周室复振，诸侯又重新来朝。

 第 157 课 "春秋第一相"说的是谁?

管仲（公元前 725 年～前 645 年），名夷吾，又名敬仲、字仲，周穆王的后代，春秋时期齐国著名政治家、军事家，颍上（今安徽颍上）人。早年经商，后经鲍叔牙推荐入齐国从政，几经波折，最终辅佐齐桓公，对内政外交政策进行全面的改革，制定了一系列富国强兵的方针策略，被齐桓公尊为"仲父"，任为上卿，被称为"春秋第一相"。

"官山海"的提出巩固了国家的财政。齐桓公曾向管仲建议对房屋、树木、六畜、人口征税，以增加国家财政，管仲予以否决，并提出了"唯官山海为可耳"的富国策。"官海"是齐国对食盐的拥有制度，在齐国，食盐属于国家，食盐的生产实行官督民产的方式，规定百姓在特定时间、特定地域煮盐，最后齐国政府设置盐官，统一收购，统一运输，统一销售。"官山"与此类似，国家把铁矿开采交给百姓承包，并根据产值按三七比例分取利润。"官山海"政策的实施在富国的同时又稳定了民心，促进了生产，不失为一种高明的国家财政政策，被后世的各个朝代所沿袭。

倡导专业分工促进制造业发展。《考工记》一书深刻反映出春秋时期齐国手工制造业的繁荣，管仲提出的"专业分工"制度是齐国制造业昌盛的基础，"物以类聚，人以群分"，分工可以提高工作效率、方便相互交流生产经验、提高生产技术水平。管仲把齐国民众划分为士、农、工、商四类，并明确规定四者依此分类集中居住，世代沿承本职，不能随便更改。对分工带来的贫富差别，管仲特别关注，特意制定颁布多项抑富扶贫措施，其中包括下令不准富豪之家从事手工编织和种菜之类的工作，以确保此类从业者稳定的收入来源不受冲击。

管仲有著作《管子》流传于世，后被收入《汉书·艺文志》和《国语·齐语》。《管子》涵盖了天文、舆地、经济和农业等方面的知识，尤其《轻重》一篇，是古代经典的经济著作，书中详细论述了对生产、分配、交易、消费、财政等之间的关系，为后人研究我国先秦农业和经济提供了宝贵资料。

第 158 课　商鞅为何有"法圣"之称？

商鞅（公元前 395 年～前 338 年），卫国（今河南安阳市内黄梁庄镇一带）人，战国时期政治家、著名法家代表人物、卫国国君的后裔，姬姓，公孙氏，故称为卫鞅，又称公孙鞅，后封于商，后人称之为商鞅。

商鞅执政时为了加强中央集权统治，促进生产力发展，先后于周显王十三年（公元前 356 年）和十九年（公元前 350 年）先后实施变法，前期变法的主要内容为"废井田、开阡陌，实行郡县制，奖励耕织和战斗，实行连坐之法"。最重要的是，商鞅制定了"王子犯法，与民同罪"的法规。公元前 366 年，太傅公子虔复犯法，商鞅对其实施了割鼻之刑。变法实行数日后，百姓大悦，深感商鞅变法的锐利，以致秦国路不拾遗、夜不闭户。

秦孝公十二年（公元前 350 年），商鞅又进行第二次变法，主要内容为：政治上废除分封制、实行郡县制和按军功授爵制；经济上废除井田制，开阡陌，承认土地私有，并且统一了度量衡；迁都咸阳，避开保守势力；统一征收军赋等。

商鞅变法使秦国完成了从封建领主制到封建地主制的转变，逐渐消除了封建领主贵族的经济政治势力，促使封建地主制政权的产生和稳固；农业劳动力增加，耕地扩大，以粮食为主要内容的农业生产日益发展，工商山泽之利主要集中于封建国家之手，政府的财政收入日益富裕；农战方针具体落实，军事力量日益强大，一步步实现了富国强兵的目的。这些措施推动了生产力的发展，为日后秦国一统天下奠定了坚实的基础。

 第 159 课　"三家分晋"是怎么回事？

三家分晋是指春秋末年时期，晋国被魏、韩、赵三家瓜分的事件。三家联合灭掉了同为晋国四卿的智氏。公元前 403 年，周威烈王封三家为诸侯国。《资治通鉴》记载："周威烈王二十三年，初命晋大夫魏斯、赵籍、韩虔为诸侯……"

春秋末年，有着中原霸主之称的晋国逐渐衰落，国家实权被韩、赵、魏、智、范、中行六家大夫控制，他们各有各的地盘和武装，互相攻打。后来有两家（范、中行）被打散了，还剩下智家、赵家、韩家、魏家。这四家中，又以智家的势力最大。经过一番明争暗斗，赵、韩、魏三家最终灭掉了智家，公元前 375 年，韩赵魏三家瓜分晋侯剩余土地，晋国彻底灭亡。

"三家分晋"是春秋时期和战国时期的分界点，战国即由此起始。宋代著名史学家司马光撰《资治通鉴》，就是从这一年开始，记载的第一件事即是"初命晋大夫魏斯、赵籍、韩虔为诸侯"。同时也标志着新兴地主阶级登上历史舞台，推动了封建制度的确立。

 第 160 课　秦始皇是如何统一六国的？

秦朝十七年（公元前 230 年），秦大将内史腾率兵攻打韩国，俘虏韩安王，韩国灭亡；十九年（公元前228年），秦将王翦、杨端和分别率兵向赵进攻。赵王宠臣郭开接受秦人贿赂，王翦大破赵军，俘赵王迁。当年十月，秦军进入邯郸，赵亡；二十年（公元前227年），燕太子丹派勇士荆轲刺秦失败，二十一年（公元前226年）攻下燕都蓟，燕王喜与太子丹逃往辽东郡。至二十五年（公元前222年），秦军攻打辽东，俘燕王喜，燕亡；二十二年（公元前225年），秦国大将王贲率兵包围魏国都大梁，掘开黄河堤，水淹大梁。三月后城坏，魏王请降，魏亡；二十四年（公元前223年）秦王命60万大军大举伐楚，楚国以全部兵力拒秦，大将项燕战死，楚军大败，楚王负刍被俘；二十六年（公元前221年），秦军南下攻齐，齐王建拱手请降，齐亡。

赢政统一六国并非偶然，早在春秋时期，弱肉强食的吞并战争就开始上演了，从最初的100多个诸侯国到战国时的十几家，等到秦王时已经剩下了七家，在这"战国七雄"当中，秦国的商鞅变法无疑是诸国中最彻底的一个，直接促使了秦国经济、手工制造和军事力量的飞速发展，在七国中成为了佼佼者。秦国和东方六国相比，它在统一的准备和进行过程中确实发挥了较大的主观能动作用。这一点在秦朝律法中有着充分的体现。著名的"耕战政策"，加上易守难攻的地理位置，使秦灭六国成为了历史的必然性。

 第161课　秦二世是怎么登上皇位的?

秦王赢政在公元前210年，在第五次出巡时病故在河北沙丘，丞相李斯和宦官赵高密谋封锁了消息，除了随行的胡亥、赵高和五六名宠幸之臣知晓始皇已逝外，其余的人均被蒙在鼓里。秦始皇驾崩后，赵高开始了自己扶立胡亥的阴谋，赵高先是带着扣压的遗诏来见胡亥，劝他取而代之。胡亥碍于忠孝仁义，并且又担心丞相李斯不赞同，所以在开始的时候并未答应，赵高见状便表示自己愿意替胡亥说服李斯，至此，胡亥同意了赵高拥立自己的计划。胡亥答应后，赵高便对李斯说出了自己的计划，李斯反对后，赵高又拿李斯和公子扶苏、将军蒙恬比较了一番，接着又说如果扶苏即位，李斯丞相之职必被蒙恬所取代，一人之下万人之上的地位也将随之而去，李斯权衡了一番，最后也选择站在赵高这一边。之后，赵高又与李斯合谋，假托始皇之命，立胡亥为太子，并且另外炮制了一份诏书送往上郡，以"不忠不孝"的罪名赐扶苏与蒙恬自裁。公子扶苏接到诏书后，拔剑欲要自杀，蒙恬以"诏书可能有假"劝阻，然而扶苏没听蒙恬的劝言，最后拔剑自杀。蒙恬不肯不明不白地死去，被使者囚禁在阳周（今陕西子长县北），兵权移交给副将王离。公元前 209 年，胡亥回到咸阳，并将秦始皇的死讯诏告天下。秦始皇的葬礼完毕后，胡亥即位称帝，是为秦二世。

秦王嬴政一生雄才大略，统一六国，流芳百世，但秦二世胡亥的暴政断送了秦朝的统治，成了中国历史上最短命的王朝之一。

 第 162 课　"立子杀母"是怎么回事？

汉武帝是汉朝在位时间最长的一个皇帝，其做了 54 年皇帝，然而他在晚年却疑心病很重，在佞臣江充制造的巫蛊事件中，他废黜了戾太子，逼得戾太子最后自杀身亡。汉武帝虽有六个儿子，但戾太子死后，他却对其他儿子都不太满意，因此为嗣君问题伤透了脑筋。最后他只能把眼光锁定在晚年所得的非常像自己的幼子刘弗陵身上，但其时刘弗陵还只有五六岁，因此他又担心刘弗陵的母亲会专权而动摇刘氏的天下，于是就萌生了立子杀母的念头。汉武帝遗嘱，另立太子刘弗陵，是为昭帝，而杀其生母钩弋夫人，当时有人提出疑问，汉武帝说，往古国家所以变乱，往往是由于主少母壮。女主独居骄蹇，淫乱自恣，没有什么力量可以制约，你们没有听说过吕后事件吗？对此，早有论者指出"自古帝王遗命多矣，要未有如汉武之奇者"。（明人张燧《千百年眼》）钩弋夫人赐死后，有人对杀母立子的做法不能理解，《资治通鉴》记载了武帝的一段注解："是非儿曹愚人所知也。往古国家所以乱，由主少母壮也。女主独居骄蹇，淫乱自恣，莫能禁也。汝不闻吕后邪！故不得不先去之也。"

"立子杀母"从本质上说是一种残酷的制度，无辜母亲的生命被王权无情地夺去了，这在封建的古代社会中无疑是对人性极大的扭曲。

第 163 课 "光武中兴"是怎么回事？

　　王莽政权濒临灭亡之际，已沦为布衣的景帝后裔刘秀在各地起义领袖中脱颖而出，凭借卓越的军事才能于更始三年在鄗县南千秋亭五城陌（今河北柏乡内）继皇帝位，改元建武，次年定都洛阳，建立东汉政权。刘秀建立东汉政权后，指挥军队镇压赤眉等农民起义军，削平各地借乱世形成的割据势力，实现了一统。之后，刘秀以"柔道"治天下，采取一系列措施，恢复、发展社会生产，缓和西汉末年以来的社会危机。建武二年至十四年，颁布六道释放奴婢诏令，规定战争期间被卖为奴婢者免为庶人，未释放的官私奴婢必须有基本的人身保障。建武十一年，连下三次诏令，规定杀奴婢者不得减罪；炙灼奴婢者依法治罪；免被炙灼的奴婢为庶人；废除奴婢射伤人处极刑的法律。恢复西汉较轻的田税制，实行三十税一，遣散地方军队，废除更役制度，组织军队屯垦；简政减吏，裁并 400 多个县；放免刑徒为庶民，用于边郡屯田。建武十五年，下令度田、检查户口，加强封建国家对土地和劳动力的控制。加强中央集权，对功臣赐予优厚的爵禄，禁止他们干政；排斥三公，加重原在皇帝左右掌管文书的尚书之权，全国政务经尚书台总揽于皇帝，在地方上废除掌握军队的都尉。各项政策接连实施以后，使东汉初年社会安定、经济恢复、人口增长，国力逐渐恢复到西汉强盛时期的水平，因此刘秀统治时期史称"光武中兴"。光武帝也被后人列入仅有的几个"千古一帝"之一。

第 164 课 汉武帝有哪些成就？

　　汉武帝刘彻，是中国第一个使用年号的皇帝，生于公元前 156 年（景帝前元元年），公元前141年登基。刘彻4岁被册立为胶东王，7岁时被册立为太子，16岁登基，在位54年，死于公元前87年（后元二年二月十四日）。汉武帝开创了大汉王朝最鼎盛繁荣的局面，成为封建王朝史上第一个发展高峰。汉武帝有雄才大略、文治武功，把汉朝治理成当时的世界强国，他的丰功伟绩被后人载入史册，万代传颂。

汉武帝即位之初，延续父亲生前实行的养生息民政策，加强削弱王侯势力，颁布推恩令，用法律限制诸侯王分封诸子为侯，缩减诸侯王的分地。地方上设立刺史、实施监管。加强中央集权，控制冶铁、煮盐、酿酒的国有化，禁止诸侯国铸钱，统一财政于中央。在思想文化上，推行董仲舒"罢黜百家，独尊儒术"的理论，为儒学的发扬开辟了道路。汉武帝在宣扬儒学的同时亦加强法制建设，采取以儒为主、依法为辅的政策，以此来约束群臣、巩固政府的统治，彰显皇权的地位。

经过"文景之治"的发展后，汉朝的国力已蒸蒸日上。汉武帝在承袭这些政策的同时重视军事力量的发展。即位初期，首先平定南方闽越国的叛乱，后开始采用军事手段重击北方匈奴的威胁，取替了存在已久的带有屈辱性质的"和亲政策"。武帝曾先后三次派名将卫青、霍去病大规模出击匈奴，收复了河西走廊，攻占河套地区，打通西域，封狼居胥，将当时汉朝的北部疆域从长城沿线推至阴山。在对匈奴进行战争的同时，采取和平招抚为主、军事打击为辅的政策，使西域诸国臣服归汉。把匈奴的主力赶到漠北地区，解决了自西汉初期以来匈奴对中原的威胁，为丝绸之路的开始奠定了基础。

 第165课　王莽是怎么得到帝位的？

王莽本是汉元帝皇后王政君的侄子。元帝去世后，王政君被尊为太后；哀帝时，又被尊为太皇太后，手握重权，哀帝去世后，王政君立两岁的刘衎衍为汉平帝，王莽被封为大司马，领尚书事。次年，王莽当上了安汉公。后王莽的女儿被汉平帝选为皇后，权势显赫。

元始五年十二月，王莽以祝寿为名，用毒酒害死了平帝。不久，有个叫孟通的人声称他在武功淘井时发现了一块上圆下方的白石，上面刻有"告安汉公莽为皇帝"八个大字。王莽的亲信报告给太皇太后，说这是天意，王政君不相信，没同意。太保王舜又说，"为皇帝"不是真皇帝，是摄行（代理）皇帝之事的意思，应该同意。王政君感到情况不对，但已无法制止。于是，王莽当上了摄皇帝，立了两岁的孩子刘婴做皇帝，历史上称之为孺子婴。

公元 8 年，又有人报告，说有一个亭长梦见"天公使者"，天公传话给他，摄皇帝应当做真皇帝，如果不信，明天起身可见亭中有一口新井。据说，第二天，亭长果然看到一口新井。更有趣的是一个叫哀章的人穿着黄衣，趁着暮色跑进汉高祖庙，交给守庙人一个铜匣子，匣子里装有一卷图、一卷书，内容是汉高祖刘邦吩咐王莽做真皇帝。守庙人将此事向王莽报告，于是，王莽宣布接受"大命"，废小皇帝为定安公，假作迫于"皇天成命"之状，自己正式做起皇帝来。

 ## 第 166 课　曹魏代汉是怎么回事？

东汉中后期，幼帝登基，政权被宦官和外戚操纵，腐败的政权终于导致公元 184 年农民黄巾起义的爆发，各地州牧在镇压起义过程中不断培养自己的武装力量，以军阀的形式割据一方，东汉政权名存实亡，此后中国进入了由魏、蜀、吴三股势力"逐鹿中原"的混战时代。公元 196 年，曹操将汉献帝迎到许都（今河南许昌），"挟天子以令诸侯"。之后，曹操利用政治优势和过人的军事才能最终统一了北方，被汉献帝封为魏王，与江南的孙权势力和西蜀的刘备势力形成三足鼎立之势。汉延康元年（公元 220 年）正月，曹操病死，其子曹丕即位为魏王，曹丕利用权势逼迫汉献帝"禅让"，同年 10 月，汉献帝让位，曹丕代汉建魏，史称魏文帝，东汉政权正式宣告退出历史舞台。10 月 13 日，汉献帝刘协被迫将象征皇位的玺绶诏册奉交曹丕，宣布退位。曹丕于同月 29 日升坛受封，登上皇帝的宝座，改国号为魏。曹丕称帝后进行了一系列政治改革，封刘协为山阳公，允许他行使汉朝正朔和使用天子礼乐；追尊曹操为武皇帝，庙号太祖；授匈奴南单于呼厨泉魏国玺绶，并赐青盖车、乘舆，并于同年 12 月将洛阳定为都城。在官职制度的改革方面，改相国为司徒、御史大夫为司空，由此恢复了被曹操于汉建安十三年废除的三公官制（太尉、司徒、司空）。此后，司徒、司空位号虽尊贵，但一般不干预朝政。曹丕又设秘书监和中书省，中书省置监令，主管百官奏事，起草诏令，以此分掉尚书台的权力，改变东汉后期尚书权职过重的现象。在经济上，继续实行屯田制，大兴水利建设，魏国实力进一步增强。

 第 167 课　诸葛亮为什么被誉为"千古良相"的典范？

《蜀相》一诗称赞诸葛孔明：三顾频烦天下计，两朝开济老臣心。出师未捷身先死，长使英雄泪满襟。

汉朝末期，天下大乱，军阀混战，刘备三顾茅庐请诸葛亮出山辅佐大业，才得以兴起蜀汉政权，与东吴、曹魏形成三国鼎立之势。诸葛亮在治理蜀汉政权上也凸显出了其政治才能，除了在《隆中对》提出了刘备政权长期战略外交规划外，早期常为刘备足食足兵。等到他开始独掌蜀汉军政大权以后，则以"法"为根本，到后来在朝内作八务、七戒、六恐、五惧训诫各臣，而朝外亦民风朴实、赏罚分明，突出法制的作用，在中国古代极为罕见。他鼓励其他朝臣以集思广益的态度进谏，又敢于认错，在第一次北伐时，因误用与他最为亲密的马谡而失败，后上表自责，自贬降官，将马谡处死。《三国志》的作者陈寿的父亲是被诸葛亮依法处死的，但是他对诸葛亮的评价却是"尽忠益时者虽仇必赏，犯法怠慢者虽亲必罚"。

蜀汉后主刘禅即位，诸葛亮被封为武乡侯，领益州牧，建立丞相府以处理日常事务。当时，全国的军、政、财，事无大小，皆由诸葛亮决定，赏罚严明。对外与东吴联盟，对内改善和西南各族的关系，实行屯田，加强战备。建兴五年（公元227年），上疏（即《出师表》）于刘禅，率军出驻汉中，前后六次北伐中原，多以粮尽无功告终。十二年，终因积劳成疾，病逝于五丈原军中，将后事托付姜维，归葬定军山勉县的武侯墓。其"鞠躬尽瘁，死而后已"的高尚品格，千百年来一直为人们所敬仰和怀念，被誉为"千古良相"的典范。

 第168课　杨坚如何开创了隋唐的黄金时代?

隋文帝（公元541年～604年）名杨坚，汉族，鲜卑赐姓是普六茹，小字那罗延。公元581年2月甲子日，北周的静帝以杨坚众望所归下诏宣布禅让，杨坚登基称帝，定国号为大隋，改元开皇，宣布大赦天下。

杨坚鉴于东汉至隋南北分裂达400多年之久，民生困苦，国库空虚，因此在其统一天下后，以富国为首要目标，轻徭薄赋以解民困，在确保国家赋税收入之同时稳定民生。由于南北朝以来户籍不清、税收不稳，杨坚在开皇五年接纳尚书左仆射高颎的建议，推行输籍法，作全国性户口调查，增加国家税收、改善经济，清除魏晋南北朝以来隐瞒户籍的弊端，促成开皇之盛世。

隋初经历南北朝战乱，民生疲敝，杨坚接纳司马苏威的建议，撤销盐酒的专卖权，其后又多次减税，减轻人民负担，促进国家农业生产，稳定经济发展。隋朝的强大并不是源于对农民的税收，其根本原因是与全国推行的均田制有关。这一举措增加了赋税，又提高了农民生产的积极性，稳定了经济发展，而且南朝士族由衰弱开始消灭。可见，均田制能顺利推行，对隋初经济发展起到了决定性的作用。

除此之外，杨坚还在地方行政方面实施改革，杨坚于开皇三年废除郡制，实行州县二级制，使国家地方行政逐渐有效地实施起来。正如著名学者钱穆所言：开皇之治的成功，简化地方行政机构是一个基本因素。据统计，隋初中央政府开支减省2/3，地方政府之开支减省3/4，全国于行政之经费，仅及南北朝时代开支 1/3 而已。故隋国库之丰积，不无原因。隋在文帝统治的最初 20 多年间，政治清明，人口增加，府库充实，边境稳定，社会呈现了一片繁荣，历史称为"开皇之治"。

 第 169 课　唐朝的开国皇帝是谁?

李渊（公元 566 年～635 年），字叔德，唐朝的建立者，史称唐高祖，杰出的政治家、军事家、统帅。

李渊出生在隋王朝的一个贵族家庭，他的祖父李虎是西魏和北周最高军官八柱国之一，死后追封唐国公，他的父亲是北周时的柱国大将军。李渊的母亲与北周明帝皇后和隋文帝皇后是亲姐妹。李渊幼年丧父，七岁便继承了唐国公的爵位。隋取代北周后，15 岁的李渊被任命为隋文帝的贴身侍卫官，开始了他的政治生涯。

公元 617 年，隋炀帝派他到军事重镇太原去当留守，镇压农民起义。尽管李渊镇压农民起义很卖力，但是隋炀帝还是不信任他，派自己的心腹王威、高君雅做太原副留守来监视他。当时反隋的农民起义不断爆发，李渊和他的二儿子李世民分析当时的形势，认为隋朝的统治不会长久，只有趁天下大乱的机会夺取政权，才能保住家族的地位和利益。同年，李渊父子在太原起兵，杀掉太原副留守王威、高君雅，迈出了兴唐灭隋的第一步。随后，李渊做出了富有政治远见的重大决策：他派人出使突厥议和，表示愿意永远结为盟好，并请求出兵协助伐隋。这不仅消除了他挥师南下的后顾之忧，还得到外来的援兵，壮大了自己的声势。进而他又招募兵员，制造弓箭，蓄养马匹，积极扩大自己的武装力量。与此同时，李渊广泛利用自己的社会关系和政治地位争取各界人士的支持，获得了人力、物力、财力的巨大援助。在短短的 120 多天内，李渊便占领了关中，攻下了长安。李渊攻进长安以后，本可以立即称帝建国，但他没有这样做，而是从有利于兴唐灭隋的战略角度充分机智地处理各种复杂的问题，又一次表现了他的远见卓识。李渊立隋炀帝的孙子、13 岁的代王杨侑做皇帝，尊当时在江都的隋炀帝为太上皇，自己做大丞相。这样，他既取消了隋炀帝的帝位，又可以利用杨侑这块招牌去招降隋朝的文武官员，把全部大权操纵在自己手里。公元 618 年隋炀帝死后，李渊废掉隋恭帝，改国号为唐，自己当上了皇帝，称为唐高祖，定都长安。

 | **第 170 课 "玄武门之变"是怎么回事?**

随着唐朝统一战争的结束，皇室内部争夺帝位继承权的斗争日益激化。公元 626 年，秦王李世民发动政变，杀死太子建成及其弟元吉等，史称"玄武门之变"。在唐朝建立的过程中，李世民功勋显赫，握有实权。太子建成功逊于世民，但因他是太子，又得到四弟元吉支持，在争夺皇位中处于优势。公元 626 年，李建成、李元吉借突厥进兵之机，共谋调出秦王府兵将，以削弱李世民的力量。李世民得知后，与亲信房玄龄、长孙无忌等策划，于 6 月 4 日在宫城北门玄武门内设下埋伏。李建成、李元吉上朝时行至玄武门，发现伏兵，急忙掉头回马，李世民从后面大呼追赶，李元吉仓皇转身张弓，连发三箭，都没射中。世民还射，建成中箭身亡，元吉也被李世民部将射死。高祖闻知此事大惊，与裴寂等臣商议，萧瑀、陈叔达答道："建成、元吉本未参与起义，又无功于天下，而忌妒秦王功高，狼狈为奸。现在秦王讨伐并诛杀他们，陛下可将国事委与秦王。"高祖于是点头称善。6 月 7 日立李世民为皇太子，两个月后又被迫让位于李世民，自称太上皇。至此，李世民发动玄武门之变而登上帝位。

 | **第 171 课 唐太宗李世民有哪些成就?**

在唐朝统一全国的过程中，李世民军功甚多，他首先打败了据有金城（今甘肃兰州）一带的薛举，迫使举子薛仁杲降唐，接着又打退了倚仗突厥

势力南攻河东的刘武周、宋金刚；武德四年（公元621年）又打败窦建德，消灭夏政权；同时迫使盘踞洛阳的王世充出降，郑随之灭亡，为统一全国奠定了基础。李世民在统一全国的过程中的功业超过李建成和李元吉，但身为次子，不能继承皇位；太子李建成亦知李世民终不肯为人下，于是以李世民为一方，以李建成、李元吉为另一方展开了争皇位继承权的斗争。武德九年6月4日，李世民发动玄武门之变，杀死李建成、李元吉，逼唐高祖李渊退位，自己称帝，是为唐太宗。次年（公元627年）改元贞观。唐太宗即位后，居安思危，任用贤良，虚怀纳谏，实行轻徭薄赋、舒缓刑罚的政策，并且进行了一系列政治、军事改革，终于促成了社会安定、生产发展的升平景象，史称贞观之治。贞观之治是中国封建时代最著名的"治世"。贞观四年（公元630年），唐太宗遣李靖平定东突厥，俘虏颉利可汗，解除了北边的威胁；九年，平定吐谷浑，俘其王慕容伏允；十四年，又派侯君集平定高昌氏，于其地置西州，并在交河城（今新疆吐鲁番西）置安西都护府。唐太宗对东突厥降众及依附于突厥的各族执行比较开明的政策，受到他们的拥戴，因而被尊为"天可汗"。十五年，江夏王李道宗送文成公主和亲于吐蕃的赞普松赞干布，发展了汉、藏两族间的经济文化交流。

太宗晚年著《帝范》一书以教诫太子，其中总结了他一生的政治经验，也对自己的功过进行了评述。贞观二十三年，唐太宗病危，令长孙无忌、褚遂良在其身后辅佐李治。去世后，葬于昭陵。

第172课 "陈桥兵变"是怎么回事？

公元959年（后周显德六年），周世宗柴荣病死，年仅七岁的恭帝即位，时任殿前都点检、归德军节度使的赵匡胤与禁军高级将领石守信、王审琦等结义兄弟掌握了军权。公元960年春，赵匡胤和赵普、石守信等在京城散布"点检做天子"的谣言并谎称北汉和辽国的军队联合南下，攻打后周。宰相范质惊慌失措，难辨真假，急封赵匡胤为最高军事统帅，掌最高军权，率大军北上御敌。

部队行至陈桥驿（今河南封丘东南陈桥镇）时，赵匡胤授意赵匡义（赵匡胤之弟）和赵普等发动兵变，众将把黄袍披在赵匡胤身上，拥立他为皇帝，反叛后周。随后，赵匡胤率军回到开封，京城守将石守信、王审琦大开城门，迎接赵匡胤入城，翰林学士拿出早已准备好的禅让诏书逼迫周恭帝退位。赵匡胤即位，是为宋太祖，改国号为宋，史称北宋，改元建隆元年，定都开封，建立了赵宋王朝，史称这一事件为"陈桥兵变"。

 第 173 课 "绍兴议和"是怎么回事？

宋绍兴年间，韩世忠统领前护军八万人，张俊统领中护军八万人和岳飞统领后护军十万人分驻淮东、淮西和京西地区抗金前线，打击并钳制着南下的金军，时为南宋军队三大主力，维护着南宋半壁江山的统治。宋廷一向担心将帅权重会威胁自身统治，岳飞部队的节节胜利预示着宋金议和已接近成熟，宋高宗、秦桧等为扫清障碍，于绍兴十一年（公元 1141 年）4 月夺取了韩世忠、张俊、岳飞的兵权，并于同年 11 月与金达成了协议。其和约的主要内容为：宋向金称臣，"世世子孙，谨守臣节。"金册封宋康王赵构为皇帝；划定疆界，东以淮河中流为界，西以大散关（今陕西宝鸡西南）为界，以南属宋，以北属金；宋每年向金贡银 25 万两、绢 25 万匹，自绍兴十二年开始，每年春季搬运至泗州（今江苏盱眙北）交纳；金归还宋徽宗棺木与高宗生母韦氏。次年二月，宋派使节进誓表于金，表示要世代向金称臣，和约正式生效。通过这次议和，金人得到了从战场上得不到的大片土地和金帛，宋金之间确定了政治上的不平等关系，从此结束了长达十年的战争，形成了南北长期对峙的局面。

 第 174 课 名将岳飞有哪些成就？

岳飞（公元 1103 年～1142 年）是文武全才、智能兼备的抗金名将，是彪炳史册、家喻户晓的民族英雄。39岁时被卖国的执政者害死于狱中，成为了封建统治下政权的牺牲品。

岳飞字鹏举，相州汤阴（今属河南）人。宣和四年（公元1122年）应募入伍，因作战勇敢，逐渐升到留守司统制。建炎三年（公元1129年）金兵南下，岳飞的上司降敌、部将溃败，只有岳飞坚持抗敌，屡败金军，次年收复建康。后来在各地讨伐叛将、伪军和镇压农民起义，高宗写"精忠岳军"四字锦旗褒奖他。

传说金国兀术调集60万兵马侵犯中原，来到朱仙镇附近。岳飞为了迎敌，会合了韩世忠、张俊、刘锜三位元帅率兵60万也来到朱仙镇，金军设下"金龙绞尾阵"之后下战书，要与宋军决一死战。宋军内，岳飞、张俊两位元帅带兵打左边，韩世忠、刘锜两位元帅带兵打右边。岳家军阵中岳云使一对银锤，严成方使一对金锤，何元庆使一对铁锤，狄雷使一对铜锤。八大锤上下飞舞，一起一落，金光银光互相交织，寒气逼人，杀得金兵尸体如山，血流成河。杀得"金龙绞尾阵"七零八散，溃不成军。金兵弃阵而逃，又遭到刘锜元帅布下的埋伏，使金兀术的60万兵马只剩下5千余人，金兀术只好收拾残兵逃回了金国老家。

岳飞能诗词，不仅军事才华出众，而且精通书法诗词，有《岳忠武王文集》传世。岳飞死后20年，孝宗才以礼改葬，建庙鄂州；37年后赐谥武穆；70年后，宁宗追封为鄂王。岳王坟在杭州西湖，为世代人民追悼忠魂的圣地。

 第175课　元朝是由谁建立的？

元世祖忽必烈（公元1215年9月23日～1294年2月18日）公元1260年～1294年在位。成吉思汗之孙，蒙哥汗（宪宗）弟，蒙古族。名字全称孛儿只斤·忽必烈，讳名呼必赉，睿宗第四子，拖雷正妻唆鲁禾帖尼的第二子（总第四子）。元朝的创始皇帝，庙号世祖，谥号圣德神功文武皇帝，蒙古语尊称薛禅皇帝，是第五代蒙古大汗。

宪宗元年（公元1251年），忽必烈受命总领漠南汉地军国庶事。早在藩王时期就思"大有为于天下",并热心于学习汉文化。曾先后召僧海云（宋印简）、僧子聪（刘秉忠）、王鹗、元好问、张德辉、张文谦、窦默等，问以儒学治道。先后任用汉人儒士整饬邢州吏治；立经略司于汴梁，整顿河南军政；屯田唐、邓等州。

蒙哥汗三年（公元1253年）率蒙古军攻云南，四年灭大理国。九年，攻打南宋鄂州（今湖北武昌）时，得知蒙哥汗死讯，决策北还，争夺帝位。十年，在开平（今内蒙古正蓝旗东）称汗，始建年号中统。其幼弟阿里不哥也在和林（今蒙古鄂尔浑河上游东岸哈尔和林）称汗。至元元年（公元1264年）打败阿里不哥，后迁都燕京（今北京），改称大都。八年建国号为元。十六年灭南宋，统一全国。又进攻日本、安南、占城、爪哇等国。在位期间，注意选用人才，采用汉法，建立各项政治制度。地方建立行省，开创我国省制之端。劝课农桑、兴修水利、发展生产，加强对边疆地区管理，开辟中外交通，巩固和发展多民族国家。把境内民众分成四等，民族压迫较重。

蒙哥大汗在公元1259年去世后，次年，其弟阿里不哥在哈拉和林被选作蒙古帝国大汗，而忽必烈则在中原开平自立为大汗。于是，阿里不哥与忽必烈开始争夺汗位。虽然忽必烈在这场斗争中获胜，但中央汗国外的四大汗国则因他违背大汗选举传统以及他的"行汉法"主张而纷纷与他断绝了来往，脱离了他的统治范围。至此，忽必烈的政权只包括中原地区、西藏和蒙古本土。1271年，忽必烈建国号为大元，正式即位为皇帝，并开始南下攻打南宋的计划。他的军队用了六年时间攻陷重镇襄阳，但以后的进展则相当顺利。公元1279年，在崖山海战中，陆秀夫背着八岁的小皇帝赵昺跳海而死，南宋灭亡。

第176课　明朝是由谁建立的？

元朝末年，统治腐朽，经济崩溃，黄河决口，灾害连年，农民无法生存，掀起大规模的反抗斗争。公元1351年，韩山童、刘福通等在颍州起义，各地农民纷纷响应。

元至正十二年（公元1352年）二月，定远土豪郭子兴、农民孙德崖等起义于濠州。闰三月，出身贫苦，曾为游方僧的朱元璋也参加到这支队伍中来。朱元璋作战勇敢，足智多谋，受到郭子兴的器重，被郭子兴招为女婿。公元1355年，郭子兴死后，这支起义军就由朱元璋领导。李善长见朱元璋的队伍军纪好，就前来投靠。朱元璋向他请教平定天下的方略，李善长说："秦末大乱，汉高祖以布衣起兵。他为人豁达大度、知人善任，不乱杀人，五年而成帝业。现在你如果能仿效他的做法，天下是不难平定的。"朱元璋听了连声说好，就留他在身边，出谋划策。

元至正十六年（公元1356年）三月，朱元璋亲率水陆大军攻克集庆路（今江苏南京），改名应天府。在应天，他接受朱升"高筑墙、广积粮、缓称王"的策略，召集贤能的武将谋士，刘基、宋濂等都得到朱元璋的特别重用。

朱元璋以应天为中心，四处征战，附近的元军据点被他依次攻占。这时，朱元璋的占领地区东北邻张士诚，西邻陈友谅，东南邻方国珍，南邻陈友定，他们都割地称王，各霸一方。

元至正二十三年（公元1363年）秋天，陈友谅率领大军，号称60万，进攻洪都（今江西南昌）。朱元璋亲自率领20万大军援救。两军船队在鄱阳湖相遇，展开了一场为期36天的决战。最后陈友谅战死，全军瓦解，朱元璋乘胜攻取武昌。

消灭了陈友谅，南方群雄之中再也没有敢和朱元璋争锋的了，第二年正月，他即了吴王位，接着朱元璋攻灭了张士诚，不久，方国珍也不战而降，这就奠定了朱元璋完成帝业的基础。此后，他依靠江南雄厚的财力，倚仗训练有素、纪律严明的强大军队南征北伐，取得了节节胜利。

公元1368年年初，朱元璋以应天为南京，称皇帝，建立明朝，年号洪武。当年秋天，明军在大将徐达、常遇春率领下攻入大都。元顺帝北逃，元朝在全国的统治结束，大明政权正式建立。

第177课　明成祖朱棣有哪些成就?

朱棣，公元1402年～1424年在位，朱元璋第四子。洪武三年（公元1370年），受封燕王。十三年就藩北平（今北京），多次受命参与北方军事活动，两次率师北征，加强了他在北方军队中的影响。朱元璋晚年，朱棣不仅在军事实力上胜人一筹，而且在家族尊序上都为诸王之首。

朱元璋去世后，即位的建文帝朱允炆开始实行削藩，朱棣见此事无扭转的机会，于建文元年（公元1399年）7月发动靖难之役，四年6月攻入南京，夺取了皇位。次年改元永乐。朱棣即位之初，对洪武、建文两朝遗留政策进行了相应调整，提出"为治之道在宽猛适中"的原则。他利用科举制及编修书籍等笼络地主知识分子，选择官吏力求因才而用。他还继续实行朱元璋的徙富民政策，以加强对豪强地主的控制。永乐初开始设置内阁，选资历较浅的官僚入阁参与机务，解决了废罢中书省后行政机构的空缺。朱棣重视监察机构的作用，设立分遣御史巡行天下的制度，鼓励官吏互相告讦。他利用宦官出使、专征、监军、分镇、刺臣民隐事，设置镇守内臣和东厂衙门，恢复洪武时废罢的锦衣卫。厂卫合势，发展和强化了专制统治。

朱棣十分重视经营北方，永乐初即改北平为北京，设行在六部，增设北京周围卫所，逐渐建立起北方新的政治军事中心。七年设立奴儿干都司，同时争取与蒙古族建立友好关系。七年，在北京天寿山建长陵。十四年开工修建北京宫殿，十九年正式迁都北京。朱棣为保证北京粮食与各项物资的需要，于九年疏浚会通河，十三年凿清江浦，使运河重新畅通，对南北经济文化交流与发展起了重要的作用。朱棣注意社会经济的恢复与发展，鼓励垦种荒闲田土，实行迁民宽乡、督民耕作等方法以促进生产，并注意蠲免赈济等措施，防止农民破产，保证了赋役征派，使永乐时期出现政治稳定、经济繁荣的局面。朱棣对典籍的整理也比较重视，组织大批人力编修了中国古代类书之冠的《永乐大典》。为开展对外交流、扩大明王朝的影响，从永乐三年起，朱棣派郑和率领船队七次出使西洋，所历 30 余国，成为明初盛事。永乐时派使臣来朝者亦达 30 余国。二十二年，朱棣死于北征回师途中的榆木川（今内蒙古乌珠穆沁），葬于长陵。

 第 178 课　张居正为何有"万历首辅"之称?

　　大学士张居正（公元 1525 年～1582 年），字叔大，号太岳，湖广江陵县（今湖北江陵）人。嘉靖二十六年（公元 1547 年）进士，历任编修、礼部侍郎兼翰林院学士、吏部左侍郎兼东阁大学士、礼部尚书兼武英殿大学士，加少保兼太子太保，为明代著名政治家。中国历史上最优秀的内阁首辅，明代最伟大的政治家。

　　明万历年间，内阁首辅张居正为兴利除弊，进行了一系列政治、军事、经济、水利方面的改革。政治上，张居正采取加强对官员的监督等办法，整顿吏治；在军事上，张居正任用了戚继光等一批卓越的将领，大大巩固了明朝的国防。与蒙古在边境开市通商的政策，使边疆地区几十年无战事；水力方面，张居正重新起用先前总理河道都御史潘季驯治理黄河、淮河，并兼治运河。潘季驯在治河中贯穿了"筑堤束沙，以水攻沙"的原则，很快取得了预期的效果。万历七年 2 月，河工告成，河、淮分流。徐州、淮安之间 800 余里的长堤平等蜿蜒，河水安流其间。使"田庐皆尽已出，数十年弃地，转为耕桑"。黄河水患得到抑制，漕船也可直达北京，"河上万艘得捷于灌输入大司农矣"；经济上，下令重新丈量全国的土地，然后实施"一条鞭法"的赋税制度，以使赋税负担转移到拥有土地较多的富人身上，减轻了贫苦农民的负担，以此抑制土地的进一步兼并。经过张居正改革之后，明朝的财政收入显著增加，社会矛盾得到缓解，吏治更加清明，与蒙古各部的关系缓和，边境安然，四夷詟服。由于张居正的改革将趋于灭亡的明朝拉回了正轨，繁荣了数十载，张居正因此被誉为一代名相。

 | 第 179 课　"平定三藩"是怎么回事？

南明政权灭亡的当年，清顺治帝已经病死，他的儿子玄烨即位，他就是清圣祖——康熙帝。

康熙帝亲自执政后，大力整顿朝政、奖励生产、惩办贪污，使新建立的清王朝渐渐强盛起来。当时，南明政权虽然已经灭亡，但是南方有三个藩王却让康熙帝十分担心。这三个藩王本来是投降清朝的明军将领，一个是引清兵进关的吴三桂，一个叫尚可喜，一个叫耿仲明。因为他们帮助清朝消灭南明，镇压农民军，清王朝认为他们有功，封吴三桂为平西王，驻防云南、贵州；尚可喜为平南王，驻防广东；耿仲明之孙耿精忠为靖南王，驻防福建，合起来叫作"三藩"。三藩之中，又数吴三桂最强。吴三桂当上藩王之后，十分骄横，不但掌握地方兵权，还控制财政，自派官吏，不把清朝廷放在眼里。

康熙帝知道要统一政令，三藩是很大的障碍，一定得找机会削弱他们的势力。正好尚可喜年老，想告老还乡，康熙帝下诏撤藩。诏令一下，吴三桂暴跳如雷，于公元 1673 年在云南起兵叛乱。吴三桂在西南一带势力十分强大，一开始，叛军打得很顺利，一直打到湖南。他又派人与广东的尚之信（尚可喜之子）和福建的耿精忠（耿仲明之孙）联系，约他们一起叛变。这两个藩王有吴三桂撑腰，也反了。历史上把这件事称作"三藩之乱"。

三藩一乱，整个南方都被叛军占领。康熙帝并没有被他们吓倒，一面调兵遣将，集中兵力讨伐吴三桂，一面停止撤销尚之信、耿精忠的藩王称号，把他们稳住。尚之信、耿精忠一看形势对吴三桂不利，又投降了。吴三桂开始打了一些胜仗，后来清兵越来越多、越打越强，吴三桂的力量渐渐削弱，处境十分孤立。经过八年战争，他自己知道支撑不下去了，连悔带恨，生了一场大病断了气。

公元 1681 年，清军分三路攻进云南昆明，吴三桂的孙子吴世璠自杀，清军最后平定了叛乱势力，统一了南方。

 第 180 课　乾隆皇帝有哪些成就？

乾隆（爱新觉罗·弘历）于公元 1735 年～1785 年在位，是雍正皇帝的第四个儿子，乾隆帝即位后励精图治，使清王朝达到强盛的顶峰。后人将康熙、乾隆两代合称"康乾盛世"。

综观乾隆帝一生，在大部分时间，他都能励精图治、勤政爱民，而且胸怀大志，勇于进取，知人善任，赏罚严明，在军政大事上知错能改，继而在其皇祖康熙、皇父雍正奠定的基础上，把"康乾盛世"推到了顶峰之势，形成了"大清国全盛之势"。他在文治武功两方面都做出了重大贡献，其成就超越了他的祖父和父亲。

乾隆在位时期，清政府统一了蒙古准噶尔部、回部，拓疆两万余里，使西北、北方彻底安定，漠北廓尔喀蒙古四部永远摆脱了准军的侵袭，西藏严格隶属中央，青海、四川宁谧、贵州改土归流得以坚持，云南西部民族地区牢固内附，从而最后奠定了近代中国的版图，强大的中国屹立于东方。他五次普免天下钱粮，国库存银长期保持在 6000 万两以上，最多时有 8000 余万两，在历史上实属罕见。

对外关系上，为限制英、美等国的侵略活动，乾隆曾下令只许在广州一地通商，后又严词拒绝英国特使马戛尔尼提出的增开通商口岸、减低税率、给予租界等要求，在一定程度上延迟了中国沦为半殖民地社会的时间。

与康熙、雍正两代相比，乾隆时国家更为强大，政局更为稳定，国库愈加充盈，农业发展，百业兴旺，城市繁荣，文化发达，"盛世"一说实至名归。乾隆帝也犯过许多错误，尤其是晚年宠信和珅，使其得以揽权纳贿，加速了吏治腐败，贪污之风贯穿朝纲，国力大损，朝政不当。虽然如此，乾隆皇帝还是功大于过，成为中国历史上执政较久、年寿最高、勇于进取的杰出的封建帝王。

第181课　"戊戌变法"为何又叫"百日维新"？

清政府和日本签订丧权辱国的《马关条约》后，康有为、梁启超等人发动公车上书，号召变法。他们在各地以创办刊物、组织社团、成立学会等形式宣传维新变法。此举得到了光绪帝的支持，在维新人士的推动下，光绪帝于1898年6月11日至9月21日先后颁布了变法法令，自上而下进行改革。主要内容有："设立农工商总局，开垦荒地；提倡私人办实业，奖励发明创造；设立铁路、矿务总局；鼓励商办铁路、矿业；裁撤驿站，设立邮政局；改革财政，创办国家银行，编制国家预决算。军事方面主要有严查保甲，实行团练；裁减绿营，淘汰冗兵，采用新法编练陆海军。文教方面主要有：改革科举制度，废除八股，改试策论；改书院和淫祠为学堂；鼓励地方和私人办学，创设京师大学堂，各级学堂一律兼习中学和西学；准许民间创立报馆、学会；设立译书局，翻译外国新书；派人出国留学、游历。政治方面主要有广开言路，准许各级官员及民众上书言事，严禁官吏阻遏；删改则例，撤销重叠闲散机构，裁汰冗员；取消旗人的寄生特权，准其自谋生计"，这些新诏政令意在学习西方先进技术和文化，发展资本主义，传播资产阶级文化思想，建立君主立宪制，以达到国富民强的目的。

此次变法危及到了封建守旧派的利益，遭到了以慈禧太后为首的顽固派极力反对，慈禧太后于9月21日颁布诏书，囚禁了光绪帝，并捉拿变法相关人员，戊戌变法失败。变法开始到失败仅存103天，因此又叫"百日维新"。

第七章
中国人必知的经典古籍

 第 182 课 《道德经》为何被称为"万经之王"？

　　《道德经》，又称《道德真经》《老子》《五千言》《老子五千文》，是中国古代先秦诸子分家前的一部著作，为其时诸子所共仰，传说是春秋时期的老子（即李耳，河南鹿邑人）所撰写，是道家哲学思想的重要来源。《道德经》分上下两篇，原文上篇《德经》、下篇《道经》，不分章，后改为《道经》37 章在前，第 38 章之后为《德经》，并分为 81 章，是中国历史上首部完整的哲学著作。

　　《道德经》提出了"无为而治"的主张，成为中国历史上某些朝代，如西汉初的治国方略，在经济上可以缓解人民的压力，对早期中国的稳定起到过一定作用。历史上《道德经》注者如云，甚至有几位皇帝都为其作注。唐贞观二十一年（公元 647 年），译《道德经》为梵文，传入东天竺；唐开元二十三年（公元 735 年），唐玄宗亲注《老子》。日本使者名代，请《老子经》及老子"天尊像"归国，对日本社会发展产生过影响，自《道德经》问世以后，像对待儒家学派的创始人孔子一样，皇家对老子的祭祀也一直延绵不断，曾有汉桓帝刘志、魏文帝曹丕、唐高宗李治、女皇武则天、唐玄宗李隆基、后梁太祖朱晃、宋真宗赵恒、宋徽宗赵佶八位皇帝亲临鹿邑朝拜老子。

第 183 课　《战国策》是一部怎样的著作？

《战国策》是中国古代的一部历史学名著。它是一部国别体史书（《国语》是第一部）又称《国策》，主要记载战国时期谋臣策士纵横捭阖（bǎi hé）的斗争。全书按东周、西周、秦国、齐国、楚国、赵国、魏国、韩国、燕国、宋国、卫国、中山国依次分国编写，分为 12 策，33 卷，共 497 篇。所记载的历史，上起公元前 490 年智伯灭范氏，下至公元前 221 年高渐离以筑击秦始皇，约 12 万字。是先秦历史散文成就最高、影响最大的著作之一。

《战国策》是我国古代记载战国时期政治斗争的一部最完整的著作。它实际上是当时纵横家（即策士）游说之辞的汇编，而当时七国的风云变幻、合纵连横、战争绵延、政权更迭都与谋士献策、智士论辩有关，因而具有重要的史料价值。该书文辞优美、语言生动，富有雄辩与运筹的机智，描写人物绘声绘色，常用寓言阐述道理，著名的寓言就有"画蛇添足""亡羊补牢""狡兔三窟""狐假虎威""南辕北辙"等。这部书有文辞之胜，在我国古典文学史上亦占有重要地位。

第 184 课　三言二拍是什么样的著作？

三言二拍是指明代五本著名传奇短篇小说集及拟话本集的合称。"三言"是由冯梦龙所作的《喻世明言》《警世通言》《醒世恒言》的合称。"二拍"则是中国拟话本小说集《初刻拍案惊奇》和《二刻拍案惊奇》的合称，作者是凌蒙初。

"三言"中，每一章都讲了一个道理，故事情节引人入胜，比如《醒世恒言》中有一章《卖油郎独占花魁》说的是油郎秦重寻父、花魁娘子寻夫从良过程中两人从相识到相爱的美好故事。"三言"所收录的作品，无论是宋元旧篇，还是明代新作和冯梦龙拟作，都程度不同地经过冯梦龙增删和润饰。这些作品题材广泛，内容复杂。有对封建官僚丑恶的谴责和对正直官吏德行的赞扬，有对友谊、爱情的歌颂和对背信弃义、负心行为的斥责。更值得注意的是，有不少作品描写了市井百姓的生活。如《施润泽滩阙遇友》《蒋兴哥重会珍珠衫》《杜十娘怒沉百宝箱》《卖油郎独占花魁》等。在这些作品里，强调人的感情和人的价值应该得到尊重，所宣扬的道德标准、婚姻原则，与封建礼教、传统观念是相违背的。

"二拍"与"三言"不同，基本上都是个人创作，"取古今来杂碎事可新听睹、佐谈谐者，演而畅之。"（《二刻拍案惊奇小引》）。它已经是一部个人的白话小说创作专集。"卷帙浩繁，观览难周。"（笑花主人《今古奇观序》），故从中选取40种成《今古奇观》。后300年中，它就成为一部流传最广的白话短篇小说的选本。

 第185课　十三经包括哪些著作？

十三经是指在南宋形成的13部儒家经典。分别是《诗经》《尚书》《周礼》《仪礼》《礼记》《易经》《左传》《公羊传》《穀梁传》《论语》《尔雅》《孝经》《孟子》。

汉朝："五经"，汉朝时，以《易》《诗》《书》《仪礼》《春秋》为"五经"，立于学官。

唐朝："九经"，唐朝时，《春秋》分为"三传"，即《左传》《公羊传》《穀梁传》；《礼经》分为"三礼"，即《周礼》《仪礼》《礼记》。这六部书再加上《易》《书》《诗》，并称为"九经"，也立于学官，用于开科取士。

晚唐："十二经"，唐文宗开成年间，在国子学刻石，内容除了"九经"之外，还加上了《论语》《尔雅》《孝经》。

五代："十一经"，（收入《孟子》）五代十国时后蜀国主孟昶刻"十一经"，收入《孟子》，而排除《孝经》《尔雅》。

南宋：南宋时《孟子》正式成为"经"，和《论语》《尔雅》《孝经》

一起，加上原来的"九经"，构成"十三经"。

《十三经》的内容极为宽博，就传统观念而言，《易》《诗》《书》《礼》《春秋》谓之"经"，《左传》《公羊传》《谷梁传》属于《春秋经》之"传"，《礼记》《孝经》《论语》《孟子》均为"记"，《尔雅》则是汉代经师的训诂之作。这13种文献当以"经"的地位最高，"传""记"次之，《尔雅》又次之。

 | 第 186 课　古代浪漫主义戏曲的代表作是什么?

《牡丹亭》是明朝剧作家汤显祖于公元1598年创作，共55出，描写杜丽娘和柳梦梅的爱情故事。与其《紫钗记》《南柯记》《邯郸记》并称为"临川四梦"。

汤显祖于万历二十六年被罢免还家，绝意仕途，笔耕以终老。其一生4部传奇杂剧比较著名，《牡丹亭》《南柯记》《紫钗记》《邯郸记》（又称"临川四梦"），其中，以《牡丹亭》最为著名，他本人也十分得意，曾说："一生四梦，得意处唯在牡丹。"明朝人沈德符称"汤义仍《牡丹亭梦》一出，家传户诵，几令《西厢》减价"。

《牡丹亭》是汤显祖的代表作，也是中国戏曲史上浪漫主义的杰作。作品中杜丽娘和柳梦梅生死离合的爱情故事洋溢着追求个人幸福、呼唤个性解放、反对封建制度的浪漫主义理想，感人至深。杜丽娘是中国古典文学里继崔莺莺之后出现的最动人的妇女形象之一，通过杜丽娘与柳梦梅的爱情婚姻，喊出了要求个性解放、爱情自由、婚姻自主的呼声，并且暴露了封建礼教对人们幸福生活和美好理想的摧残。《牡丹亭》以文词典丽著称，宾白饶有机趣，曲词兼用北曲泼辣动荡及南词婉转精丽的长处。明吕天成称之为"惊心动魄，且巧妙迭出，无境不新，真堪千古矣!"

第187课　《菜根谭》是一部怎样的著作?

《菜根谭》是明代还初道人洪应明收集编著的一部论述修养、人生、处世、出世的语录世集,具有三教真理的结晶和万古不易的教人传世之道,为旷古稀世的奇珍宝训。对于人的正心修身、养性育德、有不可思议的潜移默化的力量。其文字简练明隽、兼采雅俗。似语录,而有语录所没有的趣味;似随笔,而有随笔所不易及的整饬;似训诫,而有训诫所缺乏的亲切醒豁;且有雨余山色,夜静钟声,点染其间,其所言清霏有味,风月无边。

《菜根谭》是以处世思想为主的格言式小品文集,采用语录体,糅合了儒家的中庸思想、道家的无为思想和释家的出世思想的人生处世哲学的表白。《菜根谭》文辞优美、对仗工整、含义深邃、耐人寻味。是一部有益于人们陶冶情操、磨炼意志、奋发向上的通俗读物。作者以"菜根"为本书命名,意谓"人的才智和修养只有经过艰苦磨炼才能获得"。

 第188课　《世说新语》为什么被称为"名士的教科书"?

《世说新语》是由南朝刘宋宗室临川王刘义庆(公元403年～公元444年)组织一批文人编写的,梁代刘峻作注。全书原八卷,刘峻注本分为十卷,今传本皆作三卷,分为德行、言语、政事、文学、方正、雅量等36门,全书共1000多则,记述自汉末到刘宋时名士贵族的遗闻逸事,主要为有关人物评论、清谈玄言和机智应对的故事。

《世说新语》是中国魏晋南北朝时期"志人小说"的代表作,为言谈、轶事的笔记体短篇小说。从这部书的内容来看,全书没有一个统一的思想,既有儒家思想,又有老庄思想和佛家思想,可能是出自多人之手,刘义庆召集的文学之士很可能参加了它的编撰。《世说新语》依内容可分为"德行""言语""政事""文学""方正"等36类，每类收有若干则故事，全书共1200多则，每则文字长短不一，有的数行，有的三言两语，由此可见笔记小说"随手而记"的诉求及特性。其内容主要是记载东汉后期到晋宋间一些名士的言行与轶事。书中所载均属历史上实有的人物，但他们的言论或故事则有一部分出于传闻，不尽符合史实。此书中相当多的篇幅系杂采众书而成。如《规箴》《贤媛》等篇所载个别西汉人物的故事，采自《史记》和《汉书》。其他部分也多采自前人的记载。一些晋宋间人物的故事，如《言语篇》记谢灵运和孔淳之的对话等则因这些人物与刘义庆同时而稍早，可能采自当时的传闻。被鲁迅先生称为："一部名士底（的）教科书。"

第189课　古代最完备的乐府歌辞著作是什么？

　　《乐府诗集》系宋代郭茂倩编。"乐府"，本是掌管音乐的机关名称，最早设立于汉武帝时，南北朝也有乐府机关，其具体任务是制作乐谱、收集歌辞和训练音乐人才。歌辞的来源有二：一部分是文人专门作的；一部分是从民间收集的。后来，人们将乐府机关采集的诗篇称为乐府，或称乐府诗、乐府歌辞，于是乐府便由官府名称变成了诗体名称。郭茂倩编的这部《乐府诗集》现存100卷，是现存收集乐府歌辞最完备的一部。主要辑录汉魏到唐、五代的乐府歌辞兼及先秦至唐末的歌谣，共5000多首。它搜集广泛，各类有总序，每曲有题解。它是继《诗经·风》之后，一部总括我国古代乐府歌辞的著名诗歌总集。

　　"乐府诗"在这些不同的乐曲中，郊庙歌辞和燕射歌辞属于朝廷所用的乐章，思想内容和艺术技巧都较少可取成分。鼓吹曲辞和舞曲歌辞中也有一部分作品艺术价值较差。但总的来说，它所收诗歌多数是优秀的民歌和文人用乐府旧题所作的诗歌。在现存的诗歌总集中，《乐府诗集》是成书较早、收集历代各种乐府诗最为完备的一部重要总籍。

第 190 课　我国第一部编年体通史是什么？

宋神宗熙宁年间，司马光强烈反对王安石变法，上疏请求外任。熙宁四年（公元 1071 年），他判西京御史台，自此居洛阳 15 年，不问政事。在这段悠游的岁月，司马光主持编撰了 294 卷 300 万字的编年体史书《资治通鉴》。

《资治通鉴》上起周威烈王二十三年（公元前 403 年），下迄五代后周世宗显德六年（公元 959 年），共记载了 16 个朝代 1362 年的历史，历经 19 年编辑完成。他在《进资治通鉴表》中说："臣今筋骨癯瘁，目视昏近，齿牙无几，神识衰耗，目前所谓，旋踵而忘。臣之精力，尽于此书。"司马光为此书付出毕生精力，成书不到两年，他便积劳而逝。《资治通鉴》从发凡起例至删削定稿，司马光都亲自动笔，不假他人之手。清代学者王鸣盛说："此天地间必不可无此书，亦学者必不可不读此书。"

《资治通鉴》是我国第一部多卷本编年体史书，记载了很多有价值的关于军事、经济、文化、学术思想、史学等方面的史料。《资治通鉴》所搜集的材料十分丰富，据估计，《资治通鉴》所引之书多达 300 多种。作为我国一部极为重要的编年史，不仅为封建统治阶级提供了统治经验，同时也具有很高的史料价值。全书体例严谨，前后脉络分明，语言文字也极为简练。这些对后世史学都产生了极大的影响。

 第 191 课　誉为中华民族文化之源的著作是什么？

《周易》，简称《易》，亦称《易经》。三易之一，儒家尊为六经之首。玄学、道教奉为三玄之一。各界学者对其性质认识不一，概括有以下观点：

一、卜筮书。《周易·系辞上》具体介绍大衍之数的卜筮法，卦爻辞中有大量的吉凶占语，史书认为《易经》之所以免遭秦火，正因其为卜筮书。宋人朱熹的《周易本义》主此观点，近人郭沫若的《中国古代社会研究》、高亨的《周易古经今注》、李镜池的《周易探源》等亦持此说。

二、哲学书。庄子认为："《易》以通阴阳。"阴阳问题是中国哲学基本问题。近代有学者认为《周易》是我国现存最早的一部哲学著作。

三、历史书。讲述人类进化发展的历史。（章太炎《易论》）"乾坤两卦是绪论。阮济、未济是余论，自屯卦至离卦，为草昧时代至殷末之史，自咸卦至小过卦为周初文、武、成时代之史。"（胡朴安《周易古史观》）另有学者或以为《周易》为商周之史。或以为是奴婢起义史，或以为是用谐音隐文体和卜筮外形写成的一部特殊史书。尚有他说，所据不一。

一般认为《周易》经文为占筮书，但其内容涉及历史、社会、制度，范围极广，且蕴含一定哲理。而《周易》传文则是哲学著作。故《周易》含有卜筮、哲学、历史、科学等多种成分。《周易》的主要特点是以八卦、六十四卦、象数为模型，以占筮为形式，模拟演绎、预测宇宙万物的起源、结构、运动变化的规律。其卦爻象符号系统和卦爻辞文字系统互相渗透补充，构成"任何数目都可以套进去"的"宇宙代数学"（冯友兰《中国周易学术讨论会代祝词》)。它虽带有神秘的占卜色彩，但蕴含较深刻的理论思想和朴素的辩证观念。书中精义乃是对天道与人理的综合探索，凝聚着中国古圣先贤的智慧。几千年来，《周易》原理不仅在中国思想史上产生了深远的影响，而且渗透到古代社会科技的各个领域，融化进中华民族的心理素质之中，构成中国传统文化的基本格调，启迪和推动了中国古代科技文明发展，成为中国古代学术思想的源头活水。

第 192 课　古代浪漫主义诗歌的代表作是什么？

楚辞，本是指楚地的歌辞，后称为文学作品的统称，是大诗人屈原创作的一种诗体，具有浓厚的地方特色，西汉末年，刘向搜集屈原、宋玉等人的作品，辑录成集。《楚辞》对后世文学影响深远，不仅开启了后来的赋体，而且影响历代散文创作，是我国积极浪漫主义诗歌创作的源头，成为我国第一部浪漫主义诗歌总集。楚辞的主要作者是屈原。他创作了《离骚》《九歌》《九章》《天问》等不朽作品。在屈原的影响下，楚国又产生了宋玉、唐勒、景差等楚辞作者。现存的《楚辞》总集中，主要是屈原及宋玉的作品；唐勒、景差的作品大都未能流传下来。

《楚辞》在诗的句式形式上采用三字一节的结构。中间以"兮"字为分节。三字节奏，使诗歌语言在结构上更富有变化，是诗歌由四言向五言、七言转变的先声。

在诗的语言上，楚辞讲求用辞华丽、对偶工巧。诗的语言美，更能激发人们的情感、陶冶性情，使人饱尝美的享受。后世的诗人基于此，都非常重视对诗之语言的锤炼，追求诗情的内在美与语言外在美的同意。

《楚辞》在中国诗史上占有重要的地位。它的出现打破了《诗经》以后两三个世纪的沉寂而在诗坛上大放异彩。后人也因此将《诗经》与《楚辞》并称为风、骚。风指十五国风，代表《诗经》，充满着现实主义精神；骚指《离骚》，代表《楚辞》，充满着浪漫主义气息。风、骚成为中国古典诗歌现实主义和浪漫主义创作的两大流派。

 第 193 课　现存最早的史书是什么？

《尚书》又称《书》《书经》，为一部多体裁文献汇编，是中国现存最早的史书。分为《虞书》《夏书》《商书》《周书》。战国时期总称《书》，汉代改称《尚书》，即"上古之书"。因是儒家五经之一，又称《书经》。现存版本中真伪参半。一般认为《今文尚书》中《周书》的《牧誓》到《吕刑》16 篇是西周真实史料，《文侯之命》《费誓》和《秦誓》为春秋史料，所述内容较早的《尧典》《皋陶谟》《禹贡》反而是战国编写的古史资料。

《尚书》所录，为虞、夏、商、周各代典、谟、训、诰、誓、命等文献。其中虞、夏及商代部分文献是据传闻而写成，不尽可靠。"典"是重要史实或专题史实的记载；"谟"是记君臣谋略的；"训"是臣开导君主的话；"诰"是勉励的文告；"誓"是君主训诫士众的誓词；"命"是君主的命令。还有以人名标题的，如《盘庚》《微子》；有以事为标题的，如《高宗肜日》《西伯戡黎》；有以内容为标题的，如《洪范》《无逸》。这些都属于记言散文。也有叙事较多的，如《顾命》《尧典》。其中的《禹贡》，托言夏禹治水的记录，实为古地理志，与全书体例不一，当为后人的著述。自汉以来，《尚书》一直被视为中国封建社会的政治哲学经典，既是帝王的教科书，又是贵族子弟及士大夫必修的"大经大法"，在历史上很有影响。

第 194 课　古代讽刺文学的典范之作是什么？

《儒林外史》是清朝小说家吴敬梓的代表作。全书共 56 回（也有学者认为最后一回非吴敬梓所作），约 40 万字，描写了近两百个人物。小说假托明代，反映了康乾时期科举制度下读书人的功名和生活。作者通过对生活在封建末世和科举制度下的封建文人群像的成功塑造，以及对吃人的科举、礼教和腐败事态的生动描绘，使小说成为中国古代讽刺文学的典范之著，吴敬梓也因此成为中国文学史上批判现实主义作家的代表。

《儒林外史》是我国清代一部伟大的现实主义的长篇讽刺小说，大约在公元 1750 年前后，作者 50 岁时成书，先后用了吴敬梓 20 年。《儒林外史》是我国第一部社会问题小说。它以真人为范本，通过对当代发生的事为素材加以概括提高。《儒林外史》所写人物："或象形谐声，或庾词隐语，全书载笔，言皆有物，绝无凿空而谈者。若以雍干间诸家文集细绎而参稽之，往往十得八九。"书中杜少卿为作者的概况，马纯上即冯萃中，迟衡山即樊南仲等。作者从儒林入手，对民族文化长期积淀下来的霉烂因素进行了深入的解剖和批判。惺园隐士说："慎勿读《儒林外史》，读竟乃觉日用酬酢之间无往而非《儒林外史》。"与它以前的小说相比,《儒林外史》更具有思辨和批判的特色。

 第 195 课 《梦溪笔谈》为何有古代百科全书之称?

《梦溪笔谈》是北宋科学家沈括所著的笔记体著作,大约成书于公元1086 年~1093 年,收录了沈括一生的所见所闻和见解,被西方学者称为中国古代的百科全书,已有多种外语译本。

《梦溪笔谈》详细记载了劳动人民在科学技术方面的卓越贡献和他自己的研究成果,反映了我国古代特别是北宋时期自然科学达到的辉煌成就,主要包括《笔谈》《补笔谈》《续笔谈》三部分。《笔谈》26 卷,分为17 门,依次为"故事、辩证、乐律、象数、人事、官政、机智、艺文、书画、技艺、器用、神奇、异事、谬误、讥谑、杂志、药议"。《补笔谈》三卷,包括上述内容中 11 门。《续笔谈》一卷,不分门。全书共 609 条(不同版本稍有出入),内容涉及天文、数学、物理、化学、生物、地质、地理、气象、医药、农学、工程技术、文学、史事、音乐和美术等。在这些条目中,属于人文科学例如人类学、考古学、语言学、音乐等方面的约占全部条目的 18%;属于自然科学方面的约占总数的 36%,其余的则为人事资料、军事、法律及杂闻逸事等,约占全书的 46%。

就性质而言,《梦溪笔谈》属于笔记类。从内容上说,它以多于 1/3 的篇幅记述并阐发自然科学知识,这在笔记类著述中是少见的。因为沈括本人具有很高的科学素养,他所记述的科技知识也就具有极高价值,基本上反映了北宋的科学发展水平和他自己的研究心得,因而被英国学者李约瑟誉为"中国科学史上的里程碑",还称誉沈括为"中国整部科学史中最卓越的人物"。

第196课 《文心雕龙》是一部怎样的著作？

《文心雕龙》是中国南朝文学理论家刘勰创作的一部文学理论著作，成书于公元501年～502年（南朝齐和帝中兴元年、二年）间。它是中国文学理论批评史上第一部有严密体系的、"体大而虑周"（章学诚《文史通义·诗话篇》）的文学理论专著。全书共10卷，50篇（原分上、下部，各25篇），以孔子美学思想为基础，兼采道家，全面总结了齐梁时代以前的美学成果，细致地探索和论述了语言文学的审美本质及其创造、鉴赏的美学规律。

《文心雕龙》全书包括四个重要方面，上部从《原道》至《辨骚》的五篇是全书的纲领，而其核心则是《原道》《徵圣》《宗经》三篇，要求一切要本之于道，稽诸于圣，宗之于经。从《明诗》到《书记》的20篇，以"论文序笔"为中心，对各种文体源流及作家、作品逐一进行研究和评价。以有韵文为对象的"论文"部分中，以《明诗》《乐府》《诠赋》等篇较重要；以无韵文为对象的"序笔"部分中，则以《史传》《诸子》《论说》等篇意义较大。下部，从《神思》到《物色》的20篇（《时序》不计在内），以"剖情析采"为中心，重点研究有关创作过程中各个方面的问题，是创作论。《时序》《才略》《知音》《程器》等四篇，则主要是文学史论和批评鉴赏论。下部的这两个部分是全书最主要的精华所在。以上四个方面共49篇，加上最后叙述作者写作此书的动机、态度、原则，共50篇。

《文心雕龙》提出的"辞约而旨丰，事近而喻远""隐之为体义主文外""文外之重旨""使玩之者无穷，味之者，不厌"等说法虽不完全是刘勰的独创，但对文学语言的有限与无限、确定性与非确定性之间相互统一的审美特征作了比前人更为具体的说明。

第 197 课　我国现存最早的诗歌总集是什么？

　　《诗经》是中国第一部诗歌总集，收入自西周初年至春秋中叶 500 多年的诗歌 305 篇，又称《诗三百》，先秦称为《诗》，或取其整数称《诗三百》。西汉时被尊为儒家经典，始称《诗经》，并沿用至今。

　　《诗经》中诗的分类有"四始六义"之说。"四始"指《风》《大雅》《小雅》《颂》的四篇列首位的诗。"六义"则指"风、雅、颂、赋、比、兴"。"风、雅、颂"是按音乐的不同对《诗经》的分类，"赋、比、兴"是《诗经》的表现手法。《诗经》多以四言为主，兼有杂言。

　　《诗经》为中国第一部纯文学的专著，它开启了中国诗叙事、抒情的内涵，称"纯文学之祖"，是中国最早的诗歌总集，它确定了中国诗的修辞原则及押韵原则，称"总集之祖"、"诗歌（韵文）之祖"。也是北方文学的代表，它所代表的区域是黄河流域，称"北方文学之代表"。

　　孔子对《诗经》有很高的评价。对于《诗经》的思想内容，他说"诗三百，一言以蔽之，思无邪"。对于它的特点，则"温柔敦厚，诗教也"（即以为《诗经》使人读后有澄清心灵的功效，作为教化的工具实为最佳良策）。孔子甚至说"不学诗，无以言"，显示出《诗经》对中国古代文学的深刻影响。孔子认为，研究《诗经》可以培养联想力，提高观察力，学习讽刺方法，可以运用其中的道理侍奉父母、服侍君主，从而达成齐家、治国、平天下的理想，即《论语》中所谓"可以兴，可以观，可以群，可以怨。迩之事父，远之事君；多识于鸟兽草木之名"。

　　在古代，《诗经》还有政治上的作用。春秋时期，各国之间的外交，经常用歌诗或奏诗的方法来表达一些不想说或难以言喻的话，类似于现在的外交辞令。

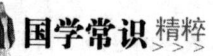

 第 198 课 古代最流行的散文选本是什么？

《古文观止》是清朝吴楚材、吴调侯于康熙三十三年（公元 1694 年）选定的古代散文选本。二吴均是浙江绍兴人，曾长期设学馆广收门徒，此书就是为学生所编用的教材。

《古文观止》的内容上起先秦，下至明末，大致反映了先秦至明末期间散文发展的趋势和取得的成就。书中包括《左传》34 篇、《国语》11 篇、《公羊传》3 篇、《礼记》6 篇、《战国策》14 篇、韩愈文 17 篇、柳宗元文 8 篇、欧阳修文 11 篇、苏轼文 11 篇、苏辙文 3 篇、王安石文 3 篇，共 222 篇。书中所选入的文章都是语言精练、篇幅短小精悍、方便人们传诵的佳作。在衡量文章的标准上做到了思想性与艺术性的双重兼顾。作者以古文为主要文体，附有骈文 4 篇，在人们思想落后的时代，这是比较难能可贵的；选者在文章中间或末尾附上一些夹批或尾批，方便初学者加深对文章的理解；体例方面分别以时代和作家为经纬，一改前人按文体分类的习惯。《古文观止》所选以散文为主，间有骈文辞赋，整体上均为历代传诵的佳作名篇，颇具"永恒的艺术魅力"。编者以"观止"来冠名，正是对其书的结构和文章选体的完美诠释，因为它不只是一部形象的中国历代散文大观，更是一部活生生的散文发展历程。

 第 199 课 古代最杰出的兵书著作是什么？

《孙子兵法》是从战国时期起就风靡流传的军事著作，古今中外的军事家们都使用其中论述的军事理论来指导战争，而且，其中论述的基本理论和思想还被运用到了现代经营决策和社会管理方面。然而，这部著作的作者是谁呢？学术界议论纷纷，一种认为是春秋时期齐国的孙武所著；一种认为是孙膑整理而成；一种认为是战国初年某位山林处士编写；还有的说是三国时代曹操编撰的。直到 1972 年 4 月间，在山东临沂银雀山发掘的两座汉代墓葬中同时发现了用竹简写成的《孙子兵法》和《孙膑兵法》，这样，数百年的争论方告结束，《孙子兵法》的作者被确认为春秋时期吴国的将军孙武。孙武（公元前535年～前480年），字长卿，被后世尊为孙子、"兵圣""世界兵学鼻祖"，著有竹书《孙子兵法》13篇等。

该书被翻译成英、俄、德、日等20种语言文字，全世界有数千种关于《孙子兵法》的刊印本。不少国家的军校把它列为教材。《孙子兵法》是美国西点军校和哈佛商学院高级管理人才培训必读教材，影响松下幸之助、本田宗一郎、盛田昭夫、井深大一生的书，是通用汽车CEO罗杰·史密斯、软银总裁孙正义成功的法宝，是商界必备实战手册启迪人生权变创新的智慧。兵法的核心在于挑战规则，唯一的规则就是没有规则，兵法是谋略，谋略不是小花招，而是大战略、大智慧。

第200课 古代第一部白话章回小说是什么？

《水浒传》也叫《忠义水浒传》，创作于明末清初，原作者争议较大，一般被认为是施耐庵，创作时间待考证，一般认为作于元末明初，而至晚于明朝中晚期成书，是中国历史上第一部用白话文写成的长篇小说，开创了白话章回小说的先河，是中国四大名著之一，也是汉语文学中最具备史诗特征的作品之一。此书版本众多，流传极广，脍炙人口，对中国乃至东亚的叙事文学都有极深远的影响。

《水浒传》是以宋江领导的农民起义为主要题材，通过一系列梁山英雄反抗压迫、英勇斗争的生动故事揭示了当时的社会矛盾，暴露了封建统治阶级的腐朽和残暴，揭露了当时尖锐对立的社会矛盾和"官逼民反"的残酷现实，《水浒传》的作者据传为施耐庵，并由罗贯中加以润色及编排，实际参与创作者跨越了从宋元到明末的数百年，包括了民间说书人、文人、书商等，是一部世代累积型的长篇文学作品。

《水浒传》的日文译本最早在18世纪就出现，影响较大，很多著名画家都曾为其画过插图，如葛饰北斋、歌川国芳等，对东亚各国的小说艺术产生极深远的影响，朝鲜最早的小说之一《洪吉童传》和日本曲亭马琴的著名史诗小说《南总理见八犬传》均是受《水浒传》影响产生的，19世纪开始传入欧美，最早的德文译名是《强盗与士兵》，法文译名是《中国的勇士们》。英文译本有多种，最早的70回译本定名为《Water Margin》（"水边"的意思），由于出现最早和最贴近原名的原因，这个译名往往被认为是标准译名，美国女作家、1938年诺贝尔文学奖得主赛珍珠在将它翻译成英文时就定名为：《All Men Are Brothers》（即《四海之内皆兄弟》），20世纪70年代末，中国籍美国翻译家沙博理的百回本的名字是《Outlaws of the Marsh》（水泊好汉），后来还有人把120回本也译成英文。而据传，还有某外国版本叫《一百零五个男人和三个女人的故事》。

 第201课　《聊斋志异》有哪些艺术成就？

《聊斋志异》，清代短篇小说集，是蒲松龄的代表作，在他40岁左右时基本完成，此后不断有所增补和修改。"聊斋"是他的书屋名称，"志"是记述的意思，"异"指奇异的故事。全书共有短篇小说491篇。题材非常广泛，内容极其丰富。多数作品通过谈狐说鬼的手法，对当时社会的腐败、黑暗进行了有力批判，在一定程度上揭露了社会矛盾，表达了人民的愿望。全书成功地塑造了众多的艺术典型，人物形象鲜明生动、故事情节曲折离奇、结构布局严谨巧妙，文笔简练、描写细腻，堪称中国古典短篇小说之巅峰。

在文学史上，它是一部著名短篇小说集。全书多谈狐、仙、鬼、妖，以此来概括当时的社会关系，反映了17世纪中国的社会面貌。蒲松龄的同乡好友王士祯则为《聊斋志异》题诗："姑妄言之姑听之，豆棚瓜架雨如丝。料应厌作人间语，爱听秋坟鬼唱诗（时）。"王士祯对《聊斋志异》甚为喜爱，给予极高评价，并为其作评点，甚至欲以500两黄金购《聊斋志异》之手稿而不可得。

第 202 课　《山海经》是一部怎样的著作？

　　《山海经》是先秦重要古籍，是一部富有神话传说的最古老的地理书，全书共计 18 卷，包括《山经》五卷、《海经》八卷、《大荒经》五卷。内容包罗万象，主要记述古代地理、动物、植物、矿产、神话、巫术、宗教等，也包括古史、医药、民俗、民族等方面的内容。除此之外，《山海经》还以流水账方式记载了一些奇怪的事件，对这些事件至今仍然存在较大的争论。最有代表性的神话寓言故事包括夸父逐日、女娲补天、精卫填海、大禹治水、共工撞天、羿射九日等。

　　《山海经》全书现存 18 篇，据说原共 22 篇，约 32650 字。分为《山经》和《海经》两个大的部分，是一部富有神话传说的最古老的地理书。《汉书·艺文志》载此书时作 13 篇，未把《大荒经》和《海内经》计算在内，也有人认为这五篇是西汉刘向父子校书时所增加的。全书内容，以《山经》五篇和《海外经》四篇作为一组；《海内经》四篇作为一组；而《大荒经》四篇以及书末《海内经》一篇又作为一组。每组的组织结构自具首尾，前后贯穿，有纲有目。《山经》的一组，依南、西、北、东、中的方位次序分篇，每篇又分若干节，前一节和后一节又用有关联的语句相承接，使篇节间的关系表现得非常清楚。《山经》主要记载山川地理、动植物和矿物等的分布情况；《海经》中的《海外经》主要记载海外各国的奇异风貌；《海内经》主要记载海内的神奇事物；《大荒经》主要记载了与黄帝、女娲和大禹等有关的许多重要神话资料，反映了中华民族的英雄气概。

 第 203 课　儿童启蒙必读之作是什么？

　　明代思想家吕坤曾说："初入社学，八岁以下者，先读《三字经》以习见闻，读《百家姓》以便日用，读《千字文》以明义理。""三百千"将早期的识字教育与中国的历史文化，以及人格修养的教育巧妙地融合在了一起。言辞简练，含义丰富，朗朗上口，便于诵读。

《三字经》是中国古代历史文化的宝贵遗产，是学习中华传统文化不可多得的儿童启蒙读物。它短小精悍、朗朗上口，千百年来，家喻户晓。其内容涵盖了历史、天文、地理、道德以及一些民间传说，所以说熟读《三字经》，可知天下事。基于历史原因，《三字经》不可避免地含有糟粕，但其独特的思想价值和文化魅力为人们所公认，被历代人们奉为经典而不断流传。

《百家姓》是一本关于中文姓氏的书，成书于宋朝初。原收集姓氏411个，后增补到504个，其中单姓444个、复姓60个。在中华民族大家庭中，姓氏又何止494个？就是仅汉族姓也不止这个数。据说，见之于文献的姓氏可达5600之多。这其中不仅有单姓、复姓，还有三字姓、四字姓和五字姓，此外，还有的民族有名无姓，比如傣族。百家姓的排名只是名义上的，虽然有字面上的这么多姓，因为某些姓氏虽然在字面上不同，实际上部分姓是从某姓派生出来的。"赵钱孙李"成为《百家姓》前四姓是因为百家姓形成于宋代吴越钱塘地区，故而宋朝皇帝赵氏、吴越国国国王钱氏、吴越国王钱俶正妃孙氏以及南唐国王李氏成为百家姓前四位。

公元6世纪初，南朝梁武帝时期在建业（今南京）刻印问世的《千字文》被公认为世界使用时间最长、影响最大的儿童启蒙识字课本，比唐代出现的《百家姓》和宋代编写的《三字经》还早。《千字文》可以说是千余年来最畅销、读者最广泛的读物之一。明清以后，《三字经》《百家姓》《千字文》是几乎家诵人习的所谓"三百千"。过去讲私塾的打油诗"学童三五并排坐，'天地玄黄'喊一年"，正是真实写照。

第204课　古代科举考试必备的著作有哪些？

南宋学者朱熹将《礼记》中《大学》《中庸》两篇拿出来单独成书，

和《论语》《孟子》合为"四书"。各朝皆以"四书"列为科举考试范围，因而造就"四书"独特的地位。甚至宋朝以后"四书"已凌驾"五经"的地位。"四书"是公认的儒学经典，它原来并不是一本书，而是由《论语》《孟子》这两部书和《大学》《中庸》两篇文章合辑在一起的统称，由南宋大儒朱熹汇辑刊刻，从此广为流传，声名鹊起。

《大学》原本是《礼记》中一篇，在南宋前从未单独刊印。传为孔子弟子曾参（公元前 505 年~前 434 年）作。自唐代韩愈、李翱维护道统而推崇《大学》（与《中庸》），至北宋二程百般褒奖宣扬，甚至称"《大学》，孔氏之遗书而初学入德之门也"，再到南宋朱熹继承二程思想，便把《大学》从《礼记》中抽出来，与《论语》《孟子》《中庸》并列，到朱熹撰《四书章句集注》时，便成了"四书"之一。

《中庸》原来也是《礼记》中一篇，在南宋前从未单独刊印。一般认为它出于孔子的孙子子思（公元前 483 年~前 402 年）之手，《史记·孔子世家》称"子思作《中庸》"。自唐代韩愈、李翱维护道统而推崇《中庸》（与《大学》），至北宋二程百般褒奖宣扬，甚至认为《中庸》是"孔门传授心法"，再到南宋朱熹继承二程思想，便把《中庸》从《礼记》中抽出来，与《论语》《孟子》《大学》并列，到朱熹撰《四书章句集注》时，便成了"四书"之一。

《论语》是记载孔子及其学生言行的一部书。孔子（公元前 551 年~前 479 年），名丘，字仲尼，春秋时鲁国陬邑（今山东曲阜）人。儒家学派创始人，中国古代最著名的思想家、政治家、教育家，对中国思想文化的发展有极其深远的影响。

《孟子》是记载孟子及其学生言行的一部书。和孔子一样，孟子也曾带领学生游历魏、齐、宋、鲁、滕、薛等国，并一度担任过齐宣王的客卿。由于他的政治主张也与孔子的一样不被重用，所以便回到家乡聚徒讲学，与学生万章等人著书立说，"序《诗》《书》，述仲尼之意，作《孟子》七篇。"（《史记·孟子荀卿列传》）赵岐在《孟子题辞》中把《孟子》与《论语》相比，认为《孟子》是"拟圣而作"。

第205课 我国最早的一部编年体史书是什么？

《春秋》，又称《麟经》（《麟史》）。是鲁国的编年史，经过了孔子的修订。记载了从鲁隐公元年（公元前722年）到鲁哀公十四年（公元前481年）的历史，是中国现存最早的一部编年体史书。《春秋》一书的史料价值很高，但不完备，王安石甚至说《春秋》是"断烂朝报"，亦是儒家经典之一。

在中国上古时期，春季和秋季是诸侯朝觐王室的时节。另外，春秋在古代也代表一年四季。而史书记载的都是一年四季中发生的大事，因此"春秋"是史书的统称。而鲁国史书的正式名称就是《春秋》。传统上认为《春秋》是孔子的作品，也有人认为是鲁国史官的集体作品。《春秋》中的文字非常简练，事件的记载很简略，但公元242年间诸侯攻伐、盟会、篡弑及祭祀、灾异礼俗等，都有记载。它所记鲁国十二代的世次年代完全正确，所载日食与西方学者所著《蚀经》比较，互相符合的有30多处，足证明《春秋》并非古人凭空虚撰，可以定为信史。

春秋最初的原文仅18000多字，现存的版本只有16000多字，在语言上极为精练，遣词井然有序。因文字过于简练，不太容易被人理解，所以相继出现了许多诠释的作品，对原文中的记载进行说明和解释，被称之为"传"。如公羊高的《春秋左氏传》、谷梁喜的《春秋谷梁传》和左丘明的《春秋左氏传》被合称为"春秋三传"，被人们列入了儒家经典之作。

第206课 我国第一部纪传体通史是什么？

司马迁编著的《史记》是我国第一部纪传体通史，记载了上自上古传说中的黄帝时代、下至汉武帝元狩元年间共3000多年的历史，包括政治、军事、经济、文化等方面的内容。

《史记》也被称为"信史"，由西汉武帝时期的司马迁花了18年的时间所写成的。全书共 130 卷，约 526500 字，有十表、八书、十二本纪、三十世家、七十列传。它包罗万象，而又融会贯通，脉络清晰，"王迹所兴，原始察终，见盛观衰，论考之行"（《太史公自序》），所谓"究天人之际，通古今之变"。

《史记》是历史上第一本"纪传体"史书，它不同于前代史书所采用的以时间为次序的编年体，或以地域为划分的国别体，而是以人物传记为中心来反映历史内容的一种体例。从此以后，从东汉班固的《汉书》到民国初期的《清史稿》，近两千年间历代所修正史，尽管在个别名目上有某些增改，但都绝无例外地沿袭了《史记》的本纪和列传两部分，而成为传统。同时，《史记》还被认为是一部优秀的文学著作，在文学史上有重要地位，具有极高的文学价值，被鲁迅誉为"史家之绝唱，无韵之离骚"。

 第 207 课　我国第一部纪传体断代史是什么?

《汉书》，又称《前汉书》，由我国东汉时期的历史学家班固编撰，是中国第一部纪传体断代史，"二十四史"之一。《汉书》是继《史记》之后我国古代又一部重要史书，与《史记》《后汉书》《三国志》并称为"前四史"。

汉书的作者是东汉著名学者班固，班固世代为望族，家多藏书，父班彪为当世儒学大家，"唯圣人之道然后尽心"，采集前史遗事，旁观异闻，作《史记后传》65 篇。班固承继父志，"亨笃志于博学，以著述为业"，撰成《汉书》。其书的八表和《天文志》则由其妹班昭及马续共同续成，故《汉书》前后历经四人历时近 40 年完成。

《汉书》的史料十分丰富翔实，书中所记载的时代与《史记》有交叉，汉武帝中期以前的西汉历史，两书都有记述。《汉书》的这一部分，多用《史记》旧文，但由于作者思想的差异和材料取舍标准不尽相同，移用时也有增删改动。汉武帝以后的史事，除吸收了班彪遗书和当时十几家读《史记》书的资料外，还采用了大量的诏令、奏议、诗赋、类似起居注的

《汉著记》、天文历法书，以及班氏父子的"耳闻"。不少原始史料，班固都是全文录入书中，因此比《史记》更显得有史料价值。

 第208课　我国第一部长篇章回体历史小说是什么？

《三国演义》是中国第一部长篇章回体历史演义小说，以描写战争为主，反映了魏、蜀、吴三个政治集团之间的政治和军事斗争，大致分为黄巾之乱、董卓之乱、群雄逐鹿、三国鼎立、三国归晋五大部分。在广阔的背景下上演了一幕幕波澜起伏、气势磅礴的战争场面，成功刻画了近500个人物形象，其中曹操、刘备、孙权、诸葛亮、周瑜、关羽、张飞等人物形象脍炙人口，不以敌我叙述方式对待各方的历史描述，对后世产生了极其深远的影响。编者罗贯中将兵法三十六计融入字里行间，既有情节，也有兵法韬略。《三国演义》中主要人物被称为"三绝"的分别是"奸绝"——曹操、"智绝"——诸葛亮、"义绝"——关羽。

《三国演义》反映了丰富的历史内容，人物名称、地理名称、主要事件与《三国志》基本相同。人物性格也是在《三国志》留下的固定形象基础上才进行再发挥，这也是历史演义小说的套路。历史演义小说大多是虚实相间、主实重虚；古今兼顾、批古判今；一段故事，叙说两朝的情，一个人物，兼具两朝的性（格）。《三国演义》一方面反映了真实的三国历史，照顾到读者希望了解真实历史的需要；另一方面，根据明朝社会的实际情况对三国人物进行了一定程度的夸张、美化、丑化等，给予读者一些启发，照顾到读者希望增长见识、统治者希望巩固统治的需要。它不但比较真实地反映了三国历史的真实面貌，还反映了许多明朝社会内容。

 第209课　我国第一部长篇神魔小说是什么？

《西游记》成书于16世纪明朝中叶，作者吴承恩。《西游记》是一部中国古典神魔小说，为中国"四大名著"之一。书中讲述唐朝玄奘法师西天取经的故事，表现了惩恶扬善的古老主题。自问世以来在中国及世界各地广为流传，被翻译成多种语言。在中国，乃至亚洲部分地区《西游记》家喻户晓，其中孙悟空、唐僧、猪八戒、沙僧等人物和"大闹天宫""三打白骨精""火焰山"等故事尤其为人熟悉。

《西游记》被改编成各种地方戏曲、电影、电视剧、动画片、漫画等，版本繁多。在日本等亚洲国家也出现了以孙悟空与红孩儿为主角的文艺作品，样式众多，数量惊人。

《西游记》不仅有较深刻的思想内容，艺术上也取得了很高的成就。它以丰富奇特的艺术想象、生动曲折的故事情节、栩栩如生的人物形象、幽默诙谐的语言，构筑了一座独具特色的《西游记》艺术宫殿。《西游记》在艺术上的最大成就是成功地创造了孙悟空、猪八戒这两个不朽的艺术形象。《西游记》在艺术上取得的成就仍是十分惊人的，孙悟空、猪八戒这两个形象以其鲜明的个性特征，在中国文学史上立起了一座不朽的艺术丰碑。

 第 210 课　清代小说巅峰之作是什么？

《红楼梦》，中国古代四大名著之一、章回体长篇小说，成书于公元1784 年（清乾隆四十九年），梦觉主人序本正式题为《红楼梦》。其原名有《石头记》《情僧录》《风月宝鉴》《金陵十二钗》等。前 80 回曹雪芹著，后40 回高鹗续（一说是无名氏续），程伟元、高鹗整理。本书是一部具有高度思想性和高度艺术性的伟大作品，作者具有初步的民主主义思想，他对现实社会、宫廷、官场的黑暗、封建贵族阶级及其家族的腐朽，对封建的科举、婚姻、奴婢、等级制度及社会统治思想等都进行了深刻的批判，并且提出了朦胧的、带有初步民主主义性质的理想和主张。

《红楼梦》是一部具有高度思想性和高度艺术性的伟大作品，代表古典小说艺术的最高成就之一，也是中国古代四大名著之一。它以荣国府的日常生活为中心，以宝玉、黛玉、宝钗的爱情婚姻悲剧及大观园中点滴琐事为主线，以金陵贵族名门贾、史、王、薛四大家族由鼎盛走向衰亡的历史为暗线，展现了穷途末路的封建社会终将走向灭亡的必然趋势。并以其曲折隐晦的表现手法、凄凉深切的情感格调、强烈高远的思想底蕴，在中国古代民俗、封建制度、社会图景、建筑金石等领域皆有不可替代的研究价值，达到中国古典小说的高峰，被誉为"中国封建社会的百科全书"。

第八章
中国人必知的思想学术

 第211课 "万物类象"说的是什么？

《易经》中最早提出"万物类象"的理论。在易学中，有八卦分象之说，天地万物的万般形态都称为象。《易经》中将世上纷繁复杂的万物用八个卦象进行分类，同一个类别划为一卦，即所谓的万物类象。归类的根据是八卦自身的爻象，只要熟知了这一点就可以知道各种物类归属于哪一卦。例如："健、顺、动、入、陷、附、止、悦"指的是宇宙万物的八类动态之象，是据象归类的本纲。如乾卦，其卦象为三阳爻，就纯阳之卦，其数一，五行属金，居西北方，色白。《周易》中说道："乾为天、为圆、为君、为父、为玉、为金、为寒、为冰、为大赤、为良马……为木果。"乾卦三阳爻，纯阳刚健，故为天，大体圆运动不息，故为圆。天生万物，如君王管理万民，如父亲主管一家一样，故为君、为父。纯阳爻刚强坚固之象，所以像金、像玉，像冰。阳盛则色极红，故为火红、大赤色。刚健为马，树上的果实圆形，故为木果。由此可知，凡是积极的、向上的、刚健有力的、权威的、圆形的、男性长辈、珍贵的、富有的、寒冷的、坚硬易碎的、在上的等事物都归于乾卦。

卦象为三阴爻，纯阴之卦，其数八，五行属土，居西南方，色黄。《周易》中说道："坤为地、为母、为布、为釜、为吝啬、为均、为母牛、为大兴、为文、为众、为柄、其于地也为黑。"凡是消极的、阴柔的、方形的（古天圆地方）。软弱无力的、众多的、厚德的、承载的、辛劳的、静止的、裂开的（卦象三个阴爻中间全部断裂）等事物都属于坤卦。

 第212课 "天理人欲"是关于什么的论述？

天理人欲是在中国哲学史上关于伦理道德与物质欲望之间关系的范畴。

先秦时，孔子、孟子认为声色富贵等欲望应以道得之，否则便不应接受。荀子认为，应当有限度地满足人的情欲。道家老子、庄子倡导"无欲"。两汉时，董仲舒阐发孔孟思想，强调道和理，轻视功利和物欲。王充则以为人民的物欲得到满足之后才知道礼节和荣辱。魏晋时，王弼继承老子的无欲，提倡无所欲求，反对物质欲望。裴頠把满足物质欲望当作"保生"的条件，反对无欲。

《礼记·乐记》明确把天理与人欲作为一对伦理道德范畴提出。宋明理学家融合儒家的理欲观，强调"明天理，灭人欲"。程颐说："不是天理，便是私欲""无人欲即皆天理"。以封建社会的伦理为天理，认为天理人欲不两立。朱熹发展了程颐的思想，认为天理人欲不容并立，两者是对立的。但又认为，"人欲"不全是不好，在一定限度内是合理的，以日常饮食之欲为天理，求美味为人欲，要求以理节欲。王守仁在哲学上虽与程朱有异，但主张存天理，灭人欲则同。认为去尽人欲，纯是天理，便是圣人。李贽反对把天理与人欲对立起来。王夫之认为"天理"寓于"人欲"之中。"礼虽纯为天理之节文，而必寓于人欲以见"。强调天理不能脱离人欲。但他并没有完全摆脱程朱的影响，以人欲的大公为天理的至正，把人们共同的欲望作为天理。这是抽象人性论。戴震比较系统地论述了理欲问题，提出"理存于欲"的学说，以为"凡事为皆有于欲，无欲则无为矣""无欲无为，又焉有理。"

| **第213课 如何能做到"心无外物"?**

"心无外物"是明朝哲学家王守仁(王阳明)提出的哲学理念,宋朝心学的创始人陆九渊提出"心即理也"和"吾心即是宇宙,宇宙即是吾心"的哲学理论,王守仁对陆九渊的学说进行了发展,提出了"心无外物,心外无事,心外无理,心外无义,心外无善"的核心观点。其所指的"心",是一个复杂的概括性说法,是最高生命本体的一种体现,如"心即道,道即天",同样也指代个人的主观意识,如"心一而已,以其全体恻怛而言谓之仁,以其得宜而言谓之义,以其条理而言谓之理"。这是两种交杂在一起的意涵,比陆九渊学术中"心"所指代的层面更为广泛。要做到心无外物必须要明白,心与物合为一体,物不能离心,心不能离物,没有灵明的心就没有天地万物;抛弃了天地万物,灵明之心也无从说起。客观的事物没有被心感知,就等同于虚无的状态。如大自然中的花草,未被别人看见时,则与心同归于寂;若被人注视,则花草之色一时明了。需要说明的是,王守仁提出的"心无外物"并不提倡人们用主观意识决定客观物质的存在,"心无外物"的核心意思是外界事物的存在离开了你的主观体验就失去了实际意义。其思想的指向并非宇宙本源的问题,而是客观存在与主观意识之间的微妙联系。

 | **第214课 "性三品"说的是什么?**

"性三品"是中国古代一种主张人性分为三等的理论。西汉董仲舒最早提出"性三品"的人性论。董仲舒结合阴阳理念对人的天性进行了分析,正如天有阴阳一样,人也有善恶之分。人所具有的善良的品质体现了天的阳性,董仲舒将其命名为"性";人所具有的恶的品质体现了天的阴性,称之为"情"。但"性"与"情"两个方面并非绝对

的，虽然"性"蕴含着善的一面，但并不等同于善，只是意味着有善的可能。对此他曾比喻说："性比于禾，善比于米；米出禾中，而禾未可全为米也；善出于性中，而性未可全为善也。"董仲舒根据人的"性""情"不同，将人性分为三品，上品为"圣人之性"，是"性"主导，而少"情欲"，具有不交而可为善的品性；下品为"斗筲之性"，"情"为主导，而"性"缺乏，属虽教而不能为善的品性；"中民之性"位于两者之间，"性"与"情"的成分相当，是为善亦可为恶的品性。董仲舒的"性三品说"与孔孟的"性相近""人皆可以为尧舜"是截然不同的概念。东汉著名的思想家王充对董仲舒的"性三品"说给予了充分的肯定，对此曾说道："董仲舒之言本性有善有恶，为普遍人的本性；孟子的性善论指的是上等人的品性；荀子的性恶论说的是下等人的本性，这几种思想的差异在于所指的对象不同。"

 第215课　"天人合一"是一种怎样的学说？

　　"天人合一"是中国古典哲学的根本观念之一，与"天人之分"说相对立。我们的祖先将"天"视为有意志的神灵，认为人与天之间是能够沟通的，正如伏羲所演示的易经八卦，其根本目的就是为了"以通神明之德，以类万物之情"。"天人合一"这一学说建立在天人相通的基础上。社会发展到东周时期，人们已经对巫术的作用有所淡化，人们关注的重心已经由天转向人，"天"的传奇色彩开始淡去，化为自然和人伦意义的一面。孟子将天视为道德的本源，认为人的心性受之于天，尽心知性即可与天地相通达。正如其在《有天爵者，有人爵者》中所说："仁义忠信，乐善不倦，此天爵也。"用的就是天赐爵位来表示人的高尚道德。"夫君子所过者化，所存者神，上下与天地同流。"意在表明君子的道德修养所能达到的崇高境界。庄子的思想时期，把"天"指向自然的层面，人是自然的一部分，认为天与人本来就是一体的，之所以天人分隔，是由于人的文化造成的，所以庄子主张"绝圣弃智"、返璞归真，从而达到天人相容的本原境界。最早表述"天人合一"思想的是西汉时期的董仲舒，在他的《春秋繁露》中明确阐述了"天人之际，合二为一"的思想。

第216课 "不孝有三，无后为大"出自哪里？

"不孝有三，无后为大"，出自《孟子·离娄上》："不孝有三，无后为大。舜不告而娶，为无后也，君子以为犹告也。"主要意思说的就是，不孝的事有三件，其中没有子孙后代是最大的不孝。舜没有禀告父母就娶妻，就因为怕没有后代，所以君子认为他如同禀告了一样。据赵岐的《十三经注疏》中对"无后为大"的注解时说："于礼有不孝者三，事谓阿意曲从，陷亲不义，一不孝也；家贫亲老，不为禄仕，二不孝也；不娶无子，绝先祖祀，三不孝也。三者之中无后为大。"即不孝的三件事为：一，不明确指出父母的过错，对父母的错误行为阿意曲从，陷父母于不义；二，父母年老之时，却不愿求俸禄以让父母安享晚年；三，不娶妻子，没有儿子，断绝了后代。

舜不告而娶：相传舜的父亲凶狠、生性暴烈，不同意舜娶妻，不禀告不合礼，无后又为大不孝之举，权衡再三，舜只好"不告而娶"。所以舜的作为合乎君子之举，无不孝之意。"不孝有三，无后为大"这一理念体现了中国人对于家族的绵延和继嗣的特别重视。古代的孝不仅包括"生之以养"和"死之以葬"两个层面，极为重要的一点就是保持对于先祖祭祀的延续，这种延续就必须以后嗣不绝来实现，没有后人就等于断了祖先的香火，为最大的不孝。

第217课 "舍生取义"是什么意思？

"舍生取义"是孟子提出的儒学道德典范，原文出自《孟子·告子上·鱼我所欲也》："鱼，我所欲也；熊掌，亦我所欲也。二者不可得兼，舍鱼而取熊掌者也。生，亦我所欲也；义，亦我所欲也。二者不可得兼，舍生而取义者也。生亦我所欲，所欲有甚于生者，故不为苟得也；死亦我所恶，所恶有甚于死者，故患有所不避也。如使人之所欲莫甚于生，则凡可以得生者何不用也？使人之所恶莫甚于死者，则凡可以避患者何不为也？由是则生而有不用也，由是则可以避患而有不为也。是故所欲有甚于生者，所恶有甚于死者。非独贤者有是心也，人皆有之，贤者能勿丧耳。"

其主旨就是：虽然生存是我所欲求的，但是，因为我所喜爱的东西还有比生存更重要的，所以，我不能苟活于世；虽然死亡是我所厌恶的，但是，我所厌恶的东西还有比死亡更甚的，因此对于死亡，我不会刻意躲避。这里所说的"甚于生者"就是指"义"；所说的"甚于死者"就是"不义"。于是，为了"义"，可以"舍生"；即使死掉，也不做"不义"的事。如果人们所喜爱的东西没有超过生命的，那么，凡是可以保全生命的手段，有什么不可以用的呢？如果人们厌恶的东西没有超过死的，那么，凡是可以躲避死亡之患的办法，有什么不可以用的呢？这里隐含的意思是：一旦将爱惜生命和惧怕死亡发展到极端，那么在生命受到考验的时候，人的行为就会失去准则，做出让人不齿的事情来，最终，人的价值和尊严丧失殆尽。

 第218课　如何才能做到"寡欲"？

"清心寡欲"是大众所提倡的一种生活方式，"寡"就是少、简单的意思，说白了就是人要踏踏实实地活着，欲望太多必定适得其反，而且身心疲惫，正所谓"人生有涯，欲望无界"。我国古人很早就倡导寡欲的修身理念，《淮南子》上说："约其所守，寡其所求，去其诱慕，除其嗜欲，损其思虑。约其所守则察，寡其所求则得。"人生在世，不可能没有欲望追求，而所求的范围无疑就是金钱和名利两大方面，俗话说"世人熙熙，皆为利来；世人攘攘，皆为利往"。人类这种异于其他生物的欲望注定了人们必然要承受欲望不得或欲望过激所带来的痛苦。古往今来，人们都不约而同地倡导对自身欲望进行限制。有圣人之称的儒家代表人物孔子以"君子坦荡荡，小人长戚戚"的信条活到了73岁；汉代名医华佗遵循"恬淡虚无，真气从之，精神内守，病安从来"的养生之法，年近百岁时依旧貌若童颜。宋朝朱熹在其理学思想中提倡"存天理，灭人欲"的思想，这里所指的人欲不能简单地从字面理解，实际所倡导的是人们要控制过分的生理欲望，超越"自我"，实现"真我"，减少私人的愿望。

对于寡欲的生活态度不能一概而论，过于消极的人生态度是不利于个人发展和社会进步的，正所谓"君子爱财，取之有道，用之有度"，做事脚踏实地、适可而止就可以了。正如明清时《解人颐》中的一首白话诗所说："终日奔波只为饥，方才一饱便思衣。衣食两般皆俱足，又想娇容美貌妻。娶得美妻生下子，恨无田地少根基。买到田园多广阔，出入无船少马骑。槽头扣了骡和马，叹无官职被人欺。县丞主簿还嫌小，又要朝中挂紫衣。若要世人心里足，除是南柯一梦西。"

 第 219 课　"儒家五常"说的是什么?

"仁、义、礼、智、信"，是儒家所倡导的做人的五种基本美德，孔子最早提出"仁、义、礼"，孟子把它延伸到"仁、义、礼、智"，西汉董仲舒扩充至"仁、义、礼、智、信"，后人称之为"五常"。

孔子在《礼记·中庸》中说道："人者仁也，亲亲为大；义者宜也，尊贤为大；亲亲之杀，尊贤之等，礼所生焉。"孟子在《孟子·告子上》中也提道："仁之实事亲是也；义之实从兄是也；礼之实节文斯二者是也；智之实，知斯二者弗去是也。""性善说"曰："恻隐之心，人皆有之；羞恶之心，人皆有之；恭敬之心，人皆有之；是非之心，人皆有之。恻隐之心，仁也；羞恶之心，义也；恭敬之心，礼也；是非之心，智也。仁义礼智，非由外铄我也，我固有之也，弗思耳矣。"以上这两段话都表明古人对"仁"的理解，就如我们今天所说的换位思考。人生在世，"仁"既是大众的道德标准，也是做人的最基本、最高品德。以仁为核心形成的古代人文情怀经过现代改造，可以转化为现代人文精神。义，与仁并用为道德的代表："仁至义尽"。义成为一种人生观、价值观，如"义不容辞""义无反顾""见义勇为""大义凛然""大义灭亲""义正词严"等；义是人生的责任和奉献，如义诊、义演、义卖、义务等，至今仍是中国人崇高道德的表现。礼，与仁互为表里，仁是礼的内在精神，重礼是"礼仪之邦"的重要传统美德。"明礼"从广义说，就是讲文明；从狭义说，作为待人接物的表现，谓"礼节""礼仪"；作为个体修养涵养，谓"礼貌"；用于处理与他人的关系，谓"礼让"。这些已经成为一个人、一个社会、一个国家文明程度的一种表征和直观展现。智，从道德智慧可延伸到科学智慧，把科学精神与人文精神结合和统一起来，这是我们今天仍要发扬的。信，乃人言，是说人要对自己说过的话负责任，这是做人的根本，是兴业之道、治世之道。守信用、讲信义是中华民族共认的价值标准和基本美德。

 第 220 课　"立功、立德、立言"是什么意思？

　　人们常说的"三不朽"即是对"立功、立德、立言"的统称，《左传·襄公二十四年》中说道："太上有立德，其次有立功，其次有立言，虽久不废，此之谓三不朽。""立德"，即要树立高尚的品德；"立功"，指的是为国家民族建功立业；"立言"，即提出具有真知灼见的言论。此三者是经久不废、流芳百世的。据说，历史上能够做到三不朽的只有两个半，孔子和王阳明分别是一个，曾国藩半个。当然，这种说法只是客观的流传而已，历朝历代都有身先士卒、死而后已的榜样；以身作则、教化民众的文人；保家卫国、宁死不屈的兵将。他们共同的特点就是超越了个人追求，立言于己、立功于国、立德于民，这种精神激励着每个人拼搏奋进，敢于开拓进取，有着巨大的精神能量，绝非一时的虚张声势，只求欣慰而已。

　　孔子在《大学》中提道："大学者，立德之处所；惟有先立德，才可立功；立德立功，方有立真言之力。"意思就是，一个人如果想有所作为，首先要有高尚的道德，这样才可以树立自己的威信，然后才有机会立功，功德圆满了才有立真言的能力。

在当下社会，各行各业都竞争激烈、优胜劣汰，人们在追求自己理想的同时，更应该不断告诫自己要立功、立德、立言，只有把这三点作为人生的信条，才不会因小失大，误入歧途。言行不一、道德败坏的人只是一个跳梁小丑，不要因为一时的风光背负一世的骂名。

 第221课 "克己复礼"的主旨是什么？

"克己复礼"是儒家的重要思想主张，语出《论语·颜渊》一章："颜渊问仁。子曰：'克己复礼为仁。一曰克己复礼，天下归仁焉。为仁由己，而由人乎哉？'颜渊曰：'请问其目。'子曰：'非礼勿视，非礼勿听，非礼勿言，非礼勿动。'颜渊曰：'回虽不敏，请事斯语矣。'"

这段话的主要意思是：孔子的弟子颜渊有一次向孔子请教怎么样才是做到了仁，孔子回答道：要约束自己的行为，让自己的一言一行符合礼的要求，只有真正做到了这一点才算是符合仁的定义。如果真正做到了"克己复礼"，人们自然会把你看作仁人。想要成仁，是要靠自己努力的，怎么可能会凭借别人指引呢？颜渊问道：那具体要怎样做呢？孔子道：不合礼仪的事就不要去看、不要去听、不要去说、不要去做。颜渊听完孔子的教诲后说道：我虽然不够聪明，但一定会按照先生所说的去做。

由此可以看出，"克己复礼"是成仁的基本准则。"克己复礼为仁"就是这个意思。"克"在古代有"战胜""克制"的意思。宋朝的朱熹认为："克己"的真正含义就是战胜自我的私欲，在这里，"礼"不仅仅是具体的礼节，而是泛指天理，"复礼"就是应当遵循天理，这就把"克己复礼"的内涵大大扩展了。朱熹指出，"仁"就是人内心的完美道德境界，其实也无非天理，所以能战胜自己的私欲而复归于天理，自然就达到了仁的境界。

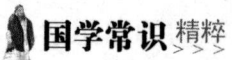

 第222课 "独善与兼济"指的是什么?

独善与兼济,是儒家倡导的修身准则,语出《孟子·尽心上》:"穷则独善其身,达则兼善天下。""独善"和"兼济"是对这段话的简单概括,其意思为:一个人在"命运不通达""不走运"的时候,更要尽量提升自己的思想境界,让自己的思想高尚起来;一个人走运得志,即飞黄腾达的时候,应当把自己的智慧与才能用以救济天下苍生。孟子也说道:"得志,与民由之;不得志,独行其道。富贵不能淫,贫贱不能移,威武不能屈,此之谓大丈夫。""得志"在古代多指在朝廷里位高权重,即所谓的"达";相反,"不得志"就是在仕途路上不尽如人意,就是所谓的"穷"。

儒家学说讲究入世主义,所谓入世的主要方式就是从政,所谓"学而优则仕""治国平天下"。但一个人的一厢情愿并不能代表仕途上的通达,孟子游说诸侯,但最终终身是布衣,孔子周游列国,四处碰壁。孔子曰:"天下有道则见,无道则隐。""不在其位,不谋其政。"意思就是出仕并不是人生唯一的出路。孟子提出"独善其身"与"兼善天下",事实上就是对孔子思想的补充,使其更为明确。一个人如果有幸参与政事,就应该以天下百姓为重,使民众受到惠泽,正如范仲淹所说"先天下之忧而忧,后天下之乐而乐",这才是为官的根本所在;相反,如果没有得到治国平天下的机会,懂得退而修身,洁身自好也不失为一种积极的人生。这两种处世之道都是积极入世的体现,"兼济"为进,"独善"为退,进退都是儒家贤圣之道。

 第223课 "上行下效"说的是什么?

"上行下效"出自班固《白虎通义·三教》:"教者,效也,上为之,下效之。"《辞典》里的解释为:"上面的人怎么做,下面的人就跟着怎么干。"上行下效多指不好的事，意在告诫位居领导、身兼要职的人要严格要求自己的一言一行，以免在社会上造成不良的影响。

汉代刘向所著的《说苑》一书里有一则关于"上行下效"的典故，大意是这样的：春秋时，齐景公自从宰相晏婴去世之后，一直没有人当面指正他的过失，因此心中感到很苦闷。有一次，景公大宴文武百官，席散之后，率众到广场上射箭取乐。每当齐景公射一支箭，即使没有射中箭靶的中心，文武百官都是高声喝彩，为他叫好，称赞齐景公箭法如神，举世无双。事后，齐景公把这件事情对他的臣子弦章说了一番。弦章对景公说："这件事情不能全怪那些臣子，古人云：上行而后下效。国王喜欢吃什么，群臣也就喜欢吃什么；国王喜欢穿什么，群臣也就喜欢穿什么；国王喜欢人家奉承，群臣也就常向大王奉承了。"景公听了弦章的话，认为弦章的话很有道理，就要派侍从重赏弦章。弦章听后摇摇头，说："那些奉承大王的人，正是为了要多得一点赏赐，如果我受了这些赏赐，岂不是也成了卑鄙的小人了！"他说什么也不接受这些珍贵的东西。后人便把"上行下效"来形容上面的人喜欢怎么做，下面的人便也跟着怎么做。

 第 224 课　"王道与仁政"是一种怎样的主张？

"施仁政，行王道"是儒家所主张的治国理念，"王道"指的就是先贤圣王之道，符合仁义治国的准则，仁政是把仁义作为治国的基本政治理念，"仁政"是"王道"的表现，"王道"是"仁政"的基础。"王道"的思想源于孔子的仁政，由孟子提出："仁也者，人也；合而言之，道也。"仁与人就像一个太极的图案，它们互为表里，而二者合起来就是"道"。"仁"的思想是孟子思想体系的灵魂，他从各个方面反复对仁进行阐释与完善。孟子在见到梁惠王时说道："谷与鱼鳖不可胜食，材木不可胜用，是使民养生丧死无憾也。养生丧死无憾，王道之始也。"仁政的理想最终指向了"王道"，这是孟子政治理想的最高境界。

孟子指出：人的天性是善良的，"恻隐之心""羞恶之心""辞让之心"

和"是非之心"是与生俱来的,称之为"四端"。它们是"仁、义、礼、智"四德的基础,这就是孟子的"性善论"。其作为孟子社会理想的支撑点,在两个方面同时显示意义。

人人都有"恻隐之心",作为统治者,要知道"以不忍人之心,行不忍人之政,治天下可运之于掌上"。"行仁政而王,莫之以御"提醒统治者要施行"仁政"。为政必须依仁而行,不仁只能自取灭亡。仁政是孟子的政治学说和他的社会理想的最基本内容,而性善论则作为其内在的依据做出最好的阐释。通俗一点说,在孟子看来,正是由于人性的善良,尤其是那些统治者本身善良,仁政才有实现的可能。

第225课　如何做到忠孝两全?

俗话说"自古忠孝难两全"。生逢乱世,想要做到忠孝两全确实是让人左右为难的。岳飞、文天祥、林则徐、关天培、邓世昌等民族英雄浴血疆场,义无反顾,留下了"忠孝难两全"的历史悲歌。

所谓忠孝两全,指对国家尽忠、对父母尽孝,两者兼顾,妥善处理。华夏大地,自古就有介子推、李密、陶侃、花木兰等忠孝两全的动人传说。对国家尽忠,是公民的天职。我国颁布的公民基本道德规范,首条要求就是"爱国"。中华民族几千年来历经浩劫、饱受凌辱,却能生生不息,走出苦难,走向复兴,根本原因,就是爱国精神代代相传。忠与孝是统一的两个方面,忠是放大的孝,孝是浓缩的忠。在忠孝发生矛盾时,就应舍小家为大家,义不容辞地服从祖国的需要。

孝敬父母,是为人的基本准则。"身体发肤,受之父母。"父母给了你生命,将你抚养成人,"谁言寸草心,报得三春晖。"有道是:"百善孝为先。"正因为此,我国古代即有举孝廉制度,强调当官必须要有孝道。听说现代有的企业招聘员工时,还加进了尽孝的内容,也是"孝"的与时俱进。我国法律明确规定,"子女对父母有赡养扶助的义务"。作为儿女,必须懂得孝敬父母，一个不知孝敬父母的人，即失去了做人的起码道义。不孝顺父母，安能孝天下？

想要做到忠孝两全，只能是辩证地对待忠孝的关系，主观上讲，效忠国家和孝顺父母是统一的，俗话说"尽忠于国，尽孝于家"；客观来说，忠孝之所以难两全，是一种不能消除的冲突，是一种必然的存在，人们只能在现实中对两者进行一定程度的协调，尽量做到两者之间的平衡。

 第226课 "君权神授"说的是什么？

君权神授是封建君主专制制度的一种政治理论，认为皇帝的权力是神给的，具有天然的合理性，皇帝代表神在人间行使权力、管理人民。据记载，在中国，夏代奴隶主已经开始假借宗教迷信进行统治。《尚书·召诰》说："有夏服（受）天命。"这是君权神授最早的记载。

殷商奴隶主贵族创造了一种"至上神"的观念，称为"帝"或"上帝"，认为它是上天和人间的最高主宰，又是商王朝的宗祖神，因此，老百姓应该服从商王的统治。西周时用"天"代替了"帝"或"上帝"，周王被赋予了"天子"的称呼。周代的铜器"毛公鼎"铭文记载："丕显文武，皇天宏厌厥德，配我有周，膺受天命。"明确地宣传"君权神授"的思想。君权神授的理论在汉代有了系统的发展，董仲舒提出了"天意""天志"的概念，并且提出了"天人相与"的理论，认为天和人间是相通的，天是有意志的，是最高的人格神，是自然界和人类社会的最高主宰，天按照自己的面目创造了人，人应按天的意志来行动。从"天人相与"的神学目的论出发，董仲舒提出"君权神授"的命题，他认为皇帝是天的儿子，是奉天之命来统治人世的，人民应该绝对服从他们，凡是君主喜欢的事，老百姓应该无条件去做。君权神授的理论，强调君权的天然合理性和神圣不可侵犯性。这种理论在中国产生了深远的影响，历代帝王以致造反的农民领袖无不假托天命，自称"奉天承运"，或者说"替天行道"，把自己的活动说成是受上天的指使，从而达到神化自己及其活动的目的。

第 227 课　"大一统"的观念是如何产生的？

中国的大一统思想由来已久。孔子心中的理想帝王就应握有一统天下的权威，所谓"礼乐征伐自天子出"。儒道墨法等各派思想中都潜藏着大一统的身影。老子主张以"一"为本，"道生一，一生二，二生三，三生万物"（《老子》第 42 章）。大一统从此有了本体论。

正式提出"大一统"的是《公羊传·隐公元年》："何言乎王正月，大一统也。"唐人颜师古说："一统者，万物之统皆归于一也……此言诸侯皆系统天子，不得自专也。"疏曰："王者受命，制正月以统天下，令万物无不一一奉之以为始，故言大一统也。"李斯更是明确提出："灭诸侯，成帝业，为天下一统。"《汉书·王吉传》中称："春秋所以大一统者，六合同风，九州共贯也。"大一统的原始意义正是消灭对手，由帝王一人统治天下。

大一统在中国之所以一成不变，一个重要的原因是，从古至今，一直有许多中国人热爱、推崇大一统。唐朝的李白赞叹道："秦皇扫六合，虎视何雄哉！"明朝的李贽在《藏书》中尊始皇为"千古一帝"。大一统的逻辑中派生出来的许多观念使得大一统在中国人的心灵中扎下根来，中国人对大一统形成了精神依赖。

第 228 课　"魏晋风度"说的是什么？

魏晋风度说的是魏晋时期名士们自信风流潇洒、不滞于物、不拘礼节的风格，以"竹林七贤"的阮籍、嵇康、山涛、刘伶、阮咸、向秀、王戎为代表。他们在生活上不拘礼法，常聚于林中喝酒纵歌，清静无为、洒脱倜傥，他们代表的"魏晋风度"得到后来许多知识分子的赞赏。

魏晋风度作为当时士族意识形态的一种人格表现，成为当时的审美理想。风流名士们崇尚自然、超然物外，率真任诞而风流自赏。晋朝屡以吏部尚书请官王右军，但屡遭拒绝。想必正是因为魏晋风度代表人物何晏精神的超俗，"托杯玄胜，远咏庄老""以清淡为经济"，喜好饮酒、不务世事，以隐逸为高等这样的人事哲学观，才能造就那传奇的《兰亭集序》。

以魏晋风度为开端的儒道互补的士大夫精神从根本上奠定了中国知识分子的人格基础，影响相当深远。可是，魏晋风度的所及也带来了弊端，许多人赶时髦，心情也并非嵇康、阮籍似的沉重，却也学他们的放达。其实现在年轻人作为对人生的爱恋、自我的发现与肯定，与东汉末期魏晋风度的价值观念是一脉相承的。而现在年轻人在追求行止姿容的漂亮和俊逸的个性上，又和魏晋风度的美学观相辅相成。

 第229课 "存天理，灭人欲"是一种怎样的思想？

"存天理，灭人欲"常被人误以为是朱熹所创，但事实上，《礼记·乐记》早就对此提出了相关的阐述："人化物也者，灭天理而穷人欲者也。于是有悖逆诈伪之心，有淫泆作乱之事。"这里所说的"灭天理而穷人欲者"就是指泯灭天理而为所欲为的人。

后人在评判"存天理，灭人欲"这一思想时常常认为"存天理，灭人欲"禁锢了人的自由等。朱熹在《朱子语类》中说："去其气质之偏，物欲之蔽，以复其性，以尽其伦。"（卷七）简单地说，朱熹主张的是明理见性，人为自己的私欲所蒙蔽，所以看不到自己的真实面貌，所以不能体悟到天地之理，要想体验到、找到万事万物的共同之理，就要除去人的私欲。孟子提出了"尽心""存心""养心"之学，"尽心"就是要在认识上达到自我超越，"知性知天"；"存心"也便是"养心"，即是养性知天，所以孟子说："养心莫善于寡欲。"（《孟子·尽心下》）孔子说："性相近也，习相远也。"（《论语·阳货》）孔子的意思是人有不同，但初始共同的地方很多，但是由于习染性情就变得很复杂多样了，这和孟子在这个问题上认为人的"真我"是一样的，为什么不同？主要是因为人的私欲，所以他提倡要超越"自我"，实现"真我"，这也就是他发挥孔子思想的一个方面，也是他给宋明理学家留下一个可以发挥的地方。程颢提出了"存天理，去人欲"的思想，他和朱熹一样是从"理"上得来的。

 第230课　"经世致用"是一种怎样的思潮？

"经世致用"这一思潮是在宋代末期产生的，也称"经世致用之学"，是为了应对社会上的政治、经济等问题而倡导的治世之学。

经世致用，就是把学术理论同社会实践结合起来，面对社会矛盾，运用自身所学的理论知识积极解决社会问题，使国家长治久安。明末清初，满清政权逐渐走上历史舞台，统治者重新拾起早已失去生机的理学，以此来巩固自己的统治地位，对民生世运的关怀却是纸上谈兵，成为泛泛之谈。一批有志之士深切地感受到清政府统治的弊端和无能之处，积极提倡经世致用的真学问和务实为宗的新学风。他们依据社会问题，结合救世济时的指导思想，提出了各种方案：政治上，猛烈地批判封建专制制度，揭露封建专制君主的罪恶，并提出了一些带有初步民主启蒙因素的主张，如黄宗羲"公其是非于学校"、顾炎武"庶民干政"的主张。经济上，针对封建的土地兼并，提出了各种解决土地问题的办法。这些办法都贯穿着"均田"的精神。他们提出的"均田"虽与农民起义提出的"均田"有根本不同，但表现出对农民问题的关心和同情。教育上，他们激烈地批判束缚思想的科学制和八股时文，注重学校教育，要求培养出真正有学问、有实际能力的有用人才。哲学上，他们各有所宗，各有所创，呈现出思想活跃的局面。由于这些方案的提出符合了社会发展的需要，对社会安定和经济发展有着积极的作用，很快在社会各阶层产生了强烈的反响，务实思潮应时而起。

第 231 课　怎样做到"无为而治"?

"无为而治"是道家的基本政治主张,最早是由老子提出来的。无为的核心是顺其自然,老子认为"我无为,而民自化;我好静,而民自正;我无事,而民自富;我无欲,而民自朴。"

老子认为天地万物都由道化生,道的本真就是自然生万物,所谓:"道生一,一生二,二生三,三生万物。"天地万物的运动变化都遵循道的规律,使其按照自身的规律自然发展,不对它强加干涉,只有这样,事物才能正常存在和健康发展。为人处世、修心养性,更应该以自然为本源,减少自己的欲望杂念,不要有贪心妄想的心态,坦然面对事物,必定会达到预期的目的。正所谓"圣人处无为之事,行不言之教"。

"上德无为而无以为""上仁为之而无以为""上义为之而有以为"。"为学日益,为道日损,损之又损,以至于无为。无为而无不为。"这些都是老子的《道德经》中阐述有关无为而治的思想。不过需要注意的是,虽说无为才能无不为,但"无为"并不表示无动于衷,什么都不做,这里指的是妄为、随意而为,只有集合民众的自为和自治,才能实现天下的长治久安。

 第 232 课　"庖丁解牛"有何养生之道?

"庖丁解牛"的典故出自《庄子·养生主》:"庖丁为文惠君解牛,手之所触,肩之所倚,足之所履,膝之所踦,砉然响然,奏刀騞然,莫不中音。合于《桑林》之舞,乃中《经首》之会。"这段话说的是,有一个名叫庖丁的厨师替梁惠王宰牛,手所接触的地方、肩所靠着的地方、脚所踩着的地方、膝所顶着的地方都发出皮骨相离声,解牛时刀子发出的声响不但有节奏性,而且合乎音律。有婉约《桑林》舞乐的节拍、《经首》曲调的节奏。

后来，人们就用"庖丁解牛"来形容经过反复的实践，掌握了事物的客观规律，技艺精湛，做起事来得心应手。梁惠王对庖丁的技艺十分惊讶，庖丁却对梁惠王说："臣之所好者，道也，进乎技矣。"意思是："我所重视的是自然的规律，早已超出了宰牛技法的追求。"紧接着庖丁又向梁惠王讲述了自己长期宰牛的经历过程，从最初宰牛时看到牛，到后来对牛的机体构造了如指掌，以至于现在宰牛时"而刀刃若新发于硎。彼节者有间，而刀刃者无厚；以无厚入有间，恢恢乎，其于游刃必有余地矣"的高超境界。梁惠王听罢，感慨万千，从庖丁解牛悟到了养生之道。宰牛和养生，两者之间看似没有联系，但庖丁解牛所掌握的技法是和自然规律的认识相通，养生之道，无外乎也离不开自然变化的规律，而真正的养生就是归于自然。

 第233课 "法""术""势"说的是什么？

"法""术""势"是法家代表人物韩非子所提倡的政治权术。韩非子的"法"是建立在类似于荀况的"性恶论"的基础之上，减少了对人性善的期望而承袭了荀况"以法制之""矫饰人之情性而正之"的主张，强调统治者应采取一种主动的姿态，用"法""势""术"相结合的"王者之道"牢牢控制被统治者。韩非子认为："民之故计，皆就安利而辟危穷"（《韩非子·五蠹》）；"君臣之际，非父子之亲也，计数之所出也"（《韩非子·难一篇》）。人天性自私，人与人之间的关系全以功利为本，毫无情感成分可言。韩非子认为，人生而好利恶害，这是人之本能，但是此种本能既非善亦非恶，只是一个客观存在的事实而已，此事实乃是一切法律制度得以建立和存在的前提。韩非子并不主张化"性"，只是主张因"性"，即利用人性的弱点建立法律制度以治天下。所以，他说："凡治天下者，必因人情，人情者有好恶，故赏罚可用。赏罚可用则禁令可立，而治道具矣。"（《韩非子·八经》）

韩非子之所以强调"术",是希望统治者以真正的"王者"姿态从具体的统治事务中独立出来,而不是身陷于琐碎事务中不能自拔。"术"是随时可以运用到立法、行政、司法过程中的灵丹妙药。虽然韩非子强调功利实效,但另一面,他也颇受老子"无为而治"的思想影响,因此并不主张统治者处处过问、事必躬亲。他认为,"圣人、明主治吏不治民"(《韩非子·外储右下》),因为"知不足以遍知物","君不足以遍知臣"(《韩非子·难三》)。

韩非子强调"法"在统治中的作用,同时突出"势"的重要性。他所认为的"势",主要指君王手中的权势、权威,即君主统治所依托的权力和威势。他认为:"君持柄以处势,故令行禁止。柄者,杀生之治也;势者,胜众之资也。""凡明主之治国也,任其势。"即把"势"看成统治者相对于被统治者所拥有的优势或特权。韩非子指出:"圣人德若尧舜,行若伯夷,而不载于势,则功不立,名不遂。"君王能够"制贤""王天下"的首要原因并不在于其能力高强、品德出众,而是由于拥有"势"而位尊权重,舍此,必将一事无成。

 第234课 "法后王"是一种怎样的政治理念?

"法后王"是荀子提出的政治主张,主张效法当代圣明君王的言行、制度,因时制宜,与"法先王"相对。

荀子所谓的"后王"既不同于其所谓"先王",也异于孟子所谓的"先王",学术界一般把荀子的历史思想概括为"法后王",使之与孟子的"法先王"相对立。其实,荀子在对待历史的态度上不仅"法后王",而且也"法先王",是后王先王并法重者。"先王"观念的形成以历史人物为摹本,凝聚了历史人物的一切智慧和才能,不是在现实层次上而是在理想层次上进行的,这是理解荀子先王特点的关键所在。

荀子所谓的"后王",是对当时理想人君的理想化描述,在"后王"身上,凝聚了新时代发展的一切要求,"后王"成为礼法、王霸、义利等品质的表征，荀子的"后王"与"先王"一样，也是在理想层次上而非现实层次上来表述的。与先王相比，荀子更注重"后王"所表征的价值和意义，荀子汲取先秦诸子的合理成分，适应了社会形势的发展，提出了义利并重、王霸兼施、礼法兼尊等一系列主张，较之孔孟儒家、商韩法家更有利于维护国家的统一，而"后王"作为理想人格的化身，正是义利、王霸、礼法等思想的综合体现，"法后王"象征着历史的进步，荀子正是通过"法后王"来阐明自己进步的历史观。

 第235课 "合纵连横"是一种怎样的政策？

"合纵"与"连横"是战国时期纵横家所宣扬并推行的外交和军事政策。苏秦曾经联合"天下之士合纵相聚于赵而欲攻秦"（《战国策·秦策三》），他游说六国诸侯，要六国联合起来西向抗秦。秦在西方，六国土地南北相连，故称合纵，与合纵政策针锋相对的是连横。

张仪曾经游说六国，让六国共同侍奉秦国。战国时期，齐、楚、燕、韩、赵、魏、秦七雄并立。战国中期，齐、秦两国最为强大，东西对峙，互相争取盟国，以图击败对方。其他五国也不甘示弱，与齐、秦两国时而对抗，时而联合。大国间冲突加剧，外交活动也更为频繁，出现了合纵和连横的斗争。合纵连横的实质是战国时期的各大国为拉拢他国而进行的外交、军事斗争。合纵就是南北纵列的国家联合起来，共同对付强国，阻止齐、秦两国兼并弱国；连横就是秦或齐拉拢一些国家，共同进攻另外一些国家。合纵的目的在于联合许多弱国抵抗一个强国，以防止强国的兼并。连横的目的在于侍奉一个强国，以其靠山，从而进攻另外一些弱国，以达到兼并和扩展土地的目的。当时最著名的纵横家除了苏秦、张仪之外，还有公孙衍。最初，合纵与连横变化无常。公孙衍、张仪、苏秦等人游说于各个国家，合纵既可以对齐，又可以对秦；连横既可以联秦，也可以联齐，这就是所谓的"朝秦暮楚"。后来，因为秦国的势力不断强大起来，成为东方六国的共同威胁，于是合纵成为六国合力抵抗强秦，连横则是六国分别与秦国联盟，以求苟安。秦国的连横活动，目的是为了破坏六国间的合纵，以便孤立各国，各个击破。

 第236课　"不战而屈人之兵"说的是什么?

"不战而屈人之兵"出自《孙子兵法·谋攻篇》："凡用兵之法，全国为上，破国次之；全军为上，破军次之；全旅为上，破旅次之；全卒为上，破卒次之；全伍为上，破伍次之。是故百战百胜，非善之善者也；不战而屈人之兵，善之善者也。"

注意：这里追求的是"全"，而不是"破"。"全"是上策，"破"则次之。要达到"全"，就需要以智取胜，而不是以力取胜。孙子说，这是用兵的法则。

由此，孙子认为，能够百战百胜，还不算是最高明的将帅；只有不战而使敌人屈服，那才称得上是高明中之最高明者。"故上兵伐谋，其次伐交，其次伐兵，其下攻城。"（《谋攻》，以下同上）孙子强调：用兵的上策是以谋略胜敌——以智取胜。其次是外交仗，再次是用武力战胜敌人。最下之策乃是攻城。"攻城之法为不得已"。因为，为了攻城，要制造战车、准备器械，这必须好几个月才能完成。垒筑用以攻城的土山，又要几个月。结果闹得将帅焦躁愤怒，兵民疲惫不堪；还要强迫士兵像蚂蚁似的去爬梯攻城，造成士兵伤亡惨重。这就是攻城的灾害。

所以，善于用兵的人，不必直接交战就能使敌军屈服，不必硬攻就能夺取敌人的城池，不必久战就能毁灭敌人的国家。"必以全争于天下，故兵不顿，而可全，此谋攻之法也。"这里，反复强调这样的思想：要获得全国、全军、全旅、全卒、全伍的"全"胜，就一定要用全胜的谋略来取胜于天下——这就是谋攻的法则，也就是：以智取胜。

第237课 "非攻"是一种怎样的军事主张?

墨子根据"兼爱"的主张,通过对社会的感触提出了"非攻"的主张。墨子从"兼爱"的理念开始极力反对战争,《墨子·非攻》中说:"今攻三里之城,七里之郭……杀人多必数于万,寡必数于千。"战争使百姓生活在"居处之不安,食饭之不时,饥饱之不节"的惊慌失措的处境,不仅如此,"入其国家边境,芟刈其禾稼,斩其树木,堕其城郭,以湮其沟池,劲杀其万民,覆其老弱,迁其重器,卒进而柱乎斗……"这都是战争悲惨场景的真实写照。墨子提出:"此其为不利于人也,天下之厚害矣,而王公大人乐而行之,则此贼灭天下之万民也,岂不悖哉!"这反映的是,战争在祸害老百姓的同时,统治者们却为了各自的名利争得不知疲倦,不惜扩大战争而置万民生死于不顾。墨子所处的时代正是诸侯割据、战事有增无减之时,战争波及之处,涂炭生灵,乐土化为废墟,和谐之家弄得妻离子散、骨肉分离。墨子对战争给社会带来的灾难有着极大的震撼,因而对霸权所产生的战争深恶痛疾,他和他的弟子们从爱护百姓的高度出发,极力反对攻伐之战,维护人间的和谐社会。

第238课 "尚贤"与"尚同"说的是什么?

"尚贤"与"尚同"是墨子提出的政治主张,他认为,即使是一般农民和工匠,只要具有一定的才能,就应该选举他为贤,给他以高位和俸禄,给予他一定的权限让他去做事。墨子认为,尚贤任能是为政之本。一个国家的贤良之士的众寡以及是否做到尚贤使能,是关系着国家的强弱或兴衰、社会的稳定或混乱之根本。他说:"尚贤使能为政也。逮至其国家之乱,社稷之危,则不知使能以治之。"也就是说,尚贤是一个国家政治的根本。如果不知道尚贤的重要性,就会导致国家混乱、政权岌岌可危。

墨子指出："官无常贵，而民无终贱，有能则举之，无能则下之。""不辨贫富、贵贱、远近、亲疏，贤者举而上之，不肖者抑而废之。"墨子的这一思想在当时突破了宗法等级制度的束缚，显示出人人平等的色彩。

"尚同"指的是统一人们的思想，墨子认为，人们的思想不统一，各种冲突就会相继而来，天下就会大乱，正所谓"一人一义，十人十义，百人百义"。墨子对此给予的对策是"选择天下贤良、明智、仁义之人立为天子，使从事乎一同天下之义"。由圣贤之人来做天子，间接地用其高尚的品德和知仁的智慧来统一天下人的思想，达到人人心理相同不二，国家社会便会永享太平盛世。在当时的社会背景下，墨子的"尚同"主张只是一种不可能实现的空想。

第239课 "外化而内不化"说的是什么？

"外化而内不化"出自《知北游》篇："仲尼曰：'古之人，外化而内不化；今之人，内化而外不化。'""外"，指人对内心之外的所有事物的态度以及外在行为；"化"就是"变化"的意思，这种变化不是说的自然变化，指的是人们对外在事物的一种心理反应，说白了就是随机应变之意；"内"，即内心，指的是人们内心所保持的一种自然本性。所以"外化而内不化"是一种豁达而坚贞的人生观的体现。

古时候的人在其外能适应环境的变化，在其内依旧能坚守高尚的情操。当今的人，其内不能恪守礼法，其外又不能适应环境的变化。顺应外物变化的人，内心纯一坚定而不离散游移，时事境迁依然能安然听任，处之泰然，安闲自得地与外在环境相顺应，处世为人游刃有余。"外化而内不化"就是希望人们不要受纷繁嘈杂的外部世界所影响，要在内心上有所坚持，否则将被大千世界所左右，从而丧失自我，不能自拔。生命有所坚持，生存才可以随遇而安。

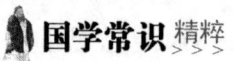

 第 240 课　"民不畏死"是一种怎样的观点？

"民不畏死"出自《老子》第七十四章："民不畏死，奈何以死惧之？若使民常畏死，而为奇者，吾得执而杀之，孰敢？向使民常畏死，常有司杀者杀。夫代司杀者杀，是谓代大匠斫，夫代大匠斫者，希有不伤其手矣。"

治理天下的基本条件就是要"以百姓心为心"——关注老百姓的根本利益。这是个大前提，这就是"恩"；有了这个"恩"做基础，才有"威"的施展余地。"威"是建立在老百姓对政府的"信"的基础上的。"信不足，焉有不信。"——老百姓不信任政府，只是因为政府自己不够诚信罢了。只要政府是真心实意地为老百姓的利益服务，老百姓又怎么会不信任政府呢？

只要满足了老百姓"甘其食，美其服，安其居，乐其俗"的生活需要，当然绝大多数人都会"畏死"——谁会能过好日子还去找死呢？但是任何社会都免不了有极少数的"为奇者"——唯恐天下不乱的人。这样的人数尽管少，但对社会安定的影响和破坏力却不小。从治理国家这个层次上来说，必须要惩罚他们，制止他们继续破坏其他大多数人享有安定幸福生活的权利。

惩罚的最高级就是死刑。前面说过，死刑是手段而不是目的。既然是手段，就要注意效果，不要适得其反。死刑只杀必须杀而且应该杀的人，这样才有震慑力和良好的社会效应。

第九章
中国人必知的国学典故

 第241课 "居安思危"是怎么来的？

"居安思危"语出春秋时期左丘明的《左传·襄公十一年》："居安思危，思则有备，有备无患，敢以此规。"说的是，春秋战国时期，齐、秦、楚、鲁、宋等12国发兵联合攻打郑国。郑国国君慌张之余，连忙向12国中最大的晋国求和，晋国同意了郑国的求和请求，并诏令其他11国也停止了对郑国的进攻，郑国送给晋国大量礼物以表感谢，包括歌女、乐师和诸多钟磬乐器，加上百余辆配齐甲兵的兵车，形成了一列小型的送礼队伍。晋国当时的国君晋饵见了这么多礼物非常高兴，当即决定把歌女赐给他的功臣魏绛，并对魏绛说道："国家能有今日的强大繁荣，你这几年的出谋划策功不可没，很多计划都付诸了实践，并取得了预想的效果，我们如此合拍和谐，真是前无古人后无来者。现在就让我们一同来享受这份荣耀吧！"但是，魏绛却婉言谢绝了晋公的美意，并劝告晋饵道："我们的国家之所以能够取得今天的成果，大王的功劳无人能及，其次才是同僚们的齐心协力，我个人的贡献又怎么值得一提呢？希望您在安逸享乐同时不要忘记国家还有许多事情需要去解决。这正如《书经》上所说：'居安思危，思则有备，有备无患。'我谨以此话来奉劝主公。"晋悼公听了这些话颇为感慨，对魏绛的卓识远见赞誉有加，并且高兴地接受了魏绛的劝谏，并以此来约束自己的所言所行。

梁代沈约的《宋书·文五王传》上说："今虽先天不违，动干休庆，龙舟所幸，理必利涉，然居安思虑，不可不惧。"宋代郭茂倩的《乐府诗集·隋元会大飨歌·皇复》上说："居高念下，处安思危，照临有度，纪律无亏。"意思是说处在安定的环境中要随时想到可能出现的逆境灾祸。心理上有所准备，就可以避免灾祸的产生。

 第 242 课　"伯牙绝弦"是怎么回事？

"伯牙绝弦"的典故出自《列子·汤问》："伯牙善鼓琴，钟子期善听。伯牙鼓琴，志在高山，钟子期曰：善哉，峨峨兮若泰山！志在流水，钟子期曰：善哉，洋洋兮若江河！伯牙所念，钟子期必得之。伯牙游于泰山之阴，卒逢暴雨，止于岩下，心悲，乃援琴而鼓之。初为霖雨之操，更造崩山之音。曲每奏，钟子期辄穷其趣。伯牙乃舍琴而叹曰：善哉，善哉！子之听夫志，想象犹吾心也。吾于何逃声哉？子期死，伯牙谓世再无知音，乃破琴绝弦，终身不复鼓。"这段话说的主要意思是：伯牙是位很有名的琴师，琴艺精湛。但能用心灵听懂他的曲子的人却只有子期一人，伯牙弹琴的时候，心里所想的是雄伟的泰山，子期听后由衷地赞叹道："好啊！有如泰山的雄伟！"伯牙鼓琴时心里想到浩瀚的江河，钟子期感慨道："太好了，宛如长江的浩瀚！"无论伯牙弹琴时心里想到什么，钟子期都能清楚地道出他的心声。钟子期去世后，伯牙认为世界上再也没有像子期的知音了，于是断了琴弦，终生不再弹琴。

《吕氏春秋·本味篇》也记载了同样的故事。人生在世，知音难觅，知己难求，后人常用"俞伯牙摔琴谢知音"来形容朋友之间纯真的友谊。《高山流水》一曲更是因此被人们广泛熟知，成了中国古典十大名曲之一。

 第 243 课　"不学无术"说的是谁？

"不学无术"，出自东汉班固的《汉书·霍光传》："然光不学无术，暗于大理。"原意是因没有学问而没有办法，后来统称为没本领、没知识。

汉武帝在位时，霍去病是当朝出类拔萃的武将，深得武帝赏识，并托子于臣，把年幼的汉昭帝刘弗陵托付给霍去病的弟弟霍光。汉昭帝去世后，霍光立刘询为帝，史称汉宣帝。霍光掌汉朝大权40余载，为汉室的兴盛立下了显著的功勋。宣帝刘询即位以后，立许妃为皇后。但霍光的妻子霍显为人贪图荣华，一心想把自己的小女儿成君嫁给刘询做皇后，乘许皇后患病的时候买通女医，下毒害死了许后。后来此举败露，女医被严惩。霍光对于此事一无所知，霍显事后畏惧自己的罪行才告诉霍光。霍光非常惊恐，责怪霍显不应该办这种蠢事，有心告发，但却不忍自己的妻子被惩治，最终决定将此大逆不道的事情隐瞒下来。霍光死后，朝中老臣向汉宣帝告发此案，宣帝下令对此事进行追查。霍显听说后急忙与家人亲信商讨对策，最终决定召集族人造反，不料风声败露，宣帝派重兵将霍家包围，霍显落了个满门抄斩的结果。东汉的历史学家班固在《汉书·霍光传》中评价霍光的功过时说道"不学无术，暗于大理"，意思就是"不读书，无学识，不明白关乎大局的道理"。

 第244课 "穷兵黩武"指的是谁?

"穷兵黩武"出自《三国志·吴书·陆抗传》："而听诸将徇名，穷兵黩武，动费万计，士卒雕瘁，寇不为衰，见我已大病矣。"

三国时东吴的名将陆抗，年幼的时候就追随父亲征战沙场，20岁时就被委任为建武校尉。但东吴的君主孙皓却荒淫无道，滥用酷刑对宫女随意杀戮。陆抗对此甚为不满，多次劝谏他廉政爱民，加强对外敌的防守。但孙皓对此置之不理，依旧我行我素。公元272年，西陵守将步阐投降晋朝，陆抗紧急征讨步阐，并下令军民加固城墙。工事完毕后，晋军已经发兵西陵接应步阐，陆抗率领军队痛击来援的晋军，对西陵发起猛烈攻势，很快就破城而入，将叛将步阐处死。晋军守将羊祜见陆抗善守能攻，因此对东吴采取缓和之策，把掠夺的东吴儿童放回，送绢帛给东吴作为庄稼的补偿，将猎获的已经负伤的鸟兽送还东吴。陆抗也明白羊祜的用意，下令百姓善待晋商。两国还互派使者频繁往来，以示友好，两国边境出现了繁荣的景象。孙皓听到这种状况后，派人责问陆抗，陆抗回答道："一乡一县尚且不能丢失信义，何况大国呢！我如果不这样应对，反而会显出羊祜品德高尚，增加他的威望，与我有害而无益。"孙皓听后无话可说，但依旧趁机攻打晋国，不断兴师动众，劳苦百姓。陆抗因此上疏孙皓道：不断的战争已经使国库空虚，当务之急应该加紧农事，增加粮食生产，以仁义来安抚百姓。任用大量兵力，好战不止，必将适得其反，自取灭亡。"但孙皓对此毫不理会。陆抗去世后，晋军沿长江东下大举讨伐东吴，吴国国君"穷兵黩武"，最终被晋国所灭。

第 245 课　"沧海桑田"一说出自哪里？

"沧海桑田"这个典故出自东晋葛洪的《神仙传·麻姑》："汉孝桓帝时，神仙王远字方平，降于蔡经家……麻姑至，蔡经亦举家见之。是好女子，年十八九许，于顶上作髻，余发垂至腰，其衣有文章，而非锦绮，光彩耀目，不可名状，入拜方平，方平为之起立。坐定，召进行厨，皆金盘玉杯，肴膳多是诸花果，而香气达于内外。蔡脯行之，如柏实，云是麟脯也。麻姑自说云：'接侍以来，已见东海三为桑田。向到蓬莱，水又浅于往者，会时略半也，岂将复为陵陆乎？'方平笑曰：'圣人皆言，东海行复扬尘也。'"这段说的是：汉朝孝桓帝时期，有名叫麻姑和王远的仙人，一日，他们相约到蔡经家去饮酒。到了约定当天，王远乘坐麒麟兽，带着美酒佳肴先到了蔡经家，与蔡经寒暄过后在庭院里等待麻姑的到来，片刻之后，麻姑姗姗而至。只见麻姑秀发垂至腰间，面容姣好，看起来年龄不过十八九岁，衣服上的花纹光彩夺目，世间罕见，看得蔡经一家瞠目结舌。大家相互施礼之后，王远吩咐开宴。宴席所用的餐具全部都由金玉制成，别致精美；盘杯盛放奇花异果，皆世间罕见。席语之间，麻姑对大家说道："自从我得道成仙接受天命以来，已经亲眼所见东海曾三次变为桑田。刚才路过蓬莱一带，看见海水又比之前浅了一半，难道这次，东海又将变成陆地了吗？"王远听罢叹息道："圣人常说，大海的水的确在下降。不久之后，那里又将尘土飞扬了。"后来人们常用"沧海桑田"来比喻世事变化很大。

 ## 第 246 课 "众怒难犯"是怎么回事？

"众怒难犯"出自《左传·襄公十年》："众怒难犯，专欲难成，合二难以安国，危之道也。"

春秋时期，子驷掌握郑国朝政大权，朝中大夫尉止向来与子驷不和，最终导致尉止纠集宗族的一伙人发动叛乱。他们集结军队打进宫廷，子驷及宫廷守卫猝不及防，在混乱之中被杀死，尉止将子驷宗亲全部杀死，还将郑简公劫持到北宫。司徒子孔因为事先对尉止叛乱有所耳闻，所以提前做了准备，逃过此劫。事后他与子产一起平定了叛乱，将尉止等叛乱分子全部处死。从此以后，子产执政郑国。他制作盟书，严禁官员擅自脱离岗位，并随时准备听候他的调遣，朝中有些士大夫和将领不肯服从，子孔准备将这些人一一杀掉。子产阻止了他的行为，请求烧掉盟书，子孔不同意，对子产说道："制作盟书是为了安定国家，众人发怒就烧了它，就变成众人当政，国家不是很为难了吗？"子产说："众人的愤怒不可冒犯，专权的愿望难于成功，如果把这两件困难的事合在一起来稳定国家，这是危险的举措，不如烧掉盟书来安定民心。这样，您得到预想的结果，众人也能够安定，不也是很好的吗？倘若专横暴躁，一意专权，会触犯大众而招来灾祸。身为君主，您一定要顾及大夫们的情绪，听从他们的意见啊！"子孔听后恍然大悟，马上听从了子产的劝谏，当众烧毁了盟书，使郑国稳定了下来。

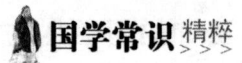

 第247课 "草木皆兵"的典故出自哪里？

"草木皆兵"出自《晋书·苻坚载记》："坚与苻融登城而望王师，见部阵齐整，将士精锐；又北望八公山上草森皆类人形，顾谓融曰：'此亦劲敌也，何谓少乎？'忱然有惧色。"另见"八公山上，草木皆兵""风声鹤唳，草木皆兵"。说的是中国历史上一次著名的以少胜多的战役——淝水之战。

公元383年，控制了北部中国的秦王苻坚率领90万兵将，准备对东晋实施进攻。晋王朝派出大将谢石、谢玄领兵八万前去迎敌。秦军气势汹汹，一路势如破竹，很快便攻占了寿阳。苻坚获悉晋军兵力不足，难以抵挡秦军攻势，就想抓住战机迅速出击，以求以少胜多，不料，苻坚一到寿阳，立即派原东晋襄阳守将朱序到晋军大营去劝降。朱序到晋营后，不但没有劝降，反而向谢石提供了秦军的情况。他说："秦军虽有百万之众，但还在进军中，如果兵力集中起来，晋军将难以抵御。现在情况不同，应趁秦军未全部抵达的时机，迅速发动进攻，只要能击败其前锋部队，挫其锐气，就能击破秦百万大军。"谢石起初认为秦兵强大，打算坚守不战，待敌疲惫再伺机反攻。听了朱序的话后，谢石认为很有道理，便改变了作战方针，决定转守为攻，主动出击，急命五万精兵夜袭秦军大营。高傲轻敌的秦军被打得丢盔弃甲，伤亡惨重。秦军此战大伤元气，士气低落，人心涣散。苻坚登上寿春城，只见晋军队伍整齐，士气高涨。放眼背面的八公山，风吹草动，活脱脱一幅晋军埋伏其中的景象。苻坚见此惊慌失措，后悔当初轻视敌军。出师不利的阴影令他诚惶诚恐，下令将军队退到淝水北岸扎营，企图依靠地势扭转局势，但却因此中计，苻坚最终落荒而逃。

第248课 "以人为鉴"说的是哪位帝王？

"以人为鉴"说的是唐太宗李世民悉心听取大臣魏徵的事迹。原文是这样说的："郑公魏徵卒，徵寝疾。上与太子同至其第，指衡山公主以妻其子叔玉。征薨，上自制碑文，并为书石。谓侍臣曰：人以铜为鉴，可正衣冠；以古为鉴，可知兴替；以人为鉴，可明得失。朕尝保此三鉴以防己过。今魏徵没，朕亡一鉴矣。朕比使人至其家，得书一纸，始半稿，其可识者曰：'天下之事有善有恶，任善人则国安，用恶人则国弊。公卿之内，情有爱憎。憎者唯见其恶，爱者止见其善。爱憎之间，所宜详慎。若爱而知其恶，憎而知其善，去邪勿疑，任贤勿猜，可以兴矣。'其大略如此，朕顾思之，恐不免斯过。公卿侍臣可书之于笏（hù），知而必谏也。"

其意思如下：郑国公魏徵卧病在床时，李世民率太子一起来到他的府第探望他，趁魏徵尚在人世，下令把衡山公主指给魏徵的儿子叔玉为妻。魏徵死后，太宗李世民亲自为其撰文，并且刻于石碑上。皇上对众臣慨叹道："人以铜镜为鉴，可以把衣帽穿戴得整齐端正；以历史为鉴，可以了解国家的兴亡更替；以他人作为对照，可以清楚自己的得失成败。我曾经以这三种事物来防止自己出现过失。现在魏徵死了，我就失去了其中的一样了。我曾经派人到他家，寻得一本文稿，才撰写了一半，依此可以明白：'天下之事有好有坏。贤人执政，国家就会安定；恶人参政，国家就会衰败。爱憎之间，应该斟酌仔细。假如对喜爱的人能了解他的缺点，憎恶的人能知晓他的长处，去除邪恶不迟疑，任用贤能不猜疑，国家就可以兴盛了。'书中所说的大致内容就像这样。我常常思考这件事，唯恐免不了犯错。公卿侍臣，可以书写在笏板上，知道需要进谏的地方一定要进谏。"

| 第 249 课 "东道主"一说是怎么来的?

"东道主"典出《左传·僖公三十年》:"若舍郑以为东道主,行李之往来,共其乏困,君亦无所害。"

鲁僖公三十年(公元前 630 年),晋文公和秦穆公的联军攻打郑国国都。郑文公连夜召见老臣烛之武,商讨解围的办法,并最终派烛之武去说服秦穆公退兵,烛之武见到秦穆公后,利用秦晋两国的不和谐因素,巧妙地对秦穆公进行说服,他对秦穆公说道:"秦国与晋国都是大国,秦晋联军攻打郑国,郑国必定朝不保夕。但郑国与秦国并不相邻,中间还有晋国阻隔,倘若郑国灭亡了,大王您跨越晋国而设置管辖是很难实现的,这样一来,灭郑的结果只是增加了晋国的实力,晋国每增加一分实力,秦国的实力就会随之削弱一分哪!倘若大王能把郑国留下,并令其作为秦国东方道路上的主人,秦国的使者往来于郑国,足可以用郑国之力来满足秦国货物的供应补给,这对于秦国来说是有利的。况且晋国也在大国之列,俗话说'二虎相争,必有一失',晋国的吞并欲望也是永无止境的,当年晋惠公因受秦国的帮助而允诺将瑕、焦二地赠予秦国,可等到他回国之后却食言背约,将二地设置的防卫解除。现今郑国灭亡后,晋国必然会依大好的地理优势进攻秦国。"烛之武最终说服了秦穆公退兵,晋文公势均力敌,也只得退兵。后来,东道主一词常常被指代主人或请客的人。

 | 第 250 课 "远交近攻"的策略是谁提出来的?

"远交近攻"语出《战国策·秦策》。范雎曰:"王不如远交而近攻,得寸,则王之寸;得尺,亦王之尺也。"这是范雎对秦王进谏的一种军事理论。

战国末期,七雄逐鹿,秦国因商鞅变法的改革,生产力发展迅猛,秦昭王开始图谋吞并六国，称霸中原。公元前270年，秦昭王准备进军齐国，范雎此时向秦昭王提出"远交近攻"之策，劝阻昭王攻齐。他说：齐国实力雄厚，而且与秦国相隔甚远，攻打齐国要经过魏、韩等国。耗资巨大，发兵少了，难保取胜；人数众多，损耗严重，胜利了也不能完全占有齐国的大规模土地。我们应该先攻打邻国韩、魏，稳中求胜，逐步推进，以防齐国与韩、魏结盟，大王应派使者主动与齐国结盟。秦昭王采纳了范雎的建议。其后40余载，秦始皇仍然坚持"远交近攻"的策略，远交齐楚，攻下郭、魏，然后两翼进兵，完胜赵、燕，统一北方；击破楚国，平定南方；最后平定齐国。征战10年，最终实现了统一中国的愿望。

远交近攻这种普及的军事外交策略不仅在国内被历代军事家广泛应用，在世界范围内都有巨大的影响，印度和日本是运用我国这一策略的典型代表。各大国家的领导者也把它作为政治战略。新中国成立后，我国提出了"与邻为善""以邻为伴""睦邻富邻""实现共同发展""建立协商对话，维护地区安全和世界和平的机制"的和平发展的外交战略，坚持和平共处，实现共同繁荣。

 第251课 "尔虞我诈"之说是怎么来的？

尔虞我诈，语出《左传》："我无尔诈，尔无我虞。"春秋时期，楚国称霸中原，楚庄王因派访到齐国的使臣半路被宋国所杀而出兵伐宋，大军很快将宋国都城包围，但从公元前595年秋出兵，一直打到次年夏天，仍未攻破宋国的城池，楚军士气低落，楚庄王决定退兵。

申舟的儿子申犀得知后，对庄王说道："当初我父亲置生死于不顾，也要遵从大王您的命令。您现在怎么能丢弃为其报仇的诺言，一意退兵呢？"庄王听了无言以对。这时，旁边庄王驾车的大夫申叔时献计道："可以在这里让士兵盖房舍、种田，装作要长期留下。这样，宋国就会因害怕而投降。"

庄王采纳实施了申叔时的计策，宋国人见了果然畏惧。宋国大夫华元鼓励守城军民背水一战，决不轻言投降。一天深夜，华元悄悄潜入楚军营地，来到楚军主帅子反的营帐里，登上子反的卧榻说道："宋国君王叫我把当前的处境告诉您：城内早已缺粮，百姓只能依靠交换死去的孩子当饭吃。柴草也早已烧光了，大家用拆散的尸骨当柴烧。尽管如此，我们宁死也不会和你们签订丧权辱国的城下之盟的。但如果楚军肯退兵30里，那么宋国会同意楚国提出的任何条件！"子反听后心有余悸，当场先和华元私下约定，然后再禀告楚庄王。庄王本来就想撤军，自然同意了此事。第二天，楚军退兵30里。于是，两国和谈。华元到楚军中签订了盟约，盟约上写着："我无尔诈，尔无我虞！"意思就是彼此信任，没有欺骗。

 | 第252课　"功人功狗"指的是什么？

　　"功人功狗"典故源自《史记·萧相国世家》：（汉高祖）既杀项羽，定天下，论功行封。群臣争功，岁余功不决。高祖以萧何功最盛，封为酂侯，所食邑多。功臣皆曰："臣等身被坚执锐，多者百余战，少者数十合，攻城略地，大小各有差。今萧何未尝有汗马之劳，徒持文墨议论，不战，顾反居臣等上，何也？"高帝曰："诸君知猎乎？"曰："知之。""知猎狗乎？"曰："知之。"高帝曰："夫猎，追杀兽兔者狗也，而发踪指示兽处者人也。今诸君徒能得走兽耳，功狗也。至如萧何，发踪指示，功人也。且诸君独以身随我，多者两三人。今萧何举宗数十人皆随我，功不可忘也。"这段话的意思是：汉高祖刘邦打败项羽、平定天下后，对手下的文臣武将论功行赏，群臣互相争夺，过了一年多却还是议而不决。高祖认为萧何的功劳最大，封为酂侯，赏给他许多采邑。其他有功之臣极为不满，都说："我们身披铠甲，手执兵器，舍生忘死地征战沙场，多达百余战，少说也有数十战，攻取城池、抢夺土地，大大小小都立有不同的战功。而萧何从未在战场上立过大功，只会舞文弄墨空发议论。他不参加战斗，反而功居其他人之上，这是何道理呢？"高祖说："你们知道打猎吗？"众臣答道："知道。"高祖又问："你们知道猎狗吗？"众臣又答道："知道。"高祖接着

说："打猎时，追杀捕捉野兽狡兔的是狗，而发现野兽狡兔踪迹的却是人。你们诸位功臣只会猎取走兽，是有功的狗；而萧何却能发现走兽的踪迹，指示出追逐的方向，是有功的人。况且你们每个人只是孑然一身跟随我，顶多不过带上二三个人。而萧何带领全家族数十个人跟随着我，他的功劳是不可忘的啊。"听了高祖这番言语，那些大臣都不敢说话了。今天的"功人功狗"就是从这个故事来的。"功狗"比喻一件事情的直接实行者；"功人"比喻做成功一件事情的指挥者。用"功人功狗"比喻有功的谋臣武将。

 第253课 "百步穿杨"说的是谁？

"百步穿杨"出自《史记·周本纪》："楚有养由基者，善射者也，去柳叶百步而射之，百发而百中之。"《战国策·西周策》上说："楚有养由基者，善射；去柳叶百步而射之，百发百中。"

据说楚国有个著名的射箭手，名叫养由基。此人年轻时就勇力过人，练成了一手好箭法。当时还有一个名叫潘虎的勇士，也擅长射箭。由于两人的箭术很精，都互相看不起对方，都说自己的箭术才是最准的。有一天，两个人又比上了，许多人都围着观看。靶子设在50步外，那里撑起一块板，板上有一个红心。潘虎拉开强弓，一连三箭都正中红心，博得围观的人一片喝彩声。潘虎也扬扬得意地向养由基拱拱手说："请多多指教！"养由基微微一笑，说："射50步外的红心，目标太近、太大了，还是射百步外的柳叶吧！"潘虎一听他要射100步外的柳叶，觉得他是在说大话。养由基说："你等着瞧吧！"说罢，他指着百步外的一棵杨柳树，叫人在树上选一片叶子，涂上红色作为靶子。接着，他拉开弓，"嗖"的一声射去，结果，箭正好贯穿在这片杨柳叶的中心，在场的所有人都为这种不可思议的箭术惊呆了。潘虎心想：这怎么可能呢？世上根本没有这么高明的箭术。于是，他便走到那棵杨柳树下；选择了三片杨柳叶，在上面用颜色编上号，请养由基按编号次序再射。他想：这次看你怎么射？上次只是你的运气罢了！养由基向前走几步，看清了编号，然后退到百步之外，拉开弓，"嗖""嗖""嗖"三箭，分别射中三片编上号的杨柳叶。潘虎看到这种情况，大声惊呼：真是好箭法啊！在场的人在惊呆了一下之后，都发出了喝彩声。就在一片喝彩声中，有个人在养由基身旁冷冷地说："喂，有了百步穿杨的本领，我才可以教他射箭！"养由基一听，心想：此人口气好大啊，于是，转过身去问道："你准备怎样教我射箭？"那人平静地说：我并不是来教你怎样拈弓射箭，而是来提醒你该怎样保持射箭名声的。养由基问：你说怎么保持呢？那人说：你是否想过，一旦你力气用尽，只要一箭不中，你那百发百中的名声就会受到影响。一个真正善于射箭的人，应当注意保持名声！养由基听了这番话，觉得很有道理，再三向他道谢。

第254课　"不入虎穴，焉得虎子"说的是谁？

典故出自《后汉书·班超传》："班超曰：'不入虎穴，不得虎子。当今之计，独有因夜以火攻虏，使彼不知我多少，必大震怖，可殄尽也。'"

东汉时，汉明帝派遣班超去驻守新疆，与当地的鄯善王结盟。班超带着一队人马，历尽千难万险，冲破重重阻碍，千里迢迢来到了新疆。鄯善王听说班超出使西域，亲自出城迎接，以东道主的身份把班超奉为上宾。班超向鄯善王说明来意，鄯善王很高兴。几天之后，匈奴也派使者来和鄯善王联络感情。鄯善王热情款待他们。匈奴人在主人面前说了东汉许多坏话，鄯善王顿时黯然神伤，心绪不安。第二天，他拒不接见班超，态度十分冷淡，他甚至派兵监视班超。班超立刻召集大家商量对策。班超说："只有除掉匈奴使者才能消除主人的疑虑，两国和好。"可是班超他们人马不多，而匈奴兵强马壮，防守又严密。班超说："不入虎穴，焉得虎子！"这天深夜，班超带了士兵潜到匈奴营地。他们兵分两路，一路拿着战鼓躲在营地后面，一路手执弓箭刀枪埋伏在营地两旁。他们一面放火烧帐篷，一面击鼓呐喊。匈奴人大乱，结果全被大火烧死、乱箭射死。鄯善王明白真相后，便和班超言归于好。

 第 255 课　"多多益善"的说法是怎么来的？

出自《史记·淮阴侯列传》：上尝从容与信言诸将能不，各有差。上问曰："如我，能将几何？"信曰："陛下不过能将十万。"上曰："于君何如？"曰："臣多多而益善耳。"上笑曰："多多益善，何为我禽？"信曰："陛下不能将兵，而善将将，此乃信之所以为陛下禽也。且陛下所谓天授，非人力也。"

其意思是：刘邦打败项羽称帝以后，封韩信为楚王。可是刘邦为人多疑、狡诈。没过多久，刘邦接到告密，说韩信整合了项羽的部下钟离昧的军队，有谋反的企图。刘邦便采用陈平的计策，假托自己巡游云梦泽之说，暗中派遣诸侯前往陈谒会合。韩信闻听此事后，杀了钟离昧来见刘邦，刘邦下令逮捕了韩信，并说道："有人告你谋反。"随后给韩信戴上囚械，押往洛阳。回到洛阳后，刘邦查悉韩信并无造反之意，念其战功显赫，就把韩信贬为了淮阴侯。其实刘邦很妒忌韩信的才能，深知其领兵征战之力无人能及，况且在鸿门宴时，韩信极力建议项羽杀掉刘邦，刘邦心里早有除掉韩信之意。有一天，刘邦和韩信闲谈带兵之能，刘邦问道："若我亲自带兵，能统率多少兵马？"韩信答道："陛下只不过能统领 10 万人马。"刘邦说："那你能统率多少呢？"韩信回答说："我带兵是越多越好。"刘邦笑道："越多越好，为何你却听命于我？"韩信说："陛下不善用兵，但却善于领将，这就是我韩信为什么听命于陛下的原因。而且陛下的天授帝王之相，不是通过后天努力就能达到的。"

一代将才韩信最终没有逃过王室的屠刀，汉十年（公元前 197 年），刘邦亲率大兵前去征讨陈豨谋反，吕后把韩信诱骗进宫，设计将年仅 33 岁的韩信杀死于长乐钟室。

第256课　"为虎作伥"一说是怎么来的？

"为虎作伥"的说法出自《太平广记》卷四百三十引唐朝裴铏的《传奇·马拯》："此是伥鬼，被虎所食之人也，为虎前呵道耳。""伥"说的是鬼名，古代迷信认为，被老虎吃掉的人，他的鬼魂又会帮老虎害人，称为伥鬼。现代比喻帮助恶人作恶，坏人的帮凶。

有关"为虎作伥"一说，流传着一个小故事。古代有个叫马拯的书生，喜爱游山玩水。某日，马拯来到南岳衡山，被衡山秀丽的风光吸引，忘情游玩，尽情在丛林间游走，不知不觉太阳西下，已至黄昏，下山肯定是没希望了。正在他着急之余，一个猎人朝他招手致意，猎人近前对马拯问道："你是什么人，这么晚了还不下山？"马拯把他尽兴游玩以致忘了时间的事告诉了猎人。猎人说道："丛林里有很多老虎，天色已晚，你就不要走了，回我的草屋暂过一夜吧。"夜里，马拯恍惚听到屋外有人讲话的声音，马拯披衣起身，借着月光果然看见一大群人刚从附近走过，他们看见猎人设置的陷阱，气恼地叫道："是谁在这里暗设机关谋害我家大王！真是太大胆了！"说着，众人争先恐后地拆掉了机关，招呼着继续向前走去，马拯见状赶紧叫醒猎人，把刚才眼见的一切如实告诉了猎人。猎人对他说道："那些并不是人，是被老虎吃掉后的鬼魂，叫作伥。他们变成伥鬼后就会为老虎效劳，夜晚老虎准备出来觅食之前，便叫他们开路。刚才他们所说的大王就是老虎。我们赶紧去把机关修好，老虎不久就会来了。"二人重新架好机关回屋，没多久就听见老虎的狂叫声，只见老虎从山顶直蹿下来，一下陷进了猎人的机关，被弩箭命中身亡。老虎的哀嚎声惊动了不远处的伥鬼，他们跑到老虎的身边伤心地哀叫。马拯出屋厉声骂道："你们这些伥鬼，生前明明命丧虎口，现在还执迷不悟，定会遭到天谴的。"众鬼听后羞愧而退。

第 257 课　"投笔从戎"说的是谁？

语出《后汉书·班超传》：为人有大志，不修细节。然内孝谨，居家常执勤苦，不耻劳辱。有口辩，而涉猎书传。永平五年，兄固被召诣校书郎，班超与母随至洛阳。家贫，常为官佣书以供养。久劳苦，尝辍业投笔叹曰："大丈夫无它志略，犹当效傅介子、张骞立功异域，以取封侯，安能久事笔砚间乎？"左右皆笑之。超曰："小子安知壮士志哉！"后超出使西域，竟立功封侯。

班超，字仲升，扶风平陵人（今陕西咸阳东北）人，是东汉时期有名的军事家、外交家。年幼时的班超天资聪慧，在家孝敬长辈，经常不知辛苦地劳作。永平五年，其哥哥班固入朝任校书郎一职，班超和母亲跟随到洛阳。家境虽贫，但班超胸怀大志，为人做事不拘小节，经常靠给官府抄写文书来养家度日。日久天长，班超不禁感叹："大丈夫没有别的深谋远略，应该效仿傅介子、张骞立功在异地，并因此被封侯，怎么能长期忙碌于笔砚之间呢？"旁边人都取笑他，班超说道："心无志向的人怎么知道壮士的雄心壮志呢！"

后来，班超入朝为官，成了一名武将，在对匈奴的战争中屡建奇功。他向皇帝建议和西域各国友好往来，以便共同压制匈奴。朝廷采纳了他的建议，派他带着数十人出使西域。在西域的 30 多年中，凭借过人的智慧和胆量渡过各种危机。经过班超的不懈努力，先后使鄯善、于阗、疏勒三个西域国家恢复了与汉朝的友好关系。

 第 258 课　"千金买骨"是怎么回事？

"千金买骨"之说出自《战国策·燕策一》：古之君人，有以千金求千里马者，三年不能得。涓人言于君曰："请求之。"君遣之，三月得千里马。马已死,买其骨五百金,反以报君。君大怒曰:"所求者生马,安事死马而捐五百金?"涓人对曰:"死马且买之五百金,况生马乎?天下必以王为能市马,马今至矣!"于是,不能期年,千里之马至者三。

"千金买骨"其实是战国时期燕王的卿客郭隗向燕昭王进谏时举的一个事例。公元前314年,燕国内乱,邻国乘虚而入,占领燕国大部分土地。燕昭王为了平息内乱,面向社会提出了广招天下贤才的口号,但前来投奔的人却寥寥无几。于是,燕王就向郭隗请教如何才能招揽贤才。

郭隗给燕昭王讲了一个"千金买骨"的故事:从前有一位国君,下令手下用千金买一匹千里马。但这位属下遍访国中所有养马之人也没有买到。终于有一次,他打听到某地有一匹良马。不幸的是,等他赶到时,马已经死了。于是,他就用500两黄金买了马的骨头,回去献给国君。国君看后大怒,训斥道:"五百黄金竟然买回一堆马骨,拿回来给我又有什么用?"买马骨的人却说:"我这样做,是为了让天下人都知道,大王您是真心实意地想出高价钱买马,并不是欺骗别人。"不出所料,不到一年时间,就有人送来了三匹千里马。

郭隗讲完上面的故事对昭王说道:"大王要是真心招揽人才,也要像买千里马的国君那样,让天下百姓知道您是真心求贤。您可以先从我开始,众人看到我这种人都能受到您的重用,天下贤良肯定会主动来投奔您的。"昭王认为有理,就拜郭隗为师,在朝执政,并让他修筑了"黄金台",作为招纳天下贤士人才的地方。消息传出后不久,贤人志士纷纷前来投奔燕昭王,使燕国最终强盛起来,打败了齐国,夺回了被占领的田地。

第259课 "鸡鸣狗盗"出自哪里?

"鸡鸣狗盗"之说出自《史记·孟尝君列传》,指微不足道的本领或偷偷摸摸的行为。

齐国的孟尝君喜欢广招门客,有"门客三千"之称。有一次,孟尝君带领宾客出使秦国，秦昭王有意将他留下任相国，孟尝君迫于无奈只好留下。可是秦国大臣们却劝秦王说："留下孟尝君对秦国是不利的，他出身齐国的王族，在齐国有丰厚的封地，怎么可能会实意为秦国效力呢？"秦昭王于是下令把孟尝君和他的手下人软禁起来，伺机杀掉。孟尝君得知后，连忙向秦昭王的宠妃求助，这个妃子深得昭王宠爱，昭王对她百依百顺。不过她给孟尝君的条件是拿齐国那件绝无仅有的狐白裘为报酬。可那件狐白裘在孟尝君刚到秦国时便献给了秦昭王。正在孟尝君苦恼之际，有一个门客说："我能把狐白裘找来！"说完后就转身离去。原来这个门客的拿手绝活就是钻狗洞偷东西。他先摸清了昭王放狐白裘的地点，趁着月光，轻易地钻进储藏室把狐裘偷了出来。妃子见到狐白裘后十分高兴，说服秦昭王放弃了杀孟尝君的念头，并准备亲自为他饯行，送他回齐国。孟尝君不敢再等，生怕秦王发现狐白裘之事，立即率众人连夜偷偷骑马向齐国飞奔。到了函谷关正值深夜，秦国规定，函谷关每天鸡啼之时才可开门，一个门客就学起了鸡叫，引发附近村子的雄鸡都跟着叫起来。守关的士兵虽觉奇怪，但也只得按照规定起来打开关门，孟尝君在其宾客的帮助下顺利逃回了齐国。

 | 第 260 课 　"结草衔环"指的是什么？

　　"结草衔环"是"结草"和"衔环"两个典故的统称。"结草"的典故见于《左传·宣公十五年》。据书中记载，晋国大夫魏武子有个十分宠幸的妾，名叫祖姬。魏武子曾多次叮嘱儿子魏颗，自己死后，一定要给祖姬寻个好人家嫁出去。后来，魏武子患了重病，卧床不起，临终之时让他的儿子在他死后把祖姬殉葬。等到魏武子死后，魏颗按照父亲最初的嘱托，给祖姬选了一个好人家，嫁了出去。公元前 594 年，秦国出兵伐晋，魏颗被封为统帅与秦国大将杜回交战，二人激战之时，出现一位老者，使用叶草编织的绳子将杜回绊倒，魏颗趁机俘虏了杜回，晋军大获全胜。当晚，

魏颗梦见白天那位结草相助的老者，老人对他说，他是祖姬的父亲，为了报答魏颗对祖姬的救命之恩，特化作草绳来助魏颗一臂之力。

关于"衔环"的典故，《后汉书·杨震传》中载道：杨震的父亲杨宝年幼的时候曾在华阴山救了一只受伤的黄雀，并将它带回家，每天都用黄花喂养。黄雀伤愈离去的那天深夜，杨宝梦见一位身着黄衣的小童对他说："我乃是西王母手下的侍童，幸得先生仁义相救，才得以保全了性命。"然后赠给杨宝四枚白环，说道："此环可保恩公世代子孙身居高职，而且清廉从政。"果然，杨宝的后世子孙个个刚正不阿、为官清廉。后来人们将这两个典故合并，用"结草衔环"泛指受到别人的恩惠后懂得知恩图报的事例。

 第261课　"孺子可教"说的是谁？

"孺子可教"出自西汉司马迁的《史记·留侯世家》：父以足受，笑而去。良殊大惊，随目之。父去里所，复返，曰："孺子可教矣！"意为年轻人有出息，可以造就。关于"孺子可教"还有一个脍炙人口的典故。

张良，字子房，汉高祖刘邦的谋臣，秦末汉初时优秀的军事家、政治家，他原是韩国的公子，姓姬，因刺杀秦始皇未遂，逃到下邳隐匿，改名为张良。有一天，张良来到下邳附近的圯水桥上闲游，在桥上遇到一位衣衫褴褛的老人，那个老人的一只鞋掉在桥下，看到张良走来，便叫道："喂！小伙子！你替我去把鞋捡起来！"张良心中很不痛快，但他看到对方年纪很老，便下桥把鞋捡了起来。老人随后又说道："把鞋给我穿上。"张良很不高兴，但转念想到鞋都拾起来，又何必计较？就恭敬地替老人穿上鞋。老人起身，一句感谢的话也没说，转身离去了。老人走了一段路，返身回来，对张良说道："你这小伙子很有出息，值得我深教。五天后的早上，到桥上来见我。"张良连忙答应。第五天一大早，张良便早早地来到桥上。但老人已先到了，生气地说："五天之后，早些来这里见我！"又过了五天，张良起了个早，赶到桥上，不料老人又先到了，老人说："五天后再来。"又过了五天，张良刚过半夜就摸黑来到桥上等候。天蒙蒙亮时，他看到老人一步一挪地走上桥来，赶忙上前搀扶。老人拿出一部《太公兵法》交给张良，说："你要下苦功研读这部书。通读之后，就可以做帝王的老师。"张良对老人表示感谢后，老人扬长而去。后来，张良精读《太公兵法》，在战场上屡建奇功，成了汉高祖刘邦手下的重要谋臣，为刘邦建立大汉立下了汗马功劳。

 | 第262课　"金龟换酒"是怎么回事？

　　"金龟换酒"出自李白《对酒忆贺监诗序》："太子宾客贺公，于长安紫极宫一见余，呼余为'谪仙人'，因解金龟，换酒为乐。"金龟是唐代官员的一种佩饰。"金龟换酒"形容为人心胸开阔、恣情纵酒。

　　贺知章，唐越州永兴（今浙江萧山）人，晚年由京回乡，居会稽鉴湖，自号四明狂客，人称酒仙。唐天宝三年，贺知章因病告老还乡，好友李白深情难舍，作《送贺宾客归越》一诗："镜湖流水漾清波，狂客归舟逸兴多。山阴道士如相见，应写黄庭换白鹅。"表达了他对贺知章的深厚感情和再次见面的愿望。不幸的是，贺知章回乡不到一年，便仙逝道山，李白因此十分悲痛，写下了《对酒忆贺监》二首，其中序言说道："太子宾客贺公，于长安紫极宫一见余，呼余为'谪仙人'，因解金龟，换酒为乐。怅然有怀，而作是诗。"其一："四明有狂客，风流贺季真。长安一相见，呼我谪仙人。昔好杯中物，今为松下尘。金龟换酒处，却忆泪沾巾。"其二："狂客归四明，山阴道士迎。敕赐镜湖水，为君台沼荣。人亡余故宅，空有荷花生。念此杳如梦，凄然伤我情。"说的是贺知章邀李白对酒共饮，不巧的是，这一天贺知章没带酒钱，于是毫不犹豫地解下随身佩戴的金龟换酒，与李白开怀畅饮，二人一醉方休。可见，往日与好友贺知章"金龟换酒"一事，给李白留下了不可磨灭的印象，看得出二人交情由来已久，感情深厚。在《重忆》一诗中："欲向江东去，定将谁举杯？稽山无贺老，却棹酒船回。"说明李白深刻怀念着贺知章。

第263课 "孟母三迁"是为何？

"孟母三迁"说的是孟子的母亲为了给孟子提供一个良好的学习氛围，三次搬家的故事。《三字经》里说："昔孟母，择邻处。"说的就是此事。

孟子是战国时期鲁国伟大的思想家，有"亚圣"之称，其影响力仅次于孔子。孟子很小的时候便失去了父亲，他的母亲一直希望孟子将来有所成就，能够报效国家，光宗耀祖。起初母子二人住在墓园附近，年幼的孟子经常和邻居小伙伴一起学大人披麻戴孝、跪拜哭号和鼓乐吹打的样子，以此为趣。孟母看到后，感觉这样的环境不适合孟子成长，便带着孟子搬到集市周围。没过多久，孟子又学起了商家做生意的套数，连杀猪宰羊的把式也模仿得惟妙惟肖。孟子的母亲知道后，眉头紧皱，又带着孟子将家迁到了学堂附近。这次，孟子看到学堂里的学生学习诗、书、礼、仪很感兴趣，经常和小朋友模仿先生教学生演戏周礼。孟母见到孟子的行为后很满意，就把家安置在了这里。在孟母的精心教导下，孟子发愤图强，专心读书，终于成了儒家学派的代表人物之一，受到后人的广泛传颂，孟子的母亲更是成了后人教育子女的典范。

第264课 "南柯一梦"是怎么回事？

"南柯一梦"的典故出自唐朝李公佐的小说《南柯太守传》，后人常用"南柯一梦"形容一场大梦，或比喻空欢喜一场。

隋唐末年有一个叫淳于棼的人，整日爱好饮酒作乐，他家的庭院中有一棵枝繁叶茂的大槐树，盛夏之夜，淳于棼常在树底下乘凉小憩。某日恰逢淳于棼过生日，他便在槐树下摆上几桌酒席，宴请亲朋好友。酒席过后，亲友们都各自回家了，淳于棼带着几分醉意在大槐树下歇凉，伴着徐徐的晚风，不知不觉就睡着了。梦中，淳于棼被两个使臣邀去了"大槐国"。正赶上国内举行选拔官员考试，他报考了三场，文章写得一气呵成。等到公榜之时，他名列第一，因此得到了皇帝赏识，招为驸马，官封南柯太守。30年后，不但功成名就，而且子孙满堂。不料有一年邻国大举侵犯"大槐国"，国内将士奋力迎敌，但都抵不过敌军的攻势。皇帝惊慌，连忙召集大臣商讨退敌之策，大臣们提起前线战事，个个面色苍白，更不用说商讨对策了，这时有人向皇帝推荐政绩显赫的南柯太守淳于棼，皇帝立刻下令，派淳于棼统领重兵与敌军作战。可他对兵法一窍不通，交战开始就损失惨重，自己也险些命丧黄泉。

皇帝知道后，下令撤销淳于棼的一切职务，贬为平民，遣回老家。淳于棼回想自己一世英名毁于一旦，大惊而醒。他按梦境寻找线索，发现所谓的"大槐国"就是家中槐树洞里的蚂蚁窝，自己做太守的地方就是南枝下的另一个蚁窝。

 第265课 "奇货可居"说的是什么？

语出《史记·吕不韦列传》："吕不韦贾邯郸，见（子楚）而怜之，曰：'此奇货可居。'"

异人是秦国太子安国君的儿子、秦王的庶孙，被困在赵国邯郸做人质，日常车马供给都不充盈，生活窘迫，郁郁不得志。阳翟大商人吕不韦到邯郸做生意，见到了异人，知道他的底细后，意识到这是上天赐给他的一笔大生意，于是用重金买通了看管异人的公孙乾，以此拉近与异人的关系。二人结识后，吕不韦对异人说道"我可以提高你的门第！"异人知道他只是经商之人，便笑着说道："你还是先提高自己的门第吧！"吕不韦说："我的门第要靠你的门第来提高。"异人知道吕不韦另有所指，便邀他一起细谈。吕不韦说："秦王已经老了，太子安国君宠幸正妻华阳夫人，但华阳夫人却无子。你兄弟20余人中，你排行居中，受不到重视，长期在外沦为人质。太子即位后，你很难和其他兄弟争得继承人之位，只有疏通华阳夫人，让她立你为继承人，你才有机会坐享荣华。"于是吕不韦买通了华阳夫人的姐姐，通过她向华阳夫人说了许多关于异人的好话，并透露异人想认华阳夫人为生母。华阳夫人听后十分高兴，当即应允了此事。后来吕不韦又买通秦昭襄王王后的弟弟杨泉君，使异人回到了秦国。后来异人成为秦王，吕不韦被封为丞相。在这笔"奇货可居"的生意中，吕不韦最终收获了丰厚的报酬。

 第 266 课　"请君入瓮"是什么意思？

"请君入瓮"语出《资治通鉴·唐纪·则天皇后天授二年》："兴曰：'此甚易尔！取大瓮，令囚入中，何事不承！'俊臣乃索大瓮，火围如兴法，因起谓兴曰：'有内状推兄，请兄入此瓮。'兴惶恐叩头伏罪。"比喻以其人之道还治其人之身。

唐朝武则天当政时期，任用了大量酷吏来巩固自身的统治，其中以周兴和来俊臣最为狠毒狡诈，冤死在他们手里的人不计其数。一日，武则天接到一封告发周兴与人谋反的密信，武则天震怒之余下令来俊臣严查此事。来俊臣知道周兴为人奸诈狡猾，仅凭一封密信无法让周兴供出实情，但万一审查无果，太后定会大发雷霆，自己也小命不保。思索再三，他终于想到一个万全之策。几天后，来俊臣准备了一桌丰盛的酒席，把周兴请到家中吃酒。席间，来俊臣借着周兴酒兴和他讨论起近期犯人审问的情况，并向周兴讨教如何应对死不认罪的犯人。周兴得意地叫来俊臣找来一个大瓮，四周生起炉火加热，阴笑着对来俊臣说："如果把犯人丢进瓮里，还有谁敢不招供呢？"来俊臣盯着被烧热的大瓮点头称是，然后对周兴说道："朝廷有人说你密谋造反，上面令我严查此事，现在就请周兄自己进入瓮里吧。"周兴闻言，惶恐万分，连忙跪在地上磕头服罪。后人常用"请君入瓮"来比喻那些自作自受的人。

第267课 "丧家之犬"的典故出自哪里?

《史记·孔子世家》中说:"东门有人,其颡似尧,其项类皋陶,其肩类子产,然自要以下不及禹三寸,累累若丧家之狗。"比喻居无定所、到处乱窜的人。

孔子曾周游列国,推行儒家政治思想。一次他与他的弟子前往郑国,途中相互走散。于是,孔子登上郑国的城墙东门张望,子贡正在城中向百姓打听孔子的踪影,有一个郑国人对子贡说:"东门上站着一个人,他的额头像尧,脖子像皋陶,肩膀与子产相似,但是腰部以下比夏禹差三寸,面容憔悴,疲劳得像失去主人的小狗。"子贡找到孔子后,将实际情况告诉了孔子,孔子欣然笑道:"我的样子倒并不是像他说的那般,但是要说我像失去主人、四处流浪的丧家之犬倒是很对啊!"孔子被世人称为孔圣人,但当初周游列国之时也会处处碰壁,不尽如人意,有如"丧家犬"一般,可正如孔子本人所说"若圣与仁,则吾岂敢"的道理一样,孔子安贫乐道,志向高远,对"丧家之犬"之称亦认为羞愧难当。

对于孔子来说,颠沛流离、无家可归的"丧家之犬"是可怜的;麻木不仁、精神扭曲的"丧家之犬"才是可耻的。做人当如孟子所说的"富贵不能淫,贫贱不能移,威武不能屈"的"大丈夫"。千百年来,人们依然把"不为五斗米折腰""宁死不食嗟来之食"的精神广为传颂。孔子能在异地他乡,四处碰壁的时候说出这番话,可见其心胸宽广的大丈夫风度。

 第268课 "退避三舍"说的是什么?

"退避三舍"出自《左传·僖公二十二年》,比喻为了避免与人冲突而主动做出让步。

春秋时期,晋国公子重耳因奸臣陷害,被晋献公逼迫在外流亡19年,几经波折之后，重耳来到了楚国，楚成王盛情接待了他，一日，楚成王设宴招待重耳，酒宴中，楚王问道："如今我如此礼遇于你，如果将来你返回晋国，登上了王位，你准备怎样报答我呢？"重耳思索后答道："金银珠宝、绫罗绸缎、男女侍仆您已经不计其数；鸟羽兽毛、皮革象牙都是楚国的特产。晋国所有的也都是出自您这里的。如果我能托大王的福赐重返晋国，一旦晋楚两国发生战事，我就令晋军退避90余里。如果此举还不能得到大王的认同，那我只好身披战甲与您交战。"当时的楚国大夫子玉劝成王杀掉重耳。楚成王说："重耳志向远大，为人诚恳忠义。他的仆人都对他忠贞不贰，可见晋公子的高尚品德。如今晋王众叛亲离，众人憎恨。如此境况只有重耳才能挽救，这是天意，没人能够违背的。"四年之后，成王果然把重耳送回了晋国，重耳依靠自己的德才做了晋文公。公元632年，晋楚两国交战于城濮，重耳果然遵守了自己的诺言，下令队伍退避三舍，楚军傲慢轻敌，最终不敌晋军，失败而归。后来的军事以"退避三舍"比喻以退为进，避开与对方的正面冲突。

 第 269 课　"望梅止渴"是怎么来的？

梅子味酸，吃梅子的时候会产生大量津液，因而止渴。望梅止渴的意思就是还没有吃到梅子，仅凭眼望也会起到止渴的作用。

这个典故出自《世说新语·假谲》。一年夏季，曹操率军讨伐张绣，天气炎热无比，如下火一般，士兵行进在弯曲的山路上，两旁滚烫的山石和茂密的草丛让人呼吸困难，所有将士都汗如雨下，衣襟尽湿，体弱者已经晕倒在路边，行军速度非常缓慢。曹操眼见酷热难耐，人马俱乏，唯恐贻误战机，就把向导叫到跟前问道："附近可有水源？"向导答道："山谷的另一边有水，可路程太远，将士无力前行。"曹操思索片刻，生得一计，翻身上马，飞奔至队伍前面，翘首扬鞭指着前方喊道："前方就有一大片梅林，梅树已经硕果累累，我们加快脚步，转过这个山丘就可以到达梅林了！"士兵们听后，精神振奋，依靠"望梅止渴"的力量终于找到了前方的水源。

望梅止渴的典故道出了生活中一个十分常见的心理现象——联觉。说白了就是条件反射、心理暗示。正如不同的色彩会给人不同的感觉；不同的音律会产生不同的心情一样。曹操利用"望梅止渴"解了行军之围，生活中，我们也要学会在身处逆境的时候，懂得自我减压，相信自己能力的同时，更要学会换一种角度去思考问题。

 第270课 "狡兔三窟"出自什么典故？

"狡兔三窟"比喻为人处世要像聪明的兔子一样做好充分的准备，制订出多种解决问题的方案，以致不会一条路走到黑。语出《战国策·齐策四》："狡兔三窟，仅得免其死耳。今有一窟，未得高枕而卧也。"

战国时期，齐国的相国孟尝君众多的门客中有一个叫冯谖的人。孟尝君感觉此人好吃懒做，整日无所事事，就派他到债务难收的薛地去收取旧债，并叮嘱他用收回的银两买些家里缺少的物品。冯谖到了薛地后，用收上来的欠款大摆酒宴，邀请所有的债户来喝酒，并将还不起债务的人的欠款免除。欠债的人们大为不解，冯谖说道："这是孟尝君对大伙的恩德。"众人欢呼雀跃，十分感激孟尝君。冯谖回到孟尝君的府邸后，孟尝君大怒，冯谖心平气和地说道："公子生活富足，衣食无忧，最为缺少的就是'义'。那些付不起欠款的人，就算等上十年八年，也依旧难以偿还债务，面对我们的讨还，必会逃往异地，颠沛流离。我烧毁了穷人们的债券，百姓定会对您感恩戴德，各地颂扬您的美名，我正是用这种方式为公子将义买回来了啊。"

后来，孟尝君被齐王废除相位，不得已退居薛地。薛地的百姓听到孟尝君来此的消息后，男女老少自发组成队伍前去迎接孟尝君。此时，孟尝君才领悟到冯谖的用意，就把冯谖奉为了上客。冯谖对孟尝君说道："狡猾机灵的兔子有三个洞穴，这样它才能免遭猎人的捕杀。如今您只有一个洞穴，还不能做到高枕无忧，就让我再为您建两个洞穴吧。"获得孟尝君的允许后，冯谖带着重金前往魏国，游说魏国聘孟尝君为相国，在冯谖的努力下，魏王决定用重金聘请孟尝君为相。但冯谖早已告诉孟尝君对魏国之请拒礼不就，魏国使臣几次来访都无法说动孟尝君。齐王知道此事后，赞叹孟尝君的品德，便恢复了孟尝君的相位。之后，冯谖又向孟尝君建议向齐王求赐王室祭器，以此在薛地修建宗庙供奉，齐王必然会派兵守护，这样就间接地保护了薛地不受侵扰。宗庙建成之后，冯谖对孟尝君说："现在三个洞已经建好，您可以高枕无忧了。"

第十章
中国人必知的军事常识

 | 第271课　我国古代十大兵书有哪些?

　　古代历史的发展大都伴随着朝代的更替，而战争无疑是改朝换代的常用手段，正如《西游记》中孙悟空说的"皇帝轮流做，明年到我家"。根据战争的经验教训，古人整理总结出了许多军事著作，而古代"十大兵书"就是诸多著作中的代表。

　　《孙子兵法》，又称《孙子》，是我国现存最早的兵书，由春秋末期著名的军事家孙武所著，与《战争论》《五轮书》合称为世界三大兵书。现存包括《始计篇》《作战篇》《谋攻篇》《军形篇》《兵势篇》《虚实篇》《军争篇》《九变篇》《行军篇》《地形篇》《九地篇》《火攻篇》《用间篇》。

　　《孙膑兵法》，古称《齐孙子》，战国时期齐国孙膑所作，全书共89篇，图四卷。隋朝以前曾经失传，1972年考古工作者在山东临沂西汉墓中发现其残简。

　　《吴子》，战国时期吴起所著，魏文侯和魏武侯整理收集。《汉书·艺文志》记载《吴起》一书共48篇，但已失传，现在的《吴子》共有《图国》《料敌》《治兵》《论将》《变化》《励士》六篇。

　　《六韬》，相传为周朝的太公吕尚（姜子牙）所著，后经考察发现，《六韬》在战国时期就已经成书。全书对权谋之道有详细独到的见解，被

231

誉为兵家权谋的始祖。

《尉缭子》，战国晚期关于政治军事论述的著作，传说为战国时期尉缭所作。《尉缭子》反对迷信鬼神，主张依靠人的智慧，具有唯物主义的思想。对政治、经济和军事关系的认识非常深刻。

《司马法》，春秋时期齐国大将司马穰苴所著，成书于战国初期，共150篇，现仅存五篇。书中详细记载了殷周到春秋、战国时期的作战原则和方法，对研究这一时期的军事发展提供了宝贵资料。

《太白阴经》，唐朝李筌所著，全名为《神机制敌太白阴经》。全书10卷，现存《墨海金壶》、平津馆影宋抄本等。

《虎钤经》，宋代著名兵书，北宋许洞所著，历经四年成书，全书共20卷、210篇，收录210个问题。该书现存明嘉靖刊本。

《纪效新书》，中国明代军事训练为主的兵书，著名抗倭将领戚继光于嘉靖三十九年在抗倭战争中写成。共18卷、卷首一卷。

《练兵实纪》，是戚继光在蓟镇练兵时撰写。全书正集九卷、附杂集六卷，与《纪效新书》合称为《练兵实纪》。全书内容广泛，详细论述了兵员选拔、部伍编制、旗帜金鼓、武器装备、将帅修养、军礼军法等作战相关的事宜。

 第272课　有第一部军事教科书之称的是哪部著作？

《武经七书》是北宋朝廷作为官书颁行的兵法丛书，是中国古代第一部军事教科书。它由《孙子兵法》《吴子兵法》《六韬》《司马法》《三略》《尉缭子》《李卫公问对》七部著名兵书汇编而成。北宋政府颁行《武经七书》是遵照皇帝赵顼（即宋神宗）的旨意进行的。为适应军事斗争、教学、考选武举的需要，宋神宗于元丰三年（公元1080年）命令当朝最高学府国子监司业朱服等人组织力量校订、汇编、出版上述七书。武学博士何去非参与了此项工作。校订这七部兵书用了三年多的时间，到元丰六年（公元1083年）冬才完成了刊行的准备工作。校订后的这七部兵书命名为

《武经七书》，共25卷。这是北宋朝廷从当时流行的340多部中国古代兵书中挑选出来的，作为武学经典。可见，这七部兵书是何等重要。它是中国古代兵书的精华，是中国军事理论殿堂里的瑰宝。它不仅是中华民族的精神财富，也是世界人民共同的精神财富。它奠定了中国古代军事学的基础，对中国和世界发展近代、现代军事科学起了积极的作用。校定、颁行《武经七书》，是北宋朝廷在军事理论建设上的一个贡献。

 第 273 课　"三十六计"主要包括哪些内容？

"三十六计"或称"三十六策"，是指中国古代36个兵法策略，语源于南北朝，成书于明清。它是根据我国古代卓越的军事思想和丰富的斗争经验总结而成的兵书，是中华民族悠久文化遗产之一。

全书除了檀公策外，每字包含了三十六计中的一计，依序为：金蝉脱壳、抛砖引玉、借刀杀人、以逸待劳、擒贼擒王、趁火打劫、关门捉贼、浑水摸鱼、打草惊蛇、瞒天过海、反间计、笑里藏刀、顺手牵羊、调虎离山、李代桃僵、指桑骂槐、隔岸观火、树上开花、暗度陈仓、走为上、假痴不癫、欲擒故纵、釜底抽薪、空城计、苦肉计、远交近攻、反客为主、上屋抽梯、偷梁换柱、无中生有、美人计、借尸还魂、声东击西、围魏救赵、连环计、假道伐虢。为便于人们熟记这36条妙计，有位学者在36计中每取一字，依序组成一首诗：金玉檀公策，借以擒劫贼，鱼蛇海间笑，羊虎桃桑隔，树暗走痴故，釜空苦远客，屋梁有美尸，击魏连伐虢。

 第 274 课　"元帅"一词是怎么来的？

汉语"元帅"一词最早出现在公元前633年的春秋时期，其名源于《左传·僖公二十七年》（公元前633年）所载晋文公的"谋元帅"（即考虑中军主帅人选），晋国名将先轸在城濮之战与崤之战中屡立战功，成为我国历史上第一位有元帅头衔并有着元帅战绩的军事统帅。当时只是表示对"将帅之长"的称呼，还不是官职名称。从南北朝起，元帅逐渐成为战时统军征战的官职名称，如北周宣政元年（公元578年），宣帝宇文邕任命其叔父宇文盛和宇文招为"行军元帅"，率军作战。唐李渊入关后，设有左右元帅。唐代有元帅、副元帅等战时统帅。元帅常以皇子或亲王担任，副元帅常以有威望的大臣担任。唐太宗李世民在继承皇位以前曾担任过"西讨元帅"。宋靖康时以康王赵构为天下兵马大元帅以拒金兵；金侵宋时亦设都元帅、左右副元帅，多由亲王任职，权位极重，非定职。元代外省和边疆常设有都元帅、元帅府或分元帅府及置达鲁花赤、元帅等，为地区军事长官。元末地主武装首领多称元帅。明代在枢密院之下设诸翼元帅府，任命元帅、同知元帅等官职，统军征战。元、明两朝的元帅职权较前减轻，仅为二、三品官职。

 第275课　"将军"一词是怎么来的？

春秋时期以卿统军，故称卿为将军；一军之帅称将军。见《国语·晋语四》《左传·昭公二十八年》："岂将军食之而有不足。"此皆非正式官名，到战国时期始为正式官名，而卿仍称将军。见《史记·廉颇蔺相如列传》；又置前后左右将军，秦因之。汉置大将军、骠骑将军，位次丞相；车骑将军、卫将军、前后左右将军，位次上卿。见《汉书·百官公卿表上》。西汉还有"中将军"，见《汉书·卫青霍去病传》《史记·卫将军骠骑列传》。晋朝有骠骑、车骑、卫将军，有伏波、抚军、都护、镇军、中军、四征、四镇、龙骧、典军、上军、辅国等大将军，开府者位从公，不开府者秩二品。三品将军秩二千石。见《晋书·职官志》。晋代诸州刺史多以将军开府，都督军事。南北朝时，将军名号极多，权位不一。自唐以后，上将军、大将军、将军，或为环卫官，或为武散官。宋、元、明三朝，多以将军为武散官；殿廷武士也称将军。明清两代，有战事出征，置大将军和将军，战争结束则

234

免。清朝，将军为宗室爵号之一；驻防各地的军事长官也称将军。见《通典·职官十·武官上·将军总叙》。

 第276课　秦国的军功爵分为哪些等级？

军功爵制的出现和确立，在先秦军事史上具有划时代的意义。在春秋以前，列国普遍存在"世卿世禄"制度。国家在选拔人才，包括军事将领时，实行"亲亲尊尊"路线，主要在奴隶主贵族中选取。平日村社各级首领，战时也就是各级军官。战场上军功一律记于村社首领名下，普通士兵无论在战争中立下多大功劳都被看作是因村社土地关系而产生的义务，军功不会改变他们的社会地位。战国时，列国推行的变法运动有力地打击了旧贵族特权。而废除"世卿世禄"制度就为新的军功爵制出台准备了社会条件。秦是推行军功爵制最彻底的国家，对当时和后世的影响也最大。其军功爵共分为20个等级，依次是：一为公士，二为上造，三为簪，四为不更，五为大夫，六为公大夫，七为官大夫，八为公乘，九为五大夫，十为左庶长，十一为右庶长，十二为左更，十三为中更，十四为右更，十五为少上造，十六为大上造，十七为驷车庶长，十八为大庶长，十九为关内侯，二十为彻侯。

 第277课　烽火台是怎么来的？

烽火台的建筑早于长城，但自长城出现后，长城沿线的烽火台便与长城密切结为一体，成为长城防御体系的一个重要组成部分，有的甚至就建在长城上，特别是汉代，朝廷非常重视烽火台的建筑，在某些地段，连线的烽火台建筑甚至取代了长城城墙建筑。长城沿线的烽火台的建筑与长城一样，是"因地制宜，就地取材"，在西北的烽火台多为夯土打筑，也有用土坯垒筑；山区的多为石块垒砌；中东部的自明代有用砖石垒砌或全砖包砌的。烽火台的布置除有建在早期长城干线上之外，一般分为三种：一种在长城城墙以外沿通道向远处延伸，以监测敌人动向；另一种在长城城墙以内，与关隘、镇所、郡县相连，以便及时组织反击作战和坚壁清野；还有一种在长城两侧，秦汉时有建在长城上的，以便于迅速调动全线戍边守兵，起而迎敌。早期还有与都城相联系的烽火台，以便尽快向朝廷报警。

第278课 "十八般兵器"都有哪些？

我国古代有"十八般武艺"的说法，对于"十八般兵器"之说并没有专门的定义。大多数人也认为，"十八般兵器"一说也是源于"十八般武艺"的概念。明朝的谢肇淛所著的《五杂俎》指出"十八般武艺"为："一弓、二弩、三枪、四刀、五剑、六矛、七盾、八斧、九钺、十戟、十一鞭、十二锏、十三挝、十四殳、十五叉、十六把、十七绵绳套索、十八白打（徒手相搏）。"成书于同一朝代的长篇小说《水浒传》提到的十八般兵器为："矛锤弓弩铳，鞭锏剑链挝，斧钺并戈戟，牌棒与枪杈。"即矛、锤、弓、弩、铳、鞭、锏、剑、链、挝、斧、钺、戈、戟、牌、棒、枪、杈。

事实上，中国武术上所用到的兵器远不止18种，长兵、短兵加上各种奇门兵器，总数恐怕百种有余。而且通过以上所述可以看出，古代兵器种类丰富：长的、短的、明的、暗的、带钩的、带刺的、带尖的、带刃的、善攻的、利防的、劈的、刺的、挡的、射的，等等，"十八般"只是实战最为常用的代表兵器。

近代梨园界有人把十八般兵器称之为刀、枪、剑、戟、斧、钺、钩、叉、鞭、锏、锤、抓、镋、棍、槊、棒、拐、流星锤共18种。然而最普遍的说法可以用20个字概括：刀枪剑戟，斧钺钩叉，镋棍槊棒，鞭锏锤抓，拐子流星。

第 279 课　剑为什么被称为"短兵之祖"？

　　据史料记载，剑产生于黄帝时代。《黄帝本纪》云："帝采首山之铜铸剑，以天文古字铭之；又据管子地数篇云：昔葛天卢之山发而出金，蚩尤受而制之，以为剑铠。"黄帝与蚩尤都曾经以剑为军队的主要兵器。

　　黄帝东周时期，铸造的剑大多是青铜剑，青铜剑的剑身较短，形状与柳叶相似，制作工艺比较粗糙。春秋时期，青铜剑的制造工艺达到鼎盛时期，可以量身订制青铜剑，并且有了一套系统的铸剑方法。《周礼·考工记》云："周官桃氏为剑，腊广二寸有半，两从半之，以其腊广为之。茎圆长倍之。中其茎，役其后，身甚五其茎，重九锊（周礼六两半为一锊），谓之上制，上士服之。身长四其茎，重七锊，谓之中制，中士服之。身长三其茎，重五锊，下士服之。"又《考古记》云："剑，古器名，两刃而有脊，自背至刃，谓之腊，或谓之锷（古代剑身称作"锷"）。背刃以下，与柄分隔青，谓之首（剑盘），首以下把握之处曰茎（剑柄），茎端旋环曰铎。"可见当时的铸剑水平已经相当成熟，剑柄、剑身都可以因人所需而量身铸造，而且剑的形状也可以任意打造。当时吴越两国的铸剑技术较为先进，并且把剑身加长，广泛配发给军队使用。有"天下第一剑"之称的越王勾践剑就形成于这个时期，此剑长 55.7 厘米，宽 4.6 厘米，剑柄长达8.4 厘米，剑重 875 克，剑身布满了分布规则的菱形暗格纹路，剑身上用鸟篆铭文刻了八个字"越王勾践，自作用剑"。

　　战国晚期，随着冶铁技术的发展和铁器的广泛使用，青铜剑逐渐走向了没落。等到西汉以后，铁制兵器已经彻底取代了青铜兵器，青铜剑也从此退出了历史舞台。剑这种兵器，不仅是古代战争的主要兵器，而且在众多兵器当中，剑的出世最为古远，而且经久不衰，故被后人冠以"短兵之祖"的美称。

| 第 280 课　被称作"百兵之胆"的是哪种兵器?

　　《孙子兵法》中说:"刀者,百兵之胆也,其精为麒麟。军中以刀为主要武器,其意也在与此。"作为古代的十八般兵器之一,刀的使用由来已久。早在原始社会时期,古人们就用兽骨、石头等质地坚硬的东西磨制成形状各异的刀,以便生产采集和捕猎鸟兽,不仅可以作为劳动工具,还可以作为防身的武器随身携带。

　　作为我国最早发现的青铜兵器,铜刀的出现拉开了刀的发展序幕。商朝产生的青铜刀,刀身较宽,刀尖形状多为上翘,人们主要用来屠宰牲畜、削砍器物和防身自卫,并未正式用于战场。到了周朝时期,人们注重佩剑,不喜欢佩刀。当时的青铜刀质地较脆,缺乏韧性,而且与当时的铜剑相比,做工粗糙、体形笨拙,大不如青铜剑锋利精巧、方便实用。秦朝钢铁冶炼兴起之后,刀的制作水平才得以改善,不仅加长了刀身,而且还有了佩刀与战刀之分。当时的战争中,战车早已退出了战场,骑兵取而代之成了作战主力,有劈砍挥杀优势的钢刀被大量使用。

　　唐朝时期,"灌钢法"代替了百炼法,使钢刀的质地更加锋利坚韧。而且根据实际情况的需要,把刀分为横刀、鄣刀、仪刀三种。横刀是军队专配战刀;鄣刀是为官吏佩刀;仪刀是皇朝禁卫军的武器。明朝时,"腰刀"成了军队的主要武器。腰刀刀身狭长,呈弯曲状,刀刃结合倭刀的特点予以加长,大大增加了刀的劈杀力。清朝时期,刀的种类更为繁多,其中被战场广泛使用的是双手带刀和腰刀。当时的腰刀身长三尺二寸,柄长三寸,方便骑兵作战。双手带刀柄长一尺五寸,可以两手攥握,刀刃宽大厚重,在近身交战时,一刀可斩断敌首或四肢。

第281课 "百兵之王"说的是哪种兵器？

枪，是我国古代一种长柄的刺击兵器，由矛演变而来，长而锋利，招式灵活多变，以杀伤力威猛著称，被人们称为"百兵之王"。

枪的长度与人体直立，达到手臂向上伸直时的高度。枪的招式以拦、拿、扎为基本动作。扎枪讲究平正迅速，直出直入，力求做到出枪如潜龙出海，收枪如猛虎归穴。枪法在十八般武艺中比较难学，不容易掌握，俗话说："年拳，月棒，久练枪。"除了招式众多外，用枪的方式方法也有很高的讲究，除了崩、点、穿、劈、圈、挑、拨等常用方法外，要求身法灵活多变，步法快捷稳健，正所谓"开步如风，偷步如钉"。除此之外，枪的套路也是百家争鸣，各有所长，如锁口枪、六合枪、杨家枪、四平枪、梨花枪，等等。

作为古代战场上使用最广的长形刺兵，枪矛可谓是独领风骚数百年。据史料记载，汉朝时期，矛、戟已经广泛用于军队，但当时的长矛刀刃锐长，还未与矛头分离，不便操作。到了晋朝时开始流行用枪，枪头青铜制，枪体也比以前缩小，已经趋于后世的铁枪。唐宋时期用枪较为普遍，名将辈出，如罗成侄子罗焕的八宝玲珑枪、罗成特有的宝枪——丈八三棱五钩神飞亮银枪、秦叔宝的金纂提炉枪、尉迟恭的八宝龟背驼龙枪、女将樊梨花的凤嘴梨花枪、抗金名将岳飞的沥泉神枪、杨六郎（杨延昭）的蟠龙金枪、杨衮的金轮火尖枪，等等。

古代以枪为主的军队中，明朝女将秦良玉统率的白杆兵比较著名。白杆兵一律使用白蜡树做柄的长枪，枪头佩戴带刃的钩，下配坚硬的铁环，作战时，钩可砍可拉，环则可做锤击武器，必要时将数杆长矛环钩相接，就可作为越墙攀岩的工具，方便山地作战。秦良玉正是凭借这支部队屡立奇功，成为中国战争史上的第一位女将军。

第282课　我国古代的军职制度是怎样的？

　　我国自夏朝初期产生军制以来，已有4000多年历史。千百年来，随着社会制度的改革、生产力水平的发展和连绵不断的战事，使军制发展日趋完善。早在夏、商、周时期，我国就已经产生了以奴隶主阶级意志的军事制度，历朝历王既是国家的最高统治者，也是最高的军事统帅。帝王不仅拥有强大的王室和王族军队，还可以任意调遣方国与诸侯的部队。夏朝的军队以师为编制，百姓平时在家务农，战时即可应征入伍，奴隶随军服杂役。到了春秋战国时期，伴随着封建制度的兴起，周王室权位渐失，各地诸侯国开始实施军制变革：废除了奴隶不能参军的制度，实行郡县征兵制；划分文武官职，实行武官任免制度；南方诸国组建了一定规模的水军，车兵地位开始下降，步兵地位得到提升；军队的最高编制以军为单位。

　　从秦朝建立到鸦片战争爆发的两千多年的封建岁月里，历代王朝都依照自身的特点建立了相应的军事制度。相同之处在于，皇帝都是集政权与军权于一身，下设军事行政机关和指挥机关。军队制度以中央军为主体，地方军、边防军和民兵武装为辅助力量。在兵种构成上有骑兵和步兵和一定数量的水军，宋金时期出现了炮兵，明朝组建火枪兵（神机营），军队开始从冷兵器时代步入热兵器时代。兵役形式均以征、募、世袭等多种制度结合的方式。

　　鸦片战争以后，中国沦为半殖民地半封建社会，军队主要以维护封建地主阶级和买办资产阶级的利益为目的。北洋军阀和国民党政府时期，军队的武器装备完成了由冷兵器向热兵器的过渡；国家的军事领导机构、军队的体制编制以及军队的教育训练和管理制度逐步走向现代化。

第283课　致使夏朝灭亡的战役是什么？

约公元前 1600 年，夏朝君王桀暴虐无道，商汤率领各路诸侯进行征讨，商汤在贤臣伊尹、仲元的辅佐下，采取"先为不可胜"的策略，逐一剪除夏桀的羽翼，使夏桀陷入孤军奋战的处境。公元前 1600 年，汤大举率兵伐夏。《尚书·序》载汤"与桀战于鸣条之野，作汤誓。"意思就是商汤与桀交战于鸣条之野，战前向军队发表的征伐夏桀的誓师辞。誓师后，汤简选战车 70 余辆，组成 6000 人的敢死之师，联合各诸侯国军队，采用迂回战术绕道西夏，对夏都实施了突袭。夏桀慌乱应战，率军西出与汤军队在鸣条展开决战。汤军士气高涨，奋勇杀敌，将夏桀的主力部队一举击溃，桀败退归依于属国三朡，汤军乘胜追击，攻取了三朡，桀率少量残部逃往南巢（今安徽巢湖），不久病死。汤班师西亳，在那里召开了众诸侯参加的"景亳之命"大会，得到了 3000 名诸侯的拥护，取得了统治天下的帝王之位，夏朝从此宣告灭亡。

 第284课　汉武帝是如何反击匈奴的？

公元前 127 年，匈奴率兵大举进犯汉朝的上谷、渔阳地区，汉武帝果断派遣大将卫青率军自云中向西迂回，收复匈奴盘踞的河南地。卫青先发制人，对匈奴实施了闪电袭击，打败了匈奴白羊王、楼烦王，收复河南地，建立了朔方郡，并从关中移民数十万去此地屯田戍边。此战不仅控制了河套地区，而且还消除了匈奴骑兵对都城长安的威胁，卫青也因此被汉武帝授予大将军一职。

公元前 121 年，汉武帝派骠骑将军霍去病领数万精骑兵，自陇西两次出击匈奴，大败匈奴于千里之外，迫使匈奴浑邪王杀掉休屠王，领数万人来降。汉王朝便将他们安置在陇西、北地、上郡、朔方、云中五郡的塞外，号称五属国。此战后，汉朝控制了河西地区，打通了通往西域的道路，切断了匈奴与羌人的联系，为中国与西欧国家的文化经济的交流准备了必要的条件。

公元前 119 年，汉武帝发动了最大一次征讨匈奴的战役，派遣卫青、霍去病各领骑兵 5 万人、步兵 10 万人和马匹 14 万，分道深入漠北，以求将匈奴主力部队一网打尽。卫青率部西出定襄，穿越几千余里的沙漠，与匈奴单于交战。卫青利用战车形成作战阵地，并亲率五千精骑兵飞速杀入匈奴阵地，先发制人，匈奴派一万骑兵勇猛抵抗。双方终日激战，飞沙走石，难分阵容，仍拼力厮杀。卫青见势随即派出两队轻骑兵，以左右两翼迂回包抄单于部队，单于大败，领亲信数百骑突围逃走。此时，霍去病正率东路军与匈奴左贤王激战。汉军骑兵将士英勇厮杀，顽强作战，击溃了匈奴东部兵，捕俘匈奴将领 80 余人，左贤王率残部落荒而逃，霍去病将其赶至狼居胥山才胜利回师——"封狼居胥"的典故就因此而来。这次战役以匈奴完败告终，汉军共斩获匈奴 9 万余人，匈奴"王廷"一去不返。

第 285 课　奠定秦国一统天下的战役是什么？

战国时期，七雄争霸，战事不绝。秦国自商鞅变法以来，奖励农耕，富国强兵，国力发展如日中天；近攻远交，破纵连横，军事外交连连得手。对外破三晋、平强楚、收东齐，重创山东六国。面对秦军虎狼之师的攻势，各诸侯国纷纷归附，唯有赵国实施"胡服骑射"的军事改革后能与强秦抗衡。在秦国统一六国的道路上，必定要扫除三晋，以打通东进之路。秦晋之间的大战在所难免。

赵国国君面对秦国的攻势，采取了平原君赵胜的建议，大并土地，接受上党。此举引起秦国强烈不满，秦王接受了大臣范雎的建议，于公元前262 年发兵韩国，直取韩国都城。同时秦王令左庶长王龁率大军攻打上党，上党赵军难挡秦军攻势，退守至长平。赵王闻讯后派遣大将廉颇前去长平迎敌，企图重新夺回上党。秦军攻势迅猛，廉颇退守丹河一带，与秦军隔河相峙，战争从此相持三年无果。面对如此形势，秦军利用自身的优势，运用谋略孤立赵国；使用离间计挑拨赵王与廉颇的关系，撤销廉颇统帅一职，令只会"纸上谈兵"的赵括接替廉颇的位置。秦军计谋得逞，派大将白起领兵迎敌。公元前260年8月，秦军对赵军发起最终攻势，9月，赵军因粮草不足使40余万名饥疲之师全部向秦军解甲投降，赵军大败。

长平之战是我国封建史上规模最大的包围歼灭战，加速了秦国统一中国的进程。

 第286课 "合纵连横"是一种怎样的军事策略？

《淮南子·览冥训》上说："纵横间之，举兵而相角。"高诱注："苏秦约纵，张仪连横。南与北合为纵，西与东合为横，故曰纵成则楚王，横成则秦帝也。"

战国末期，秦国经变法改革，国力发展迅猛，其他六国已经不能单独和秦国抗衡，苏秦与公孙衍先后游说六国联合抗秦，有"合纵"一称。与此同时，秦国命名相张仪劝说六国与秦国联合，进攻其他弱国，称为"连横"。连横合纵的主张提出以后，存在了相当长的时间，各国为了谋取自身利益，时而支持"连横"，时而加入"合纵"，举棋不定，反复无常。"朝秦暮楚"的成语就是因此而来。政治拉拢战如火如荼地进行的同时，军事上同样也兴起了合纵、连横的活动："合纵"指的是联合众弱小国家集中攻一强大国家，一次遏制强国的吞并；"连横"即秦国拉拢弱国进而攻击弱国，以达到兼并土地的目的。

张仪推行的连横策略在秦国获得了成功，《史记·李斯列传》说"拔三川之地，西并巴蜀，北收上郡，南取汉中"，"散六国之从（纵），使之西面事秦"。可见秦惠王达到了对外兼并土地的目的，当时所谓的合纵连横，主角是以三晋为首的弱小国家，它们北连燕，南连楚可为纵；东连齐或西连秦即可为横。合纵既可以对秦，也可以对齐。当时连横的实质就是"事一强以攻众弱"，是强国迫使弱国帮助它达成兼并的战略。随着时局的变化，连横合纵的具体内容也相对应地发生变化和发展。等到后来的"长平之战"后，变成了六国合抵抗强秦为合纵、依次投降秦国为纵横。

 第287课 被誉为"中华第一勇士"的将领是谁?

蒙恬（? ～公元前210年），姬姓，蒙氏，名恬，祖籍山东省蒙阴县，先世为齐国人。其父亲蒙武是战国时秦国将领。蒙恬自幼熟读兵书，而且立志征战沙场，报效祖国。

公元前221年，蒙恬率领秦军攻破齐国都城，实现了秦始皇统一全国的军事战略。但蒙恬却没能享受开国战将应有的荣誉。北部边境匈奴大举南侵的消息传到了咸阳，匈奴军烧杀抢掠，无恶不作。蒙恬不顾长年累月征战的疲累，领命"北逐戎狄"进军河套一带。

公元前215年，蒙恬率领30万能征善战的大军奔赴边关。安下营寨后，他派人侦察敌情，自己亲自翻山越岭察看地形。由于准备充分，刚开始交战时，就把匈奴军杀得人仰马翻，四散而逃，匈奴大败。公元前214年的春天，秦军与匈奴爆发了一次决定性战役。双方交战地为黄河以北，匈奴主力受秦军重创，最后匈奴战败，向北逃去。史书上载："匈奴人向北（逃窜）七百多余里。"蒙恬众望所归，一战平定河套地区，打得匈奴心有余悸。西汉文学家贾谊曾形容蒙恬说"胡人不敢南下而牧马"，这正是对蒙恬战功的充分肯定。

 第288课 刘邦"还定三秦"是怎么回事?

这是指汉高帝元年（公元前206年）8月至二年6月，楚汉战争中汉王刘邦攻占关中（指函谷关以西地区）的作战。元年2月，项羽、刘邦灭秦战争结束，项羽凭借其军事实力，裂土分封18个诸侯王，自封为西楚霸王。为困锁可能与其争夺天下的刘邦，将巴（郡治江州，今四川重庆市北嘉陵江北岸)、蜀(郡治成都,今属四川)、汉中(今陕西秦岭以南及湖北西部三郡)封予刘邦,迫其离开关中。并将关中分割为三,封秦降将章邯、司马欣、董翳分别为王,企图以三秦王控制关中,防止刘邦东进。

5月,齐人田荣起兵反楚,兼并三齐(指项羽分封诸侯时,在原齐国故地封立的齐、胶东、济北四个诸侯国,含今山东大部)。项羽率军自楚都彭城(今江苏徐州市)北上击齐。刘邦采纳大将韩信建议,决计突袭关中,东向与项羽分争天下。8月,刘邦以韩信为大将,曹参、樊哙为先锋,由南郑(今陕西汉中市城东)发兵,潜出故道(因临故道水得名,今陕西凤县北凤州之西),突袭雍王章邯属地陈仓(今陕西宝鸡市东)(参见陈仓之战)。章邯从雍都废丘(今陕西兴平东南)仓促率军驰援,被汉军击败,分别退向废丘、好畤(今陕西乾县东)。汉军乘胜分路追击,再败章邯军于壤东(今陕西武功东南)、好畤,又将退至废丘的章邯残部包围,同时分兵数路略地。周勃军攻漆县(今陕西彬县),击破章平(章邯弟,一说章邯子)及雍将姚卬部,攻占济(今陕西陇县西南)、陇(今甘肃张家川回族自治县),回军攻克郿(今陕西眉县东渭河北岸)、频阳(今陕西富平东北)诸地;靳歙、郦商军攻占陇西(郡治狄道,今甘肃临洮)、北地(郡治义渠,今甘肃宁县西)等郡;灌婴军兵抵栎阳(塞都,今陕西富平东南),迫塞王司马欣出降。汉军继续向北深入,兵至上郡(郡治肤施,今陕西榆林南鱼河堡),翟王董翳亦出降。至此,汉军攻占关中大部,基本实现了还定三秦的战略目的。

 第289课 汉武帝时的"漠北之战"取得了怎样的结果?

漠北之战发生于汉武帝元狩四年(公元前119年),是汉军在距离中原最远的战场进行的一次规模最大,也最艰巨的战役。河南、漠南之战后,匈奴单于虽率部远徙漠北,仍不断攻掠汉朝北部边郡,企图诱汉军越过大漠,以逸待劳,击灭汉军。元狩四年(公元前119年)春,汉武帝遣大将军卫青、骠骑将军霍去病各率五万骑兵分两路深入漠北，寻歼匈奴主力，并组织步兵数十万、马数万匹以保障作战。

匈奴单于闻讯，转移辎重，部署精兵于大漠北缘，迎击汉军。汉武帝原拟以霍去病部由定襄（今内蒙古和林格尔西北）北进，闻单于东去，乃改令其出代（今河北蔚县东北），命卫青部出定襄。卫青率前将军李广、左将军公孙贺、右将军赵食其、后将军曹襄等出塞后，得知单于并未东去，遂自领精兵疾进，令李广、赵食其从东路迂回策应。卫青行千余里，穿过大漠，与早已布阵的单于本部接战，卫青先以武刚车（兵车）环绕为营，稳住阵脚，随即遣5000骑出战。至日暮，大风骤起，沙石扑面，卫青乘势指挥骑兵从两翼包围单于。单于见汉军兵强马壮，自料难以取胜，率精骑数百名突围向西北逃走，匈奴军溃散。卫青急派轻骑追击，自率主力跟进。直至颜山（今蒙古人民共和国杭爱山南面的一支）赵信城，歼近两万人，烧其积粟还师。李广、赵食其因迷失道路，未能与卫青会师漠北。霍去病率校尉李敢等出塞后，同右北平郡（今内蒙古宁城西南）太守路博德部会师，穿过大漠，与匈奴左贤王部遭遇。汉军力战，夺左贤王指挥旗鼓，匈奴兵溃逃，霍去病率部穷追，转战漠北，直至狼居胥山（今蒙古人民共和国乌兰巴托东，一说今内蒙古克什克腾旗西北）等地，深入2000余里，歼七万余人而还。漠北之战，汉军作战指导明确，准备充分，以骑兵实施突击，步兵担任保障，分路进击，果敢深入，是在沙漠草原地区进行的一次成功作战，在中国战争史上具有重要地位。

 第290课 被称为飞将军的将领是谁？

李广，西汉名将，陇西成纪人。其先祖是秦朝大将李信，曾经率军战败过燕太子丹。李广身怀传世弓法，箭法精湛，是令敌军闻风丧胆的一代名将，有"飞将军"之称。

汉朝时期，匈奴屡犯我国边境，依偏远地势兴风作浪。汉武帝元光六年（公元前 129 年），匈奴再次兴兵南下，入侵上谷（今河北省怀来县）。汉军兵分四路迎击匈奴。车骑将军卫青直出上谷，合骑将军公孙敖从代郡（治代县，今山西大同、河北蔚县一带）出兵，轻车将军公孙贺从云中（今内蒙古托克托东北）出兵，李广任骁骑将军，率军出雁门关。卫青首次出征，直捣龙城（匈奴祭祀先祖的地方），斩首 700 余人。李广因寡不敌众而受伤被俘。匈奴首领单于久仰李广威名，令手下："得李广必生致之。"（《史记·李将军列传》），匈奴骑兵俘获受伤的李广后，把他放在两匹马中间，让他躺在用绳子结成的网袋里。半路上，李广斜眼瞧见他旁边的匈奴兵骑着一匹良马，李广突然动身一跃，将少年推下马，自己跳上匈奴兵的战马，取下马身上的弓箭，策马扬鞭向南奔驰，匈奴数百骑兵紧追不舍。李广拈弓射箭，边跑边射杀追兵，最终逃脱，整理残部回到了京城。

 第291课 被称为"大隋铁帽子王"的是哪位将领？

杨素，字处道，弘农华阴人（今陕西境内），隋朝时期优秀的军事家，隋王朝的开国元勋，由于其治军有方，屡建奇功，为隋炀帝、隋文帝两朝帝王所赏识，获得了世袭罔替的爵位，被人们称为"大隋铁帽子王"。

杨素治军严格，领兵有方。不仅善于陆战，打起水战也是得心应手。公元 588 年 2 月，隋文帝杨坚命杨素统领水军征讨陈后主。2 月中旬，杨素领兵出巴郡进三峡，以水军发起伐陈的第一轮攻势。部队行至流头滩（今湖北宜昌西北虎头滩）遭遇陈将戚昕抵抗，戚昕依地势坚守不攻，隋军一筹莫展。杨素根据敌我形势分析得出，敌军白天不易出战，且兵贵神速。于是，以陆军配合水军，对敌军进行主动攻击，确定分头夹击的作战方法，夜袭敌军。

当夜，杨素亲率数千艘战船，趁着夜色从正面突然进攻。与此同时，命陆军由长江南岸攻击别栅，铁甲骑兵从江陵西进袭击北岸白沙据点。经过整夜激战，隋军于次日一举击溃陈军。陈军除主将外，全部被俘。杨素得胜之后，因战功卓著被晋爵郢国公，邑三千户，真食长寿县千户，他的儿子杨玄感被封为仪同，杨玄奖为清河郡公，赏绫罗绸缎万匹，粮食万石，金银财宝不计其数。此外，杨坚又将陈后主的妹妹连同歌妓十余人赏赐予他。

 第292课　娘子军一说是怎么来的？

隋朝末年社会动荡、民不聊生，李渊起兵反隋。李渊的三女儿平阳公主女扮男装，自称为李公子，变卖了自己的家产，自发组织义军支持父亲起兵。

平阳公主四处联络义军，以过人的胆识和才华，三个月之内就召集了数支已有相当规模的江湖起义队伍，其中以胡商何潘仁的队伍最为强大，有几万人之众。收编何潘仁之后，李仲文、向善志、丘师利等义军依次归附平阳公主，使军队势力大增。与此同时，朝廷也不断发兵攻打平阳公主，平阳公主每次都奋勇迎敌，打退了敌人进攻，而且乘胜追击，势如破竹，相继攻取了武功、户县、始平、周至等地。平阳公主领导的这支队伍纪律严明、士气高涨，一个弱女子能把这帮绿林好汉组成的义军领导得井然有序，足见平阳公主出类拔萃的指挥力和组织力，而且平阳公主言出必行，处世果断，军队的所有人都对她肃然起敬。部队所到之处从不抢掠百姓，在那个兵荒马乱的年月里，这支军队受到了百姓的积极拥戴，平阳公主也被亲切地称为"李娘子"，她的部队则被称为"娘子军"。

平阳公主带领"娘子军"四处征战，为李唐江山的基业立下汗马功劳。李渊称帝后，正式将这位爱女封为平阳公主。而平阳公主也没有就此安享荣华，带领她的部下转战山西，防守李家的大本营。现今山西的苇泽关就是因为当年"娘子军"的驻守而改名"娘子关"。唐高祖武德六年，平阳公主不幸去世，当时礼官提议说女人下葬用鼓吹有悖古代礼制，高祖李渊怒道："鼓吹，军乐也。往者公主于司竹举兵以应义旗，亲执金鼓，有克定之勋。周之文母，列于十乱；公主功参佐命，非常妇人之所匹也。何得无鼓吹！"于是特例以军礼下葬平阳公主，并按照谥法"明德有功曰'昭'"，谥平阳公主为"昭"。在整个封建史上，平阳公主是唯一一个由军队为她举殡的女子。后人为了缅怀平阳公主曾作诗曰：夫人城北走降氏，娘子关前高义旗。今日关头成独笑，可无巾帼赠男儿。

 第 293 课　"白江之战"是一次怎样的战役？

白江之战也称白村江之战，是公元 663 年 8 月 27 日至 8 月 28 日，唐朝、新罗联军和倭国、百济联军于白江口（今韩国锦江入海口）发生的一次水上战役。此战是中日两国进行的第一次交战，是东北亚地区较早的一次国际性的战争。

唐朝初年，朝鲜半岛处于高句丽、百济、新罗三国鼎立的局面。三国都想统一半岛，但又都无力消灭对方，于是便向东西邻国寻求援助，先后分别与大唐和倭奴（即当时的日本）建立了外交关系。高句丽在秦汉时代是隶属于我国汉朝的辽东地方政府，李唐有意将它收复，它反而靠拢倭奴；新罗因与倭奴结怨，故和唐王朝亲近；百济与倭奴的关系较为密切，加之公元 653 年百济、倭奴"通好"以后，就形成了以高句丽、百济、倭奴为一方，新罗、唐朝为另一方的政治局势。

公元 663 年 6 月，倭奴天智天皇令倭将毛野稚子等率 27000 余人向新罗发起进攻，夺取了沙鼻歧、奴江二城，切断了唐军与新罗的联系。不久，由孙仁师率领的 7000 名唐朝援军也渡海到达熊津，与刘仁轨会师，唐军军势因此大振。刘仁轨与诸将计议，认为："周留，贼之巢穴，群凶所据，除恶务本，须拔其源。若克周留，则诸城自下。"遂制订了进攻周留城的计划。刘仁愿和孙仁师以及新罗王金法敏率军从陆路进攻；刘仁轨、杜爽则率领唐水军并新罗水军由熊津江入白江口，溯江而上，从水上进攻。8 月 17 日，唐新联军从陆路三面围攻周留城，城外据点逐一被攻克，百济和倭奴守军相继投降。周留告急，倭将庐原君臣领军万余越海而来，准备自白江口登陆。周留城即建筑在白江河口上游不远处的左岸山地上，三面环山，一面临水，山峻溪隘，易守难攻。当时，尽管唐新联军已从三面包围了周留城，但百济只要能确保周留至白江一线安全畅通，就能得到倭奴从海上的支援，从而据险固守。因此，白江成为维系周留存亡的生命线，两军都誓在必争。

唐新水军首先到达白江江口。27日，倭奴水军也从海上抵达白江，两军遭遇。从当时双方的实力来看，大唐水军7000余人、170艘战船；倭奴水兵万余、1000多艘战船。倭奴虽然在人、船数量上多于我方，但大唐水军船坚器利，武器装备优于倭奴。对于这次战斗，中国的史书记载简略。在《旧唐书·刘仁轨传》中仅有"仁轨遇倭兵于白江之口，四战捷，焚其舟四百艘，烟焰涨天，海水皆赤，贼众大溃，余丰脱身而走"的概括。倭奴史籍对此则有详细的记叙"大唐军将率战船170艘，阵列于白江村。戊申（27日），日本船师初至者，与大唐船师合战。日本不利而退，大唐坚阵而守。己酉（28日），日本诸将与百济王夜观天象，而相谓之曰：'我等争先，彼应自退。'更率日本乱伍中军之卒进攻大唐坚阵之军。大唐便自左右夹船绕战，须臾之际，官军败绩，赴水溺死者众，舻舳不得，于焉战死。是时，百济王丰璋与数人乘船逃往高丽。"

 | **第294课　"唐灭东突厥之战"是怎么胜的？**

唐朝与东突厥征战多年。贞观四年正月，李靖率精骑三千从马邑进驻恶阳岭，趁夜袭击了定襄（今内蒙古和林格尔北土城子古城）并破城。东突厥颉利可汗错误判断唐军兵力，仓促北撤至戈壁沙漠边缘，其部众多有叛离。而同时李绩兵出云中，在白道大败东突厥军。颉利失败之后，向西逃往铁山（今内蒙古白云鄂博一带），还有数万兵马。

李靖与李绩在白道会合，两人商议，认为颉利虽然战败，但部下兵马仍然很多，之后一定撤往沙漠，保存突厥的实力，唐军北击道路险阻且遥远，如果等到那个时候再追击突厥会十分困难。如今朝廷派使节前往突厥，突厥军必定松懈，以为唐军不会继续攻击。如果这时候挑选一万精兵，携带 20 天的粮草，不需要进行战斗就可以将突厥可汗擒获，于是同张公谨商议进兵，张公谨表示反对，说："皇帝的诏书已经同意突厥投降，而且使者唐俭等还在突厥处，怎么能在这个时候发兵攻击呢？"李靖回答说："这其实是当年韩信用来击败齐国的计策，唐俭之辈没有什么可惜的！"于是趁夜出动军队，李绩部队尾随而行。李靖军队到达阴山，遇到突厥军队的 1000 多个帐篷，于是将其全部俘虏。

颉利见到唐朝派遣使者前来，十分高兴，认为这回算是安全了。二月甲辰（3 月 27 日），李靖命令苏定方率二百骑为前锋，乘雾前进，到达突厥可汗的牙帐七里的地方，才被突厥军发现。这时突厥再组织抵抗已经来不及了，苏定方大获全胜，颉利乘千里马逃走，李靖随后引军赶到，突厥溃不成军，唐俭也获救生还。李靖此次消灭突厥军数万人，俘虏十余万，获得牲畜数十万，并杀死隋朝义成公主，擒获其子叠罗施。颉利率领残兵一万余人打算逃入戈壁沙漠，被屯于道口的李绩部落堵截，其下部落大酋长皆率众归降，李绩获得五万余俘虏返回唐朝。唐军对东突厥大获全胜，平定了自阴山至戈壁沙漠一带的局势。

 第 295 课　唐朝将领薛仁贵有哪些主要功绩？

薛礼（公元 614 年～683 年 3 月 24 日），字仁贵，汉族，山西绛州龙门修村人（今山西河津市修村）。薛仁贵年幼时家境贫寒，通过刻苦练武，习得一身好功夫，但是身逢乱世，到 30 岁时仍不得志。他的妻子劝他趁皇帝御驾亲征辽东，急需将领之时，去随军征战，求个功名，因此薛仁贵离别家乡，从新绛州城里应征入伍，开始了他 40 年传奇的沙场生涯。

显庆三年，薛仁贵随程名振征讨高句丽，于今辽宁浑河一带大败高句丽军，斩首敌军 3000 余人。次年，薛仁贵又率众与高句丽大将温沙门战于横山。薛仁贵手持弓箭，一马当先，杀入敌军阵营。同年，又与高丽军战于石城，此战中，薛仁贵遭遇敌军中一位箭法出众的猛将，唐军十余人被射杀。薛仁贵见状大怒，单骑直取敌将。敌将被薛仁贵的勇猛所震慑，未及放箭就被薛仁贵生擒。薛仁贵因战功卓越被拜为左武卫将军，封为河东县男。

唐朝末年，西部吐蕃势力向北扩张，阻断瓜（今甘肃安西东南）、沙（今甘肃敦煌）的道路，突厥也不断侵扰大唐北部边境，老当益壮的薛仁贵披甲上阵，亲自带兵剿灭突厥。突厥对薛仁贵闻风丧胆，不敢直面其锋，四散逃跑。薛仁贵乘胜追击，大破突厥军，俘获敌军数万人，牲畜三万余头。

薛仁贵于永淳二年（公元683年）去世，终年70岁。他死后，朝廷追封他为左骁卫大将军、幽州都督，官府为其特造灵舆，派兵护丧还归故里。

第296课 王玄策"一人灭一国"是怎么回事？

公元647年，唐太宗命王玄策为正使、蒋师仁为副使一行30人出使西域。篡位的新王阿罗顺那听说大唐使节入境，竟派了2000人马半路伏击，除王玄策、蒋师仁外，从骑皆遇难，王玄策被擒扣押。后来，王玄策、蒋师仁寻机逃脱，发誓要灭绝印度，以雪使者被杀之耻。两人于是策马北上，渡过甘第斯河和辛都斯坦平原，以喜马拉雅山脉为目标，一路来到了尼泊尔。在尼泊尔，王玄策与尼泊尔王谈判，以吐蕃王松赞干布的名义，向尼泊尔借得7000名骑兵，同时还檄召临近处各大唐藩属国，外加吐蕃松赞干布派来的1200名精锐骑兵，人马总数接近一万，自命为总管，命蒋师仁为先锋，直捣印度。在北印度茶博和罗城外，王玄策用"火牛阵"一仗击溃印度数万象军。阿罗顺那大惊，守城不出，王玄策一心报仇，拿出唐军攻城的各种手段——云梯、抛石车、火攻，狠攻月余。公元648年，茶博和罗城兵溃城破，王玄策一路追来，斩杀印度兵将三千，印度兵将落水溺毙者超过一万，被俘一万一千，阿罗顺那逃回中印度，王玄策乘势攻入中印度，并发誓要尽灭印度。而印度兵将与唐军（外籍军团）一接触便溃不成军，阿罗顺那弃国投奔东印度，求得东印度王尸鸠摩援兵，接着再召集散兵残将准备反攻唐军。王玄策、蒋师仁设分兵用计引阿罗顺那上钩，一举全歼阿罗顺那残部，活捉了阿罗顺那，余众尽坑杀。最后，阿罗顺那妻子拥兵数万据守的朝乾托卫城也被蒋师仁攻破，远近城邑望风而降，中印度灭亡。由于东印度援助阿罗顺那，王玄策准备顺势再亡东印度。尸鸠摩吓得魂飞魄散，忙送牛马万头、弓刀璎珞、财宝若干，向唐师谢罪，表示臣服大唐帝国，王玄策方才罢兵回朝述职，同时将阿罗顺那披枷戴锁押回长安。太宗皇帝大喜，下诏封赏玄策，授散朝大夫。

 第 297 课　"安南阮惠之战"是怎样打响的？

"安南阮惠之战"是清乾隆五十三年（公元 1788 年）正月至五十四年（公元 1789 年）正月，清军为安南（今越南）国王黎氏复国而南攻阮惠的一场正义之战。

乾隆五十三年 6 月，安南国王黎维祁为其臣阮惠所逐，其母、妻叩关告变。当时安南是清朝的属国，历任国王都是由清朝册封，8 月，乾隆帝命两广总督孙士毅集结附近省市的兵马，做好出兵准备。10 月末，清军以"兴灭国，继绝世"之口号南征安南。清军声言大兵数十万。阮军望风而退，于寿昌江、市球江、富良江设三道防线，以阻止清军南进。11 月 13 至 20 日，清军利用漫江晨雾，用舟筏强渡，以佯攻战术连破阮军三道江防，直逼黎城。22 日，孙士毅宣诏，册封黎维祁为安南国王。当时由乌大经率领云南清军也已经奔赴安南。阮惠虽败，主力尚存。他一边向孙士毅接洽请降事宜，一面打探清军底细，准备突袭清军。由于孙士毅贪功轻敌，阮军于五十四年元旦之夜倾巢而出，对毫无防备的清军发起猛烈攻击。清军阵脚大乱，安南王黎维祁携眷出逃，孙士毅仓促撤兵，夺水路而回，但兵马伤亡大半，损失惨重。提督许世亨、总兵张朝龙战死。刚刚赶至黎城附近的乌大经闻听炮声震天，竟下令退兵，不战而逃。孙士毅归国后被革去官职。阮惠在攻占黎城之后派遣使臣向清廷请降。同年4月，乾隆皇帝接受了阮惠的请降，将其封为安南国王。

第298课　古代的虎符是用来干什么的？

虎符是古代调遣兵将的兵符，虎符因其形状与虎相似，因此得名。最早产生于春秋战国时期，当时采用铜制的虎形作为中央发给地方官或驻军首领的调兵凭证，称为虎符。虎符的背面刻有铭文，分为两半，右半存于朝廷，左半发给统兵将帅或地方长官，并且从来都是专符专用，一地一符，绝不可能用一个兵符同时调动两个地方的军队，调兵遣将时需要两半勘合验真，才能生效。在中国历史博物馆中藏有"西汉堂阳侯错银铜虎符"（汉错银铜虎符）一枚，长7.9厘米，宽2.5厘米，虎作伏状，平头、翘尾，左右颈肋间各镌篆书两行，文字相同，曰"与堂阳侯为虎符第一"。西安市的陕西历史博物馆也藏有一枚从西安西郊发现的虎符，据考证是公元前475年至公元前221年的战国文物，称为秦代错金"杜"字铜虎符，高4厘米，作猛虎疾奔状，象征军威和进军神速。虎符的身上刻有嵌金铭文40字，记述调兵对象和范围，制作却极为精巧。虎符在古代战争中曾发挥了重要的作用，也发生了很多与其相关的故事。《史记》中记载，战国时期的公元前257年，秦国发兵围困赵国国都邯郸，赵平原君因夫人为魏信陵君之妹，乃求援于魏王及信陵君，魏王使老将晋鄙率10万军队救援赵国，但后来又畏惧秦国的强大，又命令驻军观望。魏国公子信陵君无忌为了驰援邯郸，遂与魏王夫人如姬密谋，使如姬在魏王卧室内窃得虎符，并以此虎符夺取了晋鄙的军队，大破秦兵，救了赵国。郭沫若先生曾经选取这一题材创作了著名话剧《虎符》的剧本，由北京人民艺术剧院演出。在《三国演义》第五十一回中，曹操因赤壁之战兵败北退，诸葛亮则趁南郡空虚，命勇将赵云夺城成功，并且俘获守将陈矫，取得虎符，然后以此虎符诈调荆州守军出救南郡，趁势又由张飞袭取了荆州，接着再用同样的方法调出襄阳守军，乘机由关羽袭取了襄阳。诸葛亮仅凭一个小小的虎符便将曹兵调开，兵不血刃就夺取了三处城池，由此可见当时虎符作用之大。

 第 299 课　古代的兵役制度是什么样的？

根据时代划分，我国古代的兵役制度有以下几种。

民军制：夏商周时期，可以享受封田的成年男子都有服兵役的义务，平时耕田放牧，战时入伍出征。西周时期要求每户出一"正卒"，随时候命出征；其余男子为后备力量。

征兵制：秦朝规定，17 岁至 60 岁的男子不论地位等级都必须服兵役两年：守京师一年为"正卒"，守边防一年称"戍卒"。西汉时，国家规定凡满 20 岁的男子都要向官府登记，23 岁起服兵役两年。一年在本郡，学习骑射，叫作"正卒"；一年屯田戍边或守卫京师，称"戍卒"或"卫士"。

府兵制：西魏至隋唐年间的兵役制度，其特点是"兵农合一"。府兵制的对象主要为农民。府兵作战自备武器马匹，各地有负责选拔训练府兵的"折冲府"。

募兵制：这种兵役制始于唐五代之后。北宋时期，朝廷的禁军主管人员都是从全国各地招募而来；各州的卫兵在本州范围内招募；守卫边境的藩兵从当地少数民族中招募；地区乡兵由按户籍所抽取的壮丁组成。除此之外，国家征用罪犯当兵。入伍者必须在手臂或脸部刺字，以防逃跑。

世袭制：三国两晋时曾经实行这种兵役制。具体规定是：把士兵之家列为军户，子继父业，兄终弟及，世代服兵役。元代规定，凡 15 岁以上，70 岁以下的蒙古族男子都要服兵役。后因兵源缺乏，规定汉人 20 户出一兵，凡有当兵的家庭都列为军户，世代为兵。明清时期仍沿用世袭兵役制，清朝时，凡 16 岁以上的八旗子弟"人尽为兵"，世代承袭。

第300课　古代作战能力最强的兵种是什么?

在以冷兵器为主要作战武器的时代，骑兵在众兵之中无疑是最重要的兵种。谁拥有强大的骑兵，谁就拥有战争的主动性。

中国在战国时代以前，最强大的作战兵种是战车兵，这种战车称为"乘"，意思是四匹马拉的战车，车上乘员三人：驾车一人，弓箭手一人（远程攻击），持戈一人（用于近战），战车在那个时代就是当时的坦克，成队列进攻威力非常强大。但是，战车有非常大的不足，首先它造价高昂、用马匹多。战马在那个物质匮乏的时代是非常重要的战略资源，一个国家有几百乘战车是了不起的事，常称一个国家强大用"千乘之国"，千乘不过就是4000匹马，在当时看还是非常奢侈的。其次，战车的调转不灵，易受地形限制。这种战车在春秋战国时期对北方少数民族的战争中变得不适应，因为北方的游牧民族不是用战车而是直接骑马作战，这在中原各国家看来是不可思议的，但正是这种灵活的骑射战胜了他们的战车。

首先从胡人那里汲取经验的是赵武灵王，他命令自己的军队全部由原来的宽袍大袖的服装改为胡人紧身窄袖的服装，由以前的驾车作战转变为像胡人那样直接骑马，这就是历史上有名的"胡服骑射"。自赵武灵王后，骑射之风传到其他各国，一直到战国末期，最强大的秦国骑兵令各国闻风丧胆。秦骑兵的装备和现代的骑兵有很多不同，他们的主要武器是弓箭，这一点和匈奴人的骑射作战特点是完全相同的。

西汉初年，匈奴在北方异常强大，首领冒顿单于以铁的纪律建立起一支能征善战的骑兵，使汉高祖被围白登，汉朝廷看到了强大骑兵的作用。以后自汉武帝起的东西两汉都建立了强大的骑兵，彻底打败了北方的匈奴。自从骑兵诞生之日起，就对传统的步兵产生了巨大的压力，步兵通常靠密集的防守用很长的矛来抵御骑兵的冲锋，骑兵作战也发生了变化，骑兵中开始出现身披重铠、手执长矛的士兵，他们用来冲破敌阵的外围。从两晋南北朝时期出土的武士壁画中可以看到这样的武士身影。

隋唐时期为了应对突厥的北方威胁，建立了强大的骑兵，在唐朝时期达到了巅峰，唐朝依靠骑兵长驱直入，一举捣毁突厥的王廷，使整个突厥民族彻底被打败，最终衰落下来，再也不能和中原王朝作对。后来五代十国纷争大大削弱了中原王朝的实力，北方的游牧民族才兴盛起来，重新形成了强大的骑兵力量。

宋朝是个文官管理武将的奇特朝廷，皇帝为了达到对军队的绝对控制，发展到连行军打仗布阵都要依照皇帝给予阵图的地步，所以宋代军队的战斗力是很弱的，远没有达到后周世宗柴荣和宋太祖赵匡胤时代的辉煌，朝廷也非常没有进取心，军队没有以前各朝扩土开疆的功绩，连从前割让的幽云十六州也无心收回。这时北方的蒙古族壮大起来，建立了超过以前所有朝代的骑兵队伍。蒙古人依靠骑兵，作战时赶着牛羊为食，向西一直打到欧洲多瑙河流域，向北一直到俄罗斯，向东到库页岛，向南到南海，建立起疆域空前广大的大元帝国，蒙古骑兵令欧洲所有国家的军队胆寒。到了明清时期，骑兵仍然是整个国家最强大的军队。

 | **第301课　八旗子弟是怎么划分的？**

中国清代满族的社会组织形式：满族的先世女真人以射猎为业，每年到采捕季节，以氏族或村寨为单位，由有名望的人当首领，这种以血缘和地缘为单位进行集体狩猎的组织形式称为牛录制，总领称为牛录额真（牛录意为大箭；额真，又称厄真，意为主）。清太祖努尔哈赤于明万历二十九年（公元1601年）正式设四旗：黄旗、白旗、红旗、蓝旗。公元1614年因"归服益广"将四旗改为正黄、正白、正红、正蓝，并增设镶黄、镶白、镶红、镶蓝四旗，合称八旗，统率满、蒙、汉族军队。规定每300人为一牛录，设牛录额真一人，五牛录为一甲喇（队），设甲喇额真（参领）一人，五甲喇为一固山，设固山额真（都统、旗主）一人，副职一人，称

为左右梅勒额真（副都统）。皇太极即位后为扩大兵源，在满八旗的基础上又创建了蒙古八旗和汉军八旗，其编制与满八旗相同。满、蒙、汉八旗共 24 旗构成了清代八旗制度的整体。满清入关后，八旗军又分成了禁旅八旗和驻防八旗。

第十一章
中国人必知的民族地理

 | 第302课　史上四次民族大融合分别是什么?

　　我国是一个多民族的大家庭，秦朝以来的2000多年里，一直是一个多民族聚居的国家。史上共出现过四次大规模的民族融合，才形成了我们今天人口繁衍的中华民族。

　　第一次：发生在春秋战国时期，据史料记载，中华民族的始祖——黄帝，在西北部打败炎帝和九黎后进驻中原，其后世子孙统一了蛮夷等氏族部落，并与炎帝组成联盟，繁衍于黄河中游两岸。公元前770年，黄河中下游的夏族、商族、周族和其他部落长期相处，逐渐形成以汉族为主体的华夏民族。

　　第二次：发生于魏晋南北朝时期。突厥、匈奴以及羯、氐、羌等周边少数民族不断融入汉族大家庭之中，同时，部分汉人也往周边少数民族迁移，使这一时期的民族融合出现了明显的对流特征。

　　第三次：发生于宋辽金元时期，特点是主要发生于边疆地区，汉族与少数民族大量相互融合。而且一些阿拉伯和波斯人融入汉族，产生了新的民族——回族。

　　第四次：清朝时期的第四次民族大融合，奠定了现在中国疆域和以汉族为主体的中华民族的基础，使各民族之间的文化交流发展达到了新的高度。

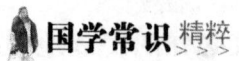
 第 303 课　苗族的形成有着怎样的传说？

提到苗族，很快就会想到苗家女子华丽的衣着、能歌善舞的男女、价值连城的苗族刺绣和其特有的草药奇方，等等。

苗族的形成可追溯至上古时期。相传五六千年以前，黄河流域居住着以黄帝、炎帝和蚩尤为首的三大部落。黄帝和炎帝以黄河中游为势力范围，蚩尤为首的九黎部落占据着今河南中部和山东西南大部。后来黄帝与炎帝联合，在涿鹿与蚩尤展开大战，蚩尤战败被杀，其九黎部落一部分划为炎黄部落的管辖地，另一部分南迁到洞庭、彭蠡的长江流域，形成"三苗国"。后来黄帝的后世大禹曾经征战三苗，三苗国从此衰落，部分融入华夏，另一部分迁徙西南地区，形成后来的蛮夷族。商朝时期，苗族的祖先被称为"荆蛮"，后来楚人从荆蛮中脱离，建立起强大的楚国。秦始皇统一六国后，楚人逐渐被汉化，而偏远之地的荆蛮发展成为了现今苗、瑶等族的先民。直到宋朝时期，苗族正式被确立，形成了以湘西和黔东南为主的分布聚集区，南宋的朱辅在《溪蛮丛笑》中直接把这一区域的苗族称为"苗"，并把苗与瑶、僚、仡佬等族加以区分。

 第 304 课　"中国"一词是怎么来的？

中国一词最早出现于《诗经》中，《大雅·民劳》："惠此中国"。但《诗经》所说的中国并不是指代国家。战国时期诸子百家的经典中，"中国"一词被广泛指代为国家。例如《孟子·滕文公上》云："陈良产地，悦周公仲尼之道，北学于中国。"又"兽蹄鸟迹之道，交于中国"；《庄子·田子方》中云："中国之君子，明乎礼义而陋于知人心"等，由此可见，古代所指的中国即后来的中原地区，面积只包括今黄河中下游河南大部、山西南部、河北南部、山东西南部。

周朝以后，"中国"一词被频繁使用。但不同时期所指代的地域范围各不相同。例如，《礼记·王制》有说道："中国夷戎，五方之民，皆有性也……中国、蛮、夷、戎、狄，皆有病！"这里的"中国"是相对蛮、夷、戎、狄来比较使用的；《左传·庄公三十一年》有"凡诸侯有四夷之功，则献于王，王以警于夷。中国则否"的说法，这里所说的"中国"指代"诸夏"国家；《公羊传·成公十五年》载道："《春秋》内其国而外诸夏，内诸夏而外夷狄。王者欲一乎天下，易为以外内之词言之言自近者始也。"夏商是华夏民族形成的时期，华夏族、汉族多在黄河南北建都，并不断扩大活动范围，因而称黄河中下游为"中国"，与"中土""中华""中州""中原"等词含义相同。

事实上，我国古代的"中国"只是个形容词，不是专有名词。各个王朝都没有把"中国"作为正式国名。直到辛亥革命后，1912年成立"中华民国"简称为"中国"，这个称谓才正式定为中国国号。1949年10月1日，新中国成立时，定名为"中华人民共和国"，简称"中国"。

 第305课　高山族是怎么来的？

根据史料记载，高山族的历史可追溯至三国时期，当时的台湾被称为"夷洲"，当地的居民被称为"山夷"或"夷洲人"。根据吴国沈莹所著的《临海水土志》记载："夷州在临海郡东南，去郡二千里。土地无霜雪，草木不死。四面是山，众山夷所居。山顶有越王射的正白，乃是石也。此夷各号为王，分划土地，人民各自别异，人皆髡头，穿耳，女人不穿耳。作室居，种荆为蕃鄣。土地饶沃，既生五谷，又多鱼肉。舅姑子父，男女卧息共一大床。能作细布，亦作斑文。布刻画，其内有文章，好以为饰也。"说明当时的"夷洲人"主要以采集狩猎为主，生产水平处在原始社会新石器时代发展阶段。

17世纪以后，大量汉民迁徙台湾。由于郑成功对高山族经济进行了一系列的改革，使高山族经济得到飞速发展，高山族开始进入封建社会。16世纪时，外国列强不断侵入我国台湾，对高山族居民进行烧杀抢掠，高山族人们对此给予坚决回击，进行了不屈不挠的反抗斗争，展现出了华夏儿女誓死保家卫国的高尚情操。

 第 306 课　朝鲜族是怎么来的？

我国的朝鲜族，是从朝鲜半岛迁入我国东北地区的朝鲜人。他们在此定居以后，逐渐发展成为我国的一个民族。

史书记载，明朝末期有部分朝鲜人迁入我国并成为现今朝鲜族的先民。当时朝鲜国内封建统治阶级的残酷剥削、压迫，1869 年，朝鲜北部的大灾难更是令朝鲜人民的生活雪上加霜，一些苦难的朝鲜农民越过鸭绿江和图们江来到中国，在两江沿岸开垦，同汉、满等族人民杂居共处。明朝著名将领李成梁的祖父便是由朝鲜迁入我国，后来被授予铁岭卫指挥佥事；明朝政府与努尔哈赤政权对抗时期，朝鲜的李氏王朝曾出兵支援明朝，战后部分朝鲜人便留在了中国。清光绪七年，清政府开放长白山地区，在吉林各地广设招垦局，公开招募民众垦荒，大量朝鲜居民涌入延吉等地开荒繁衍。据统计，当时的朝鲜族居民达 1 万多人。

随着日本帝国主义不断侵略朝鲜，大量居民为了寻求生路，不顾清政府禁令，纷纷迁入中国东北边疆，并定居下来，1883 年在边疆集安、临江、新宾等县的朝鲜族居民已有 3.7 万多人。

 第 307 课　"五岳"分别说的是哪里？

"五岳"的说法最早见于《周礼·春官·大宗伯》："以血祭社稷、五祀、五岳。"现在说的是我国五大名山的总称。

东岳泰山："山以岳遵，岳为东最。"泰山被尊为五岳之首，孔子曾有过"登泰山而小天下"的感叹；杜甫也留下了"会当凌绝顶，一览众山小的"豪言壮语。古代历代帝王也都把泰山看作无上权力的象征，常在这里举行盛大的封禅大典。

南岳衡山：因其自然风光秀美，人文景观丰富，享有"五岳独秀"的美誉。

西岳华山：以地势险要著称，其地势之险居于五岳之首，有"自古华山一条路"之说，享有"奇险天下第一山"之誉。

北岳恒山：恒山又叫玄岳，集"雄、奇、幽、奥"之特色于一身，以山势奇特而著称，在五岳中有"泰山如坐，华山如立，衡山如飞，嵩山如卧，恒山如行"的说法。恒山不仅历史悠久，文化底蕴深厚，而且气候凉爽，可谓自然和人文景观兼收，素有"绝塞名山""人天北柱""道教第五洞天"的美誉。

中岳嵩山：嵩山的精髓展现在一个"奥"字上，嵩山不仅经济、文化、医术等历史文化遗产贯通古今，而且兼具儒、释、道三教的精粹，天地生辉，山寺争艳。

第308课　我国的佛教四大名山分别在哪里？

"佛教四大名山"是我国的朝佛圣地，分别是山西五台山、安徽九华山、浙江普陀山、四川峨眉山，有"金五台、银九华、铜普陀、铁峨眉"之称。

五台山，是文殊菩萨的道场，位于山西省五台县境内，方圆500余里，海拔3000米，由5座山峰环抱而成，被称为我国佛教第一圣地。汉唐以来，五台山一直是我国的佛教中心，此后历朝经久不衰，鼎盛时期，寺院多达300余座。其中最著名的五大禅寺为显通寺、塔院寺、文殊寺、殊像寺、罗睺寺。

九华山，是地藏王菩萨的道场，位于安徽省池州市，方圆120平方公里，主峰十王峰高达1342米。九华山古刹林立，香烟缭绕，是善男信女朝拜的圣地；九华山风光旖旎，气候宜人，是旅游避暑的胜境。九华山现有大小寺庙80余座、僧众300余人，是具有佛教特色的风景旅游区。在佛教四大名山中以"香火甲天下""东南第一山"的双重桂冠而名扬四海。

普陀山，为观音菩萨的道场，位于浙江舟山群岛，其名称源于佛教《华严经》等六十八卷："补坦洛迦""普陀洛迦。"是梵语的译音，意思是"美丽的小白花"。普陀山有"五朝恩赐无双地，四海尊崇第一山"的美誉。

峨眉山，为普贤菩萨的道场，位于中国四川省峨眉山市，最高峰万佛顶海拔 3099 米，素有"峨眉天下秀"之美誉。诗人李白有诗曰："蜀国多仙山，峨眉邈难匹"；郭沫若也曾题书峨眉"天下名山"。

 第 309 课 十大历史名关都在哪儿?

山海关，位于河北省秦皇岛东北 15 公里处，因地处山海之间而得此名。山海关是东北与华北的咽喉要冲，是万里长城起点的第一道雄关，拥有"天下第一关"的美誉。

武胜关，位于河南省与湖北省交界的大别山脉的鸡公山下，它与平靖关、九里关合称"义阳三关"，是历代兵家必争要地，有"关中之关"的美誉。

友谊关，位于广西凭祥市西南 18 公里处，原名镇南关，附近是山势险峻，关处山谷深处，为西南边防重镇。

嘉峪关，是举世闻名的万里长城的西端的重要关隘，它位于甘肃省嘉峪关市，古称其为"天下雄关"。

雁门关，位于山西省代县县城西北的雁门山腰，历朝历代都是拱卫京都、屏护中原的兵家重地。

紫荆关，位于河北省易县紫荆岭上，是内长城的重要隘口之一。因位于居庸关和倒马关之间，明代时合称它们为"内三关"，是由河北平原进入太行山区的要口。

娘子关，位于山西省平定县与河北省的交界处，是出入山西省的咽喉之地。唐朝初年，高祖李渊的三女儿平阳公主曾率兵镇守于此地，因而得名"娘子关"。

居庸关，位于北京市昌平区，始建于秦朝，是长城险要关口之一，居庸关号称"天下第一雄关"，毛主席亲笔题词的"不到长城非好汉"便坐落于此。

剑门关，位于四川省广元市剑阁县城北 30 公里处。山处大剑山中断处，两旁断崖峭壁，峰峦倚天似剑；绝崖断离，两壁相对，其状似门，故称"剑门"，享有"剑门天下险"之誉。

平型关，是内长城的一个关口，在雁门关之东，位于山西省大同市灵丘县白崖台乡，新中国成立前属繁峙县管辖，新中国成立后划分为灵丘的一部分，成了灵丘同繁峙的分界线，并把岭北原属繁峙县的东跑池等几个村也划归灵丘县的平型岭上。

 第 310 课 "天府之国"一称是怎么来的？

"天府之国"语出《战国策·秦策一》："田肥美，民殷富，战车万乘，奋击百万，沃野千里，蓄积饶多，地势形便，此所谓天府，天下之雄国也。"《史记·留侯世家》："夫关中左崤函，右陇蜀，沃野千里，南有巴蜀之饶，北有胡苑之利，阻三面而守，独以一面东制诸侯，诸侯安定，河渭漕挽天下，西给京师；诸侯有变，顺流而下，足以委输。此所谓金城千里，天府之国也，刘敬说是也。"说的是战国时期，苏秦到秦国去游说秦惠王实行连横的主张，他对秦惠王说："秦国国土，西有巴蜀汉中之利，北有胡貉代马之用，南有巫山黔中之限，东有崤函之固，田地富饶，沃野千里，真是天府之国……"当今人们常用天府之国来比喻土壤肥沃、物产丰富的地区。

古代的"天府之国"有：1. 关中地区（战国至明代）；2. 成都平原（唐代至今）；3. 华北北部（明清时期）；4. 江淮以南地区（北宋时期）；5. 太原附近（五代时期）；6. 闽中（明代）；7. 盛京（清代）；8. 汉中地区（汉代）。现代的"天府之国"为：1. 成都平原；2. 台湾嘉南平原；3. 伊犁河谷；4. 山东半岛；5. 闽南丘陵平原；6. 三江平原；7. 雅鲁藏布大拐弯地区；8. 呼伦贝尔；9. 苏北平原；10. 宁夏平原。

第311课 四大道教名山分别在哪里?

道教是我国的本土宗教,由张道陵于东汉顺帝时首创于四川鹤鸣山,兴盛于南北朝时期。四川的青城山与江西的龙虎山、湖北的武当山、安徽的齐云山合称为道教四大名山。

龙虎山,位于江西省鹰潭市。东汉中叶,张道陵于江西鹰潭龙虎山修道炼丹大成后,从汉末第四代天师张盛始,历代天师华居此地,守龙虎山寻仙觅术,坐上清宫演教布化,居天师府修身养性,世袭道统63代,奕世沿守1800余年,他们均得到历代封建王朝的崇奉和册封,官至一品,位极人臣,形成中国文化史上传承世袭"南张北孔(夫子)"两大世家。

青城山,位于四川省都江堰市西南,主峰老霄顶海拔1260米(2007年)。全山林木青翠,四季常青,诸峰环峙,状若城郭,故名青城山。丹梯千级,曲径通幽,以幽洁取胜,自古就有"青城天下幽"的美誉。与剑门之险、峨眉之秀、夔门之雄齐名。素有"拜水都江堰,问道青城山"之说。青城山是中国著名的道教名山,中国道教的发源地之一

齐云山,又名白岳、云岳,位于徽州(今黄山市)休宁县城西约15公里处,海拔1000余米,面积60多平方公里,因最高峰齐云岩得名,以幽深奇险著称。有三十六奇峰、七十二怪岩、二十四涧及其他许多洞泉飞瀑,与黄山、九华山合称"皖南三秀",素有"天下无双胜境,江南第一名山"之誉。

武当山,又名太和山,位于湖北省西部丹江口市境内的武当山,方圆400公里,有七十二峰、二十四涧、十一洞、十石、十池、九泉、九井、三潭、九台以及元、明建筑群等风景胜迹,居于七十二峰之道的天柱峰,海拔1612米。北宋书画家米芾曾赞武当为"天下第一山"。

 第312课 古代四大书院都在哪儿?

岳麓(今湖南长沙岳麓山)书院、白鹿洞(今江西庐山)书院、嵩阳

（今河南登封）书院、应天（今河南商丘）书院合称中国古代四大书院。

　　嵩阳书院，位于河南省登封市区北 2.5 公里嵩山南麓，背靠峻极峰，面对双溪河，因坐落在嵩山之阳而得名嵩阳书院。创建于北魏孝文帝太和八年（公元 484 年）时，时称嵩阳寺，至唐代改为嵩阳观，到五代时周代改建为太室书院。宋代理学的"洛学"创始人程颢、程颐兄弟都曾在嵩阳书院讲学，此后，嵩阳书院成为宋代理学的发源地之一。

　　石鼓书院，位于国家历史文化名城、湖南省第二大城市——衡阳市石鼓区，海拔 69 米，面积 4000 平方米。石鼓书院始建于唐元和五年（公元 810 年），迄今已有 1200 年历史。书院主要建筑有武侯祠、李忠节公祠、大观楼、七贤祠、合江亭、禹碑亭、敬业堂、棂星门、朱陵洞等。蒸水出环其右，湘水抱其左，耒水横其前，三水汇合，浩浩荡荡直下洞庭。而石鼓正当其中，横截江流，泰然若素。

　　位于江西省九江市庐山五老峰南麓后屏山下的白鹿洞书院为宋代四大书院之首，且有"海内书院第一"之称。书院"始于唐，盛于宋，沿于明清"，至今已有 1000 多年。

　　应天书院起源之早、规模之大、持续之久、人才之多，居四大书院之首。所以，《宋史》记载："宋朝兴学，始于商丘。"应天书院，又名睢阳书院、南京书院。宋真宗正式赐书并亲自题写应天府书院，位于商丘市睢阳区商丘古城南，因为商丘在唐供称为宋州睢阳郡，北宋景德三年（公元 1006 年）升为应天府，大中祥符七年（公元 1014 年）又升格为南京，为当时四京之一。

　　第 313 课　"五岭"指的是哪儿？

　　五岭由越城岭、都庞岭、萌渚岭、骑田岭、大庾岭五座山组成，故又称"五岭"。地处广东、广西、湖南、江西、福建五省区交界处，是中国江南最大的横向构造带山脉，是长江和珠江两大流域的分水岭。长期以来，是天然屏障，五岭山脉阻碍了岭南地区与中原的交通与经济联系，使岭南地区的经济、文化远不及中原地区，被北人称为"蛮夷之地"。自唐朝宰相张九龄在

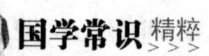
大庾岭开凿了梅关古道以后，五岭地区才得到逐步地开发。古代的统治者总是利用五岭作为划分行政区界的地物标志，所以五岭也是诸省区的边缘。五岭山脉以南的地区称作岭南，主要是指广东、广西地区。

大庾岭：在今江西省西南角的大余县南境，与广东省南雄市接壤，为粤赣交通要道，秦时的横浦关即在此岭之上。

都庞岭：在今湖南省永州市蓝山县南和广东省连州市之北，而不是今日位于广西桂林市灌阳县和湖南永州市江永县之间的都庞岭。秦时的湟溪关即在此岭之上，亦为由湘入粤之道。

骑田岭：在今湖南郴州市区和宜章县之间，为湘粤通道，秦时的阳山关即在此岭之上。

萌渚岭：在今湖南省永州市江华瑶族自治县和广西贺州市八步区、钟山二县区之北，为由湘入桂之道。

越城岭：在今广西兴安县之北，为由湘入桂的交通要道，这里还有兴安县严关和秦城遗址。

 第314课　古代"四大古镇"说的是哪儿？

四大古镇，一般指广东的佛山镇，江西的景德镇，湖北的汉口镇，河南的朱仙镇。这四个城镇都有各具特色的历史文化，展现了各地奇特的地域和不同时期的历史风貌，在文化旅游和史学研究上都有很重要的意义。

广东佛山镇，今广东省佛山市，佛山是一个有着灿烂文化和悠久历史的古镇，原名季华乡，"肇迹于晋，得名于唐"，文化底蕴深厚，是国家历史文化名城。据史料记载，佛山的历史起源于今禅城区澜石街道区域，距今约4500～5500年前，百越先民沿西江、北江来此繁衍生息，以渔耕和制陶开创原始文明。唐贞观二年（公元628年），因在城内塔坡岗上挖掘出三尊佛像，认为此地是佛家之地，因此把季华乡称为"佛山"。

江西的景德镇，景德镇位于江西省东北部，东邻安徽省休宁县和本省婺源县、德兴市，南连本省万年县、弋阳县，西靠本省鄱阳县，北与东北同安徽省东至县和祁门县毗邻。著名旅游胜地庐山、龙虎山、三清山、黄山、九华山环绕其间；鄱阳湖、千岛湖互映左右。

湖北的汉口镇，汉口有居民的历史大约在540年前后。书上说是明代天顺年间，这是汉水改道的前夕。一个叫萧二的江夏县民将龟山北麓一带的河滩废壤承佃了下来。

河南的朱仙镇，朱仙镇在春秋时为启封城西北附近的居民点。五代时期，由于开挖蔡河与汴河相通，该居民点逐渐成为汴梁附近的重要集镇。明朝嘉靖年间，朱仙镇进入兴盛时期，与汉口镇、景德镇、佛山镇齐名，统称中国四大名镇。

第315课 我国"四大名刹"都在哪儿?

山东济南灵岩寺、浙江天台国清寺、湖北当阳玉泉寺、江苏南京栖霞寺统称为我国"四大名刹"。

灵岩寺，位于济南市长清区万德镇境内，始建于东晋，有辟支塔、千佛殿等景观，是中国首例世界自然与文化双重遗产泰山的重要组成部分，国家级风景名胜区，全国重点文物保护单位，为中国四大名刹之首。

国清寺是我国创立的第一个佛教宗派天台宗的发源地，始建于隋开皇十八年（公元598年），初名天台寺，后取"寺若成，国即清"改名为国清寺。国清寺位于浙江省天台县城关镇北约4公里处。景区面积2.4平方公里；国清寺曾毁于武宗灭佛和北宋宣和二年，宋建炎二年修复，名列"五山十刹"之一。清雍正十一年下诏重建，至清末、民国时期又有增建。寺院占地2公顷余，按4条南北轴线布列600多间古建筑，面积超过1.3万平方米。

玉泉寺是全国著名的风景名胜区，玉泉寺坐落于绿树丛林的玉泉山东当阳玉泉寺麓，距三国古战场长坂坡暨当阳市城区12公里。南北朝大通二年（公元528年），梁武帝敕建"覆船山寺"。隋开皇十二年（公元592年），智者大师奉诏建寺，隋文帝赐额"玉泉寺"。唐初，玉泉寺与浙江国清寺、山东灵岩寺、江苏栖霞寺并称"天下四绝"。

栖霞寺位于南京市东北 22 公里处的栖霞山上，始建于南齐永明七年（公元 489 年）。梁僧朗于此大弘三论教义，被称为江南三论宗初祖。

第 316 课 "三十六郡"制是怎样划分的？

"三十六郡"是秦始皇统一六国后对国家实行的一种区域制度。公元前 221 年，秦王嬴政在完成统一大业后，实行郡县制，把全国分为 36 个郡分管而治。裴骃的《集解》中记载的三十六郡为："三川、河东、南阳、南郡、九江、鄣郡、会稽、颍川、砀郡、泗水、薛郡、东郡、琅邪、齐郡、上谷、渔阳、右北平、过西、辽东、代郡、巨鹿、邯郸、上党、太原、云中、九原、雁门、上郡、陇西、北地、汉中、巴郡、蜀部、黔中、长沙凡三十五，与内史为三十六郡。"《汉书·地理志》没有黔中、彰郡。《晋书·地理志》在序文里提到的三十六郡沿承《史记集解》的说法并加以补充，在南平南越之后，增设了闽中、南海、桂林、象四郡，合计秦郡共 40 个。

清代学者认为《汉志》《晋志》都有偏漏，36 是秦初并天下时的郡数，其后续有增置。但到底最初分为哪三十六郡、后来增设哪些郡、秦朝末期时共存多少郡，各家说法不一，不胜枚举。清朝全祖望的《汉书地理志稽疑》、近代人王国维的《观堂集林·秦郡考》两说影响较大，二者都认为南海、桂林、象、九原四郡不应在初定天下时分三十六郡之内。全祖望以黔中、广阳、东海、楚郡补足三十六郡，合后置的南海、桂林、象、闽中、九原共得四十一郡，而内史不在内。王国维以黔中、闽中、陶、河间补足三十六郡，以广阳、胶东、胶西、济北、博阳、城阳、南海、桂林、象郡、九原、陈郡、东海十二郡为后置郡，共四十八郡，内史也不在其中。

第 317 课 "十三刺史部"是怎么来的？

"十三刺史部"是汉朝实施的一种区域行政制度。汉武帝元封五年

（公元前 106 年），为了加强中央对地方的管制，除京师附近七郡外，把全国划分为 13 个监察区域，每个区域由中央派遣刺史一人，以巡视监督该地区的吏政，对"强宗豪右，田宅逾制，以强凌弱，以众暴寡"等问题予以检举，其管区称为刺史部。刺史乃该地区的最高行政长官。

全国 13 个刺史部中，有 11 部采用了《尚书·禹贡》和《周礼·职方》中提到的州名，即冀州、兖州、青州、徐州、扬州、荆州、豫州、雍州、梁州、幽州、并州，并把其中的梁州为益州、雍州定为凉州。另外有朔方、交趾二郡仍沿用其名，称朔方刺史部、交趾刺史部，共十三刺史部，简称为"十三部"，古代也称"十三州"。东汉建武帝十一年，朔方刺史部被并入并州刺史部，交趾刺史部改为交州刺史部，降司隶校尉部（京师附近的郡部）为十三部之一，仍称十三部。汉灵帝中平五年，改刺史为州牧，直接掌握一州的军事、行政、民政等大权，位于郡守之上，此时的刺史乃该地区的最高行政长官，十三部因而成为郡以上一级的行政区域，从此之后，中国行政体制由"中央—郡—县"制变为"中央—州—郡—县"制。

第 318 课　"开元十五道"是怎样的疆域规划制度？

唐玄宗在位时期，把天下分为十五道分管而治，每道分设采访使，督察当地的吏政，除此之外，在边境设立节度使、经略使，防治四夷来犯。"开元十五道"分别是：

1. 关内道（治长安，今西安市）。辖今陕西、甘肃、内蒙古三省区，东到黄河，西至乌鞘岭，南达秦岭，北到贝加尔湖。

2. 河南道（治卞州，今开封市）。辖今河南、山东两省，东至海滨，西到潼关，北起黄河（唐代黄河），南接淮水。

3. 河东道（治蒲州，今永济市）。辖今山西省及河北省、内蒙古的一部。

4. 河北道（治魏州，今大名）。辖今太行山以东，向东北直至黑龙江

271

入海口。

5. 山南东道（治襄州，今襄樊市）。

6. 山南西道（治梁州，今汉中市），以上两道辖江汉流域，西起嘉陵江，东达桐柏山东侧，北至秦岭，南到大娄山、巫山和洞庭湖畔。

7. 陇右道（治鄯州，今青海乐都县）。辖陇山和嘉陵江以西，直至今中亚地区。

8. 淮南道（治扬州，今扬州市）。辖江淮之间的地区。

9. 江南东道（治苏州，今苏州市）。

10. 江南西道（治洪州，今南昌市）。

11. 黔中道（治黔州，今重庆彭水县）。

以上三道辖长江以及五岭之间的广大地区。

12. 岭南道（治广州，今广州市）。辖五岭以南地区。

13. 剑南道（治益州，今成都市）。辖山南道以西、陇右道以南，直至今云南南部。

14. 京畿道（治长安，今西安市）。辖今西安市周边地区。

15. 都畿道（治东都，今洛阳市）。辖今洛阳周边地区。

第 319 课　宋朝的行政规划是怎样划分的？

"十八路"是宋朝时期介于行政区和监察区之间的一种区域规划制度。宋初为了加大中央集权统治，削弱了节度使的实权，把全境分为若干路来治理，最初时并未定制分并增省，公元 997 年（宋太宗至道三年），开始把境内划分为十五路：京东、京西、河北、河东、陕西、淮南、江南、荆湖南、荆湖北、两浙、福建、西川、峡（峡西）、广南东、广南西。到了宋真宗时期，又分西川、峡路为益州（成都府）、梓州、利州、夔州四路，江南为江南东路与江南西路，共十八路，后来的历仁宗、英宗至神宗依然沿袭此制度不变，是北宋时维持最久的区域制度。每路分属于转运使、提点刑狱、安抚使等机构管辖。《宋史·艺文志三·地理类》有赵珣《十八图》一卷。《宋史·地理志一》："至道三年，分天下为十五路，天圣析为十八。"

第320课 元朝的行政区划是怎样的？

"十一行中书省"是元朝的行政区划制度。《元史·地理志一》："（世祖）二十七年……立中书省一，行中书省十有一：曰岭北、曰辽阳、曰河南、曰陕西、曰四川、曰甘肃、曰云南、曰浙江、曰江西、曰湖广、曰征东，分镇藩服，路一百八十五、府三十三、州三百五十九、军四、安抚司十五、县一千一百二十七。"《明史·地理志一》："洪武初，建都江表，革元中书省，以京畿应天诸府直隶京师。后乃尽革行中书省，置十三布政使司。"

元朝是封建社会后期政治黑暗、社会混乱的朝代，忽必烈的南征北战，一度使中国成为当时世界上面积最大的国家，但对征战过的区域并不能实施长期有效的占领，尤其是建立正规的政权组织来实施对占领区统治。

蒙古帝国入主中原后，沿用了传统的中央集权管理模式。但是为了加强自身统治，废除了宋朝时期的门下省和尚书省，只保留了中书省作为总行政机构。在地方上，元朝实行"行中书省"的行政体制：以中央政府中书省大臣的名义分派官员到各地方政府去任职。可见这一机构并非当地固定的政府机构，实质上是"流动"的中书省，乃是皇帝直接派出的机构。

"行省"制的实施加强了元朝的中央集权统治，巩固了多民族国家的统一，极大地促进了各族人民在政治、经济、文化之间的交流。

第321课 明朝的行政区划是怎样的？

明朝时期大力加强中央集权统治，公元1428年取消行省制，境内的州、府除分统于两京南北两直隶外，全国设13个承宣布政使司，简称十三司，俗称十三省，包括山东、山西、河南、陕西、四川、湖广、浙江、江西、福建、广东、广西、云南、贵州。《明史·地理志一》："洪武初，建都江表……后乃尽革行中书省，置十三布政使司，分领天下府州县及羁縻诸司。"

明朝时，政府把元朝的行省改为承宣布政使司，布政使司主管民政，下设提刑按察使司、都指挥使司，分管刑狱和军政，合称都、布、按三司。明朝布政使司与元行省性质相同，习惯上仍把布政使司称为省或藩司，代称为薇垣；把布政使称为方伯。除京师、南京外，共设有山东、山西、河南、陕西、四川、江西、湖广、浙江、福建、广东、广西、云南、贵州13个布政使司，京师称为北直隶，南京称为南直隶，这就是"两京直隶十三布政使司"，俗称"十五省"，是明代实施的行政区划制度。明代的布政使司制是行省制的完善与发展，为清朝的内地省级行政区划奠定了基础。布政使司下辖府、州、县和土府州县及部分土司。布政使司作为明朝地方最高的行政机构，在明中后期受到了各地总督、巡抚等官吏的制约，致使行政权力逐步缩减。

第322课　清朝时期的行政区域是怎样的？

清朝时期除了沿用元明时期的行省制度外，把明朝统治时期15个承宣布政使司中的湖广分为湖南、湖北，南直隶（先改名为江南）分为安徽、江苏，从陕西中分出甘肃；将东北地区、新疆、青海、蒙古等边境地区取消分制，划为朝廷直接管理。清朝时期的内地十八省包括：安徽、浙江、江苏、江西、湖南、湖北、四川（包括现在的重庆和四川）、福建（包括台湾）、广东、广西、云南、贵州、直隶（包括现在的北京、天津两市、河北省大部和河南、山东的小部地区）、河南、山东、山西、陕西、甘肃。

清朝"十八省"的行政区域继承了明朝两京：京师、南京；十三布政使司：山东、山西、河南、陕西、四川、江西、湖广、浙江、福建、广东、广西、云南、贵州。清朝建立后，全盘继承了明朝的政区，只是将明朝的京师改为直隶，南京改为江南布政使司，即一直隶、十四布政使司，合称为"十五省"，因此从表面上看，"十八省"的出现是由于省的增设，或所谓的"分省"。

 | **第 323 课 我国的十大古都分别是哪里？**

一个又一个国家的兴亡交替，汇成了华夏五千多年的历史文化长河，而伴随着历朝历代繁荣、没落的都城，无疑最真实地见证了华夏儿女不屈不挠的奋斗史。

我国古代十大古都分别是：

一、北京，金王朝的中都、元朝起成为中国的首都、明清王朝的都城，有 3000 余年的建城史和 857 余年的建都史。

二、西安，古称长安，曾为西周王朝、西汉王朝、北周王朝、隋唐王朝都城，这四个朝代统治中国长达 750 年。西安与罗马、雅典、开罗并称世界四大古都。

三、洛阳，古代东周王朝、东汉王朝、西晋王朝、北魏王朝、后唐王朝的都城。有 4000 余年建城史和 1529 年建都史，自夏朝开始有 13 个王朝、105 位帝王在此号令天下。是华夏文明的发源地。

四、南京，古称金陵、江宁。先后为东吴、东晋和南朝的宋、齐、梁、陈六朝的都城。南京自古就是长江下游地区的文化和政治中心，南京的城垣史迄今已有 2471 年。

五、开封，古称汴，古代后梁王朝、后晋王朝、后汉王朝、后周王朝、北宋王朝都城。建城至今已有 2700 多年的历史。

六、杭州，古代吴越王朝、南宋王朝都城。

七、安阳，商王朝都城。

八、成都，蜀汉国、成汉国、前蜀国、后蜀国都城。

九、广州，南越国、南汉国都城。

十、银川，西夏王朝的都城。

第324课　古代"中原"指的是哪里？

"中原"一词最早见于《诗经》：《小雅·南有嘉鱼之什·吉日》："瞻彼中原，其祁孔有。"《小雅·节南山之什·小宛》："中原有菽，庶民采之。"不过这里的"中原"并不是指代地域，而是"平原、原野"之意。

"中原"一词有狭义与广义之说。广义的"中原"是以河南为中心（中原七大古都群），辐射河南临近省份的广大平原地区。狭义的"中原"就指河南省。《辞源》中注释"中原"云："狭义的中原，指今河南一带。广义的中原，指黄河中下游地区，主要是河南省。"

古谚云"得中原者得天下"。中原地区对整个华夏民族的发展有着决定性的作用，4000多年前，河南为中国九州中心的豫州，有"中州"和"中原"之称。史上第一个封建王朝——夏朝在河南建都起，先后有商、西周、东周、西汉、东汉、曹魏、西晋、北魏、隋、唐、五代、北宋和金等20多个朝代在河南定都。中国八大古都中，仅河南一省就占据四个，分别为夏商故都郑州、商都安阳、十三朝古都洛阳和七朝古都开封。

 第325课　古代"西域"指的是哪里？

古地所说的"西域"，是汉朝以后对玉门关、阳关以西地区的统称，《汉书·西域传序》："西域以孝武时始通，本三十六国，其后稍分至五十余，皆在匈奴之西、乌孙之南。南北有大山，中央有河，东西六千余里，南北千余里。东则接汉，陌以玉门、阳关，西则限以葱岭。"当今对西域的解释有两层意思：狭义是指葱岭以东地区而言，如《汉书·西域传》所述的西域三十六国；广义的西域则指凡通过狭义西域所能到达的地区，包括亚洲中、西部，印度半岛、欧洲东部和非洲北部。

汉武帝于公元140年派张骞出使西域，汉宣帝始置西域都护，治乌垒城，距阳关2700余里。唐在西域设安西、北庭二都护。以后各代，中原与西域均在政治、经济、文化上有着不可分割的密切关系。亚欧海运畅通前，横贯西域的大路长期是东西往来要道。自19世纪末以来，西域之名逐渐废弃不用。《汉书·西域传上》："自玉门、阳关出西域有两道，从鄯善（即楼兰）傍南山北波河（即塔里木河）西行至莎车为南道；南道西逾葱岭，则出大月氏、安息。自车师前王庭，随北山波河，西行至疏勒为北道；北道西逾葱岭，则出大宛、康居、奄蔡、焉耆。"《魏书·释老志》："魏先建国于玄朔，风俗淳一，无为以自守，与西域殊绝，莫能往来。"

 第326课 黄河为什么被称为"母亲河"？

早在远古时期，我国境内的原始居民就开始在黄河流域繁衍生息。华夏文明初始阶段时期的夏、商、周三代和后来的西汉、东汉、魏、晋、南北朝、隋、唐、五代十国、宋、金等诸多王朝的政治经济中心也都在黄河中下游一带。黄河哺育了华夏儿女，孕育了华夏文明，是中华民族的母亲河。

古代早期的黄河并没有大量的泥沙，那时的黄河河水清澈，水量充沛。所以那时它还并不具黄河一名。我国古老的字书《说文解字》中称黄河为"河"，最古老的地理古籍《山海经》中把黄河称为"河水"，《水经注》中称为"上河"，《汉书·西域传》中称"中国河"。战国以后随着生产水平的提高，铁制农具的广泛使用，黄土高原和黄河流域的植被遭到严重破坏，并且呈有增无减的态势发展，以致到了西汉时期，河水中的泥沙大量增多，部分人称之为"浊河"或"黄河"。唐宋时期，黄河这一名被广泛使用。

黄河流域界于北纬32°至42°，东经96°至119°之间，南北相差10个纬度，东西跨越23个经度，水域面积为75.2万多平方公里，全长5460多公里，河源至河口落差高达4830米。流域内石山区占29%，黄土和丘陵区占46%，风沙区占11%，平原区占14%。黄河发源于青藏高原巴颜喀拉山，干流贯穿青海、四川、甘肃、宁夏、内蒙古、陕西、山西、河南、山东9个省市自治区，注入渤海。年径流量574亿立方米，平均径流深度为77毫米。

第327课 "台湾"一称是怎么来的?

"台湾"一称的由来可追溯至九州时期，《尚书·禹贡篇》一书中所提到的"岛夷卉服"指的就是台湾。清康熙三十三年（公元1642年）高拱乾主修的《台湾府志》中也说到，夏商时期的扬州包括台湾。

《史记》中也提到，古帝王在战国时期就曾出海寻找仙山，齐威王、齐宣王、燕昭王都曾派人出海，其中秦始皇求仙药，以求长生一事广为人知。战国的《山海经》中有提到关于"凋题国"的说明："点涅其面，画体为鳞采，即鲛人也。""凋题"在古代意为在皮肤上画绘相关的图案之意。由于台湾的少数民族有在脸上画鲸蓝纹的习俗，因此推断"凋题国"就是台湾。

《汉书》相反记载说："会稽海外，有东鳀人，分为二十余国。""东鳀"指的就是台湾。

三国时期，称夷州，《三国志》中称："吴王孙权，遣将士浮海，求夷州和亶州"。隋唐至元代称琉球。明朝初期，冲绳国王察度到京城纳贡，被封为琉球国王，发现台湾岛后，把冲绳称为大琉球，台湾为小琉球。明中后期，民间对台湾的称呼很多，如鸡笼、北港、大鸡笼、大湾、台窝湾，官方称为东蕃或东番诸山、东蕃诸岛，郑成功时改称为东都、东宁。连横的《台湾通史》中说：台湾原名埋冤，闽南人刚到台湾，因为水土不服，很多人得病死了，埋在台湾。现在认为是由台窝湾演变而来，也就是由台湾少数民族的名字发展而来的。清康熙二十三年（公元1684年）清政府将"东宁"复名"台湾"，设置台湾府（下置三县），隶属于福建厦门道，"台湾"之名正式确立。

第十二章
中国人必知的考古探秘

 第 328 课　古墓中的神秘"墓毒"是什么?

古代帝王大多心存长生不老的念头，不老丹、长寿药等事，史书都有记载，等知道此类举动必定无果后，就把生前的"实验"成果用到了"后事"上，古墓里毒气的制造原理正是炼丹制药的延伸。

实际上，中国古人早就知道制造"毒气"的原理，他们对化学这一门现代才发展起来的学科的某些领域早就了解和掌握了，并在实践中进行应用。如炼制仙丹、五灵丹这些所谓长生不老药、长寿药、壮阳药，就是中国古代化学家进行的早期化学实验行为。现代科学家们经研究总结，把古墓里的毒质按物质的三大形态主要分为以下几类：

固态墓毒，主要包括朱砂、石胆、雄黄、矾石、磁石、礜石等，这些"毒石"在一定温度下会产生剧毒，"五毒之石"之说就足以见得。

液态墓毒，毒质主要以水银为主，专家证实，秦陵由于大量使用水银，成了世界第一大"毒墓"，其使用的水银之多有"地下毒河"一说，足以让盗墓者有去无还。

气态墓毒，主要以一氧化碳和二氧化碳（量多会使人窒息而亡）为主，气态墓毒容易挥发，会杀人于无形。《酉阳杂俎·尸穸》记载齐景公的墓穴时说道："有青气上腾，望之如陶烟，飞鸟过之辄堕死，遂不敢入。"墓中的毒气把路过的飞鸟都杀死了，可见其杀伤力非同小可。

 第329课 "华夏第一都"说的是哪里？

考古学家于1959年发现的二里头遗址，位于河南洛阳偃师二里头村，距今约3500～3800年，相当于中国历史上的夏、商时期，是探索华夏文明的重要遗址。1960年，考古学家在二里头遗址的上层发现了一处具有宏大规模的宫殿基址，是中国迄今发现的最早宫殿建筑基址。

二里头遗址按先后顺序共分四期，一二期为石器、陶作坊、村落文化；三四期属青铜和宫殿文化。其中的古遗迹包括：宫殿建筑基址、平民居住址、手工业作坊遗址、墓葬和窖穴等；出土的器物有铜器、陶器、玉器、象牙器、骨器、漆器、石器、蚌器等。不仅发现了大量原始的青铜器，而且还发现了当时的铸铜遗址，可见我国在夏朝已经掌握相当成熟的青铜冶炼、铸造的技术，同时也反映出洛阳是我国最早进入青铜时代的地区。

2011年，考古工作者在二里头又发现了新的五号基址与之前发掘的三号基址东西并列，基址中包括距今约3600年，保存最好的商代国家级祭祀场的源头区，该区为夯土建筑，总面积超过2100平方米，是迄今（2011年）为止保存最好的二里头文化早期大型宫殿建筑。

这个看似不起眼的村庄，曾是中国第一个王朝都城的所在地，与后来的商周文明一道构成华夏民族文化发展的主流，确立了以礼乐文化为根本的华夏文明的基本特质。

 第330课 有"长江文明之源"之称的遗址是哪里？

位于四川广汉城西的三星堆古文化遗址是迄今在西南地区发现的范围最大、延续时间最长、文化内涵最丰富的古代文化遗址，被称为20世纪人类最伟大的考古发现之一。相传玉皇大帝在天上撒下了三把土，落在广汉的湔江边，成为突兀在大平原上的三座黄土堆，犹如整齐分布的三颗金星，三星堆因此而得名。

三星堆遗址总面积超过 12 平方公里，包括大面积居住区、大型城址和众多器物坑等古文化遗迹。我国于 1980 年起开始对三星堆进行发掘。在遗址中发现城址一座，据认为，其建造年代至迟为商代早期。已知东城墙长 1100 米，南墙 180 米，西墙 600 米，为人工夯筑而成。清理出房屋基址、灰坑、墓葬、祭祀坑等。房基有圆形、方形、长方形三种，多为地面木构建筑。自 1931 年以后在这里曾多次发现祭祀坑坑内大多埋放玉石器和青铜器。1986 年发现的两座大型祭祀坑，出土有大量青铜器、玉石器、象牙、贝、陶器和金器等。金器中的金杖和金面罩制作精美。青铜器除罍、尊、盘、戈外，还有大小人头像、立人像、爬龙柱形器和铜鸟、铜鹿等。其中，青铜人头像形象夸张，极富地方特色；立人像连座高 2.62 米，大眼直鼻，方颐大耳，戴冠，穿左衽长袍，佩脚镯，是难得的研究蜀人体质与服饰的资料。

三星堆古遗址同长江流域与黄河流域一样，同属中华文明的母体，被誉为"长江文明之源"。

第 331 课　我国的三大古建筑群分别是什么？

山东曲阜孔庙、北京故宫和承德避暑山庄统称为我国的三大古建筑群。

故宫，封建王朝统治结束前皇帝居住办公的宫殿建筑群。故宫始建于明永乐四年（公元 1406 年），1420 年竣工，为明朝皇帝朱棣在元朝的基础上兴建的。故宫南北长 961 米，东西宽 753 米，面积约为 72.5 万平方米，建筑面积 15.5 万平方米。相传故宫一共有房室 9999.5 间，是以"四柱一间"的古代建筑为标准的。但实际专家现场测量故宫共有房室 8707 间。故宫周围的宫墙高 12 米，长 3400 米，墙外有 52 米宽的护城河环绕。1987 年故宫被联合国教科文组织列为"世界文化遗产"。

孔庙始建于公元前 478 年，初始建筑面积约 1.6 万平方米。随着儒家思想统治地位的加强，各朝代都对孔庙有不同程度的改建。清朝时期，雍正帝下令大修孔庙。建好后的孔庙共有九进院落，以南北为中轴，分左、中、右三路，纵长 630 米，横宽 140 米，有殿堂、坛、阁 460 多间、门坊 54 座、"御碑亭" 13 座，拥有各种建筑 100 余座、460 余间，形成了占地面积约 9.5 万平方米的庞大建筑群。

避暑山庄始建于公元 1703 年，耗时 89 年建成，是清朝三代帝王康熙、雍正、乾隆夏日避暑和处理政务的场所，是我国著名的古代帝王宫苑。

避暑山庄分宫殿区、湖泊区、平原区、山峦区四个板块。宫殿区位于湖泊南岸，由正宫、松鹤斋、万壑松风和东宫四组建筑组成。占地十万平方米，地形平坦，是皇帝处理朝政、举行庆典和生活起居的地方。湖泊区在宫殿区的北面，总面积约为 43 公顷，有八个小岛屿，景色之美堪比江南的鱼米之乡。平原区在湖区北面的山脚下，面积约占全园的 4/5，有广阔无垠的草原景色。山峦区位于山庄的西北部，这里地势起伏，山峦叠嶂，多楼堂殿阁、寺庙，有湖光山色之貌。

 第 332 课　中山王鼎的发现有何历史意义？

中山王鼎于 1977 年出土于河北省平山中山王墓中，与同一时期出土的方壶、圆壶合称为"中山三器"。中山王鼎高 51.1 厘米，最大直径 65.8 厘米，顶盖及鼎腹部刻有铭文 469 个字，共刻有铭文 77 行，共计 469 个字。它是我国至今为止发现的最大的铁足铜鼎。

鼎为铜身铁足，圆腹圆底，附耳，兽蹄足，覆钵形盖，顶有三环钮。自鼎盖环钮以下至鼎腹足部以上刻铭文 469 字。方壶即通常所谓的钫，肩饰四条夔龙，腹两侧各有一铺首，通高 63 厘米，腹径 35 厘米，腹的四面刻铭文 450 字。圆壶为短颈鼓腹，两侧有二铺首，圈足，有盖，盖饰三钮，通高 44.5 厘米，腹径 32 厘米，腹与圈足皆有铭文，腹部铭文 59 行、182 字。中山王鼎、壶的铭文的内容是赞颂相邦率师伐燕而建立的功勋，谴责燕王哙让王位于燕相子之。中山王鼎、壶铭文为研究战国时期中山国的历史提供了重要资料，如"皇祖文武、桓祖成考"，即记录了四位先王的庙号，连同作器者王，作圆壶者，这就衔接起了前后共六代中山王的世系，对文献所载中山武公前后的历史作了重要补充。

 第 333 课　被称为"世界农业文明曙光"的遗址是哪个？

上山遗址位于浙江省金华市北的浦江县，是中国迄今发现年代最早的新石器时代遗址之一。

上山遗址距今约 9000～11000 年。河姆渡遗址出土的 7000 多年前人工栽培的水稻，曾作为世界水稻业起源的研究热点，而上山遗址又将这一纪录提前了 3000 多年。上山遗址的发掘是对我国古代新石器时期考古的重大突破。

上山遗址出土的夹炭陶片的表面上发现大量的稻壳印痕，胎土中夹杂大量的稻壳。对陶片取样进行植物硅酸体分析显示，这是经过人类选择的早期栽培稻。这一结论表明，上山遗址是迄今发现的、保存丰富栽培稻遗存的、年代最早的新石器时代遗址，这证明了上山遗址所在的长江下游地区是世界水稻农业的最早起源地之一。

在我国迄今发现的万年以上的早期新石器时代遗址中，大多以山地、洞穴类型为主，而上山遗址位于浙中盆地，周围开阔平坦，是早期人类居住生活的另一种模式。遗址中发现了结构完整的木构建筑群落，说明了长江下游地区在新石器时代早期的生活发展中具有优势地位。

 第 334 课　哪个遗址有"中国最早的古城"之称？

位于湖南澧县的城头山古文化遗址占地 18.7 公顷，是中国南方史前大溪文化至右家河文化时期的遗址。6500 年前，大溪文化早期的人们就已经开始在城头山繁衍生息。此后，人们经历了大溪文化、屈家岭文化、石家河文化几个历史时期，共计 2000 多年。直至石家河文化中期，故称才被废弃。经过 1991～2001 年 11 次的发掘探秘，城头山现已出土各类文物 5000 多件。

城头山遗址是目前中国发现最早、内容最丰富、最具典型意义的古城遗址。遗址内有世界迄今所发现历史最早、保存最完好的水稻田遗址。这是在长江流域城邑文化遗存下来的最系统、最有代表性的遗址，具有我国早期古城最完整的布局，是目前所知沿用时间最长的遗址。1996 年，该遗址被中华人民共和国国务院批准为全国重点文物保护单位。2002 年，城头山古文化遗址被评为"中国 20 世纪 100 项考古大发现"之一。

 第 335 课　有"绿洲古国"之称的遗址是哪个？

楼兰是汉朝时期西域的一个古国，他们居住于塔克拉玛干沙漠东部、罗布泊西北部。根据《史记·大宛列传》和《汉书·西域传》记载，楼兰在公元 2 世纪以前是西域一个著名的"城廓之国"，有 14000 余人口，士兵近 3000 人，在远古时期算得上是一个泱泱大国。古楼兰又是古代丝绸之路上西出阳关的第一站，可谓是"使者相望于道"，一片市井繁荣之象。

根据郦道元的《水经注》记载，东汉以后，由于当时塔里木河中游的注滨河改道，导致楼兰严重缺水，敦煌的索勒率兵 1000 人来到楼兰，又召集鄯善、焉耆、龟兹三国兵士 3000 人，不分昼夜横断注滨河，引水进入楼兰，缓解了楼兰缺水困境。但楼兰城最终还是因断水而废弃。

经新疆考古工作者在 1979 年至 1980 年的研究发现，楼兰古城的确切位置是在东经 89°55′22″，北纬 40°29′55″。全城占地面积十万八千多平方米。城墙高约 4 米，宽约 8 米，为黄土夯筑。居民房屋全部为木质结构，院墙是芦苇或柳条编扎而成，上面抹上黏土。城中的唯一一件土建筑为古楼兰统治者的住所，房屋坐北朝南，残高 2 米，墙厚 1.1 米。

1995 年 12 月，在新疆库尔勒专门召开了关于楼兰研究的国际会议，"楼兰学"已成为涉及考古、环境、地质、地理、水文、气象、经济、文化等多方面研究的学科。

 第 336 课　长信宫灯为什么被称为"中华第一灯"？

长信宫灯是 1968 年于河北省满城县中山靖王刘胜之妻窦绾墓中出土的一件西汉青铜器。此宫灯因曾放置于窦太后（刘胜祖母）的长信宫而得此名。

宫灯的外形为一梳髻的跣足侍女跪坐在地，手持铜灯。整件宫灯通高 48 厘米，重 15.85 千克。由头部、右臂、身躯、灯罩、灯盘、灯座六个部分分别铸造组成，头部和右臂可以组装拆卸，便于对灯具进行清洗。宫灯的灯盘分上下两部分，刻有"阳信家"铭文，灯盘可以转动以调整灯光的方向，嵌于灯盘沟槽上的弧形瓦状铜版可以调整出光口开口的大小来控制灯光的亮度。右手与下垂的衣袖罩于铜灯顶部。宫女铜像体内中空，其中空的右臂与衣袖形成铜灯灯罩，可以自由开合。燃烧的气体灰尘可以通过宫女的右臂沉积于宫女体内，不会大量散逸到周围环境中。

长信宫灯采取分别铸造，然后合成一整体的铸造方法，整个造型及装饰风格都显得舒展自如、轻巧华丽，是一件既实用，又美观的灯具珍品，堪称"中华第一灯"。考古学和冶金史的研究专家一致公认，此灯设计之精巧，制作工艺水平之高，在汉代宫灯中首屈一指。

 第 337 课　石鼓文为何有"石刻之祖"之称？

石鼓文是我国最早的石刻文字，有"石刻之祖"的美誉，石鼓文承载了秦国书风，为小篆的产生奠定了基础。因其刻在 10 座花岗岩石上，石墩形状与鼓相似，所以称为"石鼓文"。

唐代初期在陕西凤翔县出土过 10 个形状与鼓相似的刻石，直径大约三尺有余。每个石鼓上都刻有一首四言诗，说的是关于秦王外出打猎的事，称作"猎碣"。原文共700多字，由于长期受到自然和人为的损坏，剥蚀严重，字迹漶漫，有些已经不见原文。石鼓出土后，最早被置于凤翔县孔庙内，宋朝时期运到河南开封的国子监。曾经用粉重新填写上面的文字。金人攻入东京后，石鼓被运到北京，上面的金字图层被剔去，残损比较严重。清乾隆五十五年（公元1790年），为保护石鼓文不再受损，朝廷曾命人仿刻一份，置于北京孔庙大成门内，原物现存于故宫博物院铭刻馆。

石鼓文书体规范、严正，在一定程度上保留了金文的特征，是金文向小篆发展的一种过渡书体。相传在石鼓文之前，周宣王太史籀曾经对金文进行整理改造，著有大篆15篇，故大篆又称"籀文"。石鼓文是大篆流传后世，保存比较完整且字数较多的书迹之一。

 第338课　世界上发现最大的青铜器是什么？

1939年3月19日在河南省安阳市出土的司母戊方鼎是商朝王室祭祀用的方鼎，现为世界上迄今为止发现的最大青铜器。

司母戊方鼎重832公斤，高133厘米，口长110厘米，宽78厘米，厚6厘米，鼎的腹部呈长方形，四周皆用翡棱装饰，翡棱中心外有3组兽面纹，上端为牛首纹，下端为饕餮纹，鼎足饰有兽面纹，下有3道弦纹。足部上面竖有两只直耳（出土时仅剩一只，另一只为后人复补上去的），下为4根圆柱形的中空鼎足，鼎身的中央是无纹饰的长方形素面，其余四面均以云雷纹装饰。鼎耳外廓有两只猛虎，虎口相向，中间含有一个人头，好像被虎吞噬，耳侧装饰有鱼纹。

司母戊方鼎之名源自鼎的腹部内壁铸有铭文"司母戊"而得名，此鼎是商王祖庚或祖甲为祭祀其母所铸造，全鼎的鼎身和鼎足是由一体构成，鼎耳是在鼎身铸好后浇铸的。司母戊方鼎是先秦时期最终的青铜器，在当时的条件下，要用1000千克以上的金属料铸造如此庞然大物，非鬼斧神工的技艺而不能，反映出了我国殷商时期高超的青铜冶铸水平。

第 339 课　莲鹤方壶是什么时期铸造的？

　　古代商朝时期就已经出现壶这种器物，在春秋战国时期得以盛行。当时的壶主要是盛酒的一种器具。正如《诗经》中的"清酒百壶"一说。莲鹤方壶就是东周时期青铜器物的绝唱之作。

　　莲鹤方壶分别于河南博物院和北京故宫博物院各存一件，它们本是一对。莲鹤方壶为青铜结构，壶身高 122 厘米，壶宽 54 厘米，外表布满了环盘的龙形饰纹，两侧为圆雕的龙形细长双耳，底部为两只巨大蜥蜴。壶口一周饰有双层绽放的莲花花瓣，中间屹立一只仙鹤展翅欲飞。整件器物威严神秘，反映出商周时期铸造器物恐怖狞厉的特点。

　　莲鹤方壶通体无任何附加装饰，浑然天成，反映出我国春秋时期已经注重器物铸造上外形美感的表现。著名文学家郭沫若曾经称赞道"此鹤突破上古时代之鸿蒙，正踌躇满志，睥视一切，践踏传统于其脚下，而欲作更高更远的飞翔"。可见莲鹤方壶的铸造开创了古代青铜艺术新的风潮，展现了春秋战国时期人们张扬的个性和浪漫的情怀。莲鹤方壶的出现不仅代表了春秋时期蓬勃向上的时代精神，更是一种全新生活观念与艺术观念的展现，标志着中国艺术风格新时代的到来。

 第 340 课　金缕玉衣是怎么制作的？

　　金缕玉衣始于西汉时期（公元前 206 年～公元 220 年），是当时规格最高的丧葬殓服，多为皇帝和朝廷重臣死后入殓所穿。玉衣是一种封建等级的象征，据史料记载，汉代皇帝死后身穿金缕玉衣，其他皇室贵族依地位高低分别身穿银缕玉衣或铜缕玉衣。《西京杂记》记载，当时帝王下葬都用"珠襦玉匣"，此匣的外观有如铠甲，用金丝相连。这里说的玉匣就是人们常说的金缕玉衣。古代人们十分迷信玉能够保持尸骨不腐，更把玉作为一种贵重的礼器和身份的象征。

时至今日，我国考古工作者共发现9件金缕玉衣，其中以河北满城一号墓出土的中山靖王刘胜的金缕玉衣最具代表性。全衣由1000多克连缀的2498片大小不等的玉片构成，上百个工匠耗时两年多才完成，精巧的设计、精细的做工，使其成为难得的旷世之宝。

金缕玉衣的工艺要求十分严格，汉朝的帝王们还为此专门设立了玉衣制作的"东园"。工匠先将大量的玉片进行筛选、钻孔、打磨等十几道工序的准备工作，才能把玉片按照人体不同的部分设计成相关形状和大小，再将其用金线相连制成成衣。后来，由于金缕玉衣的制作成本巨大，而且众多帝王陵墓遭到了盗墓毁尸的厄运，三国时期的魏文帝命令禁止使用玉衣，玉衣从此在王室中消失，淡出历史舞台。

 第 341 课 "陶文"是一种怎样的文字？

陶文是古人在陶器上刻画的字符。有两种形式：一是战国时代陶器上的文字，其记载的主要内容有人名、官名、地名、祝福语、年月日等；另一种是新石器时代陶器上的古文符号。

在现在出土的众多陶文中，半坡陶文的历史最为悠久，约存在于距今约6800年前。除此之外，大汶口文化、良渚文化和龙山文化时期也有陶文的存在，陶文多刻在陶钵外口缘的黑宽带纹和黑色倒三角纹上，少部分刻在陶钵底部和陶盆外壁。有关这些陶文的性质，各界有着诸多说法。郭沫若认为是"具有文字性质的符号"，古文字学家裘锡圭认为是记号，同为古文字学家的于省吾则认为是一种文字。著名学者唐立庵在谈到大汶口文化的陶文时说，这"是现行文字的远祖，它们已经有5800年左右的历史了"。时至今日，陶文破解仍是一件十分复杂的事情，只有几个字能猜测它们相当于后代的某字，但可以肯定的是，陶文与汉字之间存在着渊源的关系。

第342课 哪个古迹被誉为世界最大的地下军事博物馆?

秦始皇陵位于西安市临潼区东部,距西安市区37公里,北临渭水,南倚骊山。1974年,皇陵东部的西杨村村民在打井时,无意间发现了三处规模宏大的兵马俑陪葬坑,三坑呈品字形排列,总面积高达21000平方米左右,共出土陶俑8000件,兵器、战车数万件。

秦始皇兵马俑有着世界最大的地下军事博物馆之称。俑坑的结构较为奇特,在5米深的坑底,每隔3米架起一道东西走向的承重墙,兵马俑在墙间空当的过洞中顺序排列。三坑中以一号俑坑面积最大,东西长230米,南北宽62米,呈长方形分布,深约5米,总面积达14260平方米,坑的四周设有斜坡门道。俑坑中以武士俑居多,这类人俑平均身高在1.7米左右,最高的达1.9米。陶马身长2米左右,高约1.5米,战车与实用车大小相等。

二号俑坑位于一号坑的东北侧和三号坑的东侧,东西长96米,南北宽84米,总面积约为6000平方米。坑内建筑与一号坑相同,但兵俑较为齐全,是由骑兵、步兵、弩兵等多兵种构成的特殊布阵,是三坑中最为壮观的军阵。

三号坑位于一号坑西北侧,与二号坑东西走向相对,南距一号坑25米,东距二号坑120米,总面积约为520平方米,呈凹字形分布,三号坑共可出土兵马俑68个。从布局来看,三号坑应为一二号坑的指挥部。三号坑是三个坑中唯一一个没有被大火焚烧过的,所以出土的陶俑身上留有残存的彩绘,颜色比较鲜艳。

 第343课 被誉为"东方卢浮宫"的古遗迹是什么?

莫高窟俗称"千佛洞",位于甘肃省敦煌市境内,为我国的四大石窟之一。是世界上现存规模最大、保存最完好的佛教艺术宝库，有着"20世纪最有价值的文化发现"的美誉。

莫高窟于公元366年开凿于鸣沙山东麓断崖上，南北长约1600多米，上下排列5层，错落有致，形如蜂房鸽舍。相传，有位叫乐尊的和尚路经此山时偶然看见山顶上金光万道，如同万佛现身，虔诚皈依的乐尊被这种景象震撼了，认为佛光显现即是佛门圣地，于是乐尊便决定在这里拜佛修行，在岩壁上开凿了第一个洞窟，此后，大量佛门弟子、帝王将相、黎民百姓都来此捐资开窟，一直到清朝的1500年里，共建造大小石窟480多个。后来法良禅师取其"沙漠高处"之意，将其命名为莫高窟。

莫高窟现存北魏至元的洞窟735个，共分南北两区。南区是莫高窟的主体，有487个洞窟，均有壁画或塑像。北区有248个洞窟，只有5个存在壁画或塑像。石窟内布满了彩塑佛像和与佛教典故相关的壁画。壁画内容和数量的丰富是一个其他宗教所不能媲美的。

 第344课　仰韶文化有什么代表性?

仰韶文化是黄河中游地区重要的新石器时代文化，因为它于1921年在河南省三门峡市仰韶村被发现，所以被称为仰韶文化，其存在时间距今约5000多年至7000多年。

仰韶文化主要分布于黄河中下游一带，以河南西部、陕西渭河流域和山西西南地区为中心，西及甘肃洮河流域，南达汉水中上游，东至河北中部，北抵内蒙古河套地区。已发掘出近百处文化遗址，出土文物均反映出较同一的文化特征。

仰韶文化是一个以农业为主的文化，生产工具以较发达的磨制石器为主，常见的有刀、斧、锛、凿、箭头、纺织用的石纺轮等。骨器也相当精致。有较发达的农业，作物为粟和黍。其村落或大或小，比较大的村落的房屋有一定的布局，周围有一条围沟，村落外有墓地和窑场。村落内的房屋主要有圆形或方形两种，早期的房屋以圆形单间为多，后期以方形多间为多。仰韶文化的农耕石器包括石斧、石铲、磨盘等，除此之外还有骨器。除农耕外，仰韶文化的人显然还进行渔猎。在出土的文物中有骨制的鱼钩、鱼叉、箭头等。仰韶文化前期的陶器多是手制的，中期开始出现轮制的。一些陶器上留有布和编织物印下来的纹路，仰韶文化在历经2000年的发展蜕变后，逐渐形成为中华民族原始文化的核心部分。1961年，国务院将仰韶文化遗址定为国家重点文物保护单位。

 第345课　大汶口文化有何历史意义？

　　大汶口文化是存在于黄河下游新石器时代后期的一种文化形态，主要分布在以泰山为中心的山东中南部地区和江苏的淮北地区，鼎盛时期的分布区域更加广阔，东起黄海，南至淮北，西到河南中部，北至渤海南部都有该文化的遗存。因为这种文化形态首先发现于大汶口，所以把它命名为"大汶口文化"。其后，分别于1974年、1977年、1978年先后进行多次发掘。遗址内涵丰富，有墓葬、房址、窖坑等。已出土的生活用具主要有鼎、豆、壶、罐、钵、盘、杯等器皿，分彩陶、红陶、白陶、灰陶、黑陶几种。

　　大汶口文化的主要意义有以下几个方面：

　　一、推动了农业的发展。以农业生产为主，畜牧业、狩猎和捕鱼业为辅是大汶口文化的主要生产模式。在大汶口文化区域内已发掘许多大小不等的村落遗址，有的靠近河岸的台地上，有的在平原地带的高地上。此外，还在三里河遗址的一个窖穴中发现了一立方米的碳化粟和大量家畜骨骼。

　　二、房屋多数属于地面建筑，仅有少数半地穴式房屋。在呈子遗址中曾发掘出一座大汶口文化近方形的房屋，房基东西长4.65米，南北长4.55米，坐北朝南。与现代房屋较为相近。

　　三、大汶口文化的灰坑有圆形竖穴和椭圆形竖穴，考古学家认为其可能是储藏东西的窖穴。也有口大于底的不规则形灰坑。这些在其他文化中是没有的。

四、完善了生产工具。大汶口文化的生产工具除了以石器为主外，兼有一些骨器、角器和蚌器。石器有铲、锛、斧、凿、刀、匕首、矛等，有的石铲和石斧钻有圆孔。还有一些带柄石铲和石锛。骨器有镰、鱼镖、镞、匕首和矛。角器有锄、鱼镖、镞、匕首。蚌器有镰和镞。另有少量的陶网坠和陶纺轮。石器、骨器和角器都有一些变化。

第346课　红山文化有着怎样的生产方式？

红山文化是古代燕山以北、大凌河与西辽河上游流域活动的部落创造的农业文化，距今已有五六千年的历史，因最早发现于内蒙古自治区赤峰市郊的红山后遗址而得名。

红山文化主要分布在西辽河流域，是与当时中原仰韶文化同时期的发达文明，在发展过程中同仰韶文化相交会产生的一种多元文化、蓬勃向上的文化。红山文化时期的手工业达到了很高的技术水平，形成了极具特色的陶器装饰艺术和发展迅速的玉器制作工艺。红山文化的居民主要从事农业，还饲养猪、牛、羊等家畜，兼事渔猎，细石器工具发达；还有磨制和打制的双孔石刀、石耜、有肩石锄、石磨盘、石磨棒和石镞等。陶器以压印和篦点的之字形纹和彩陶为特色，种类有罐、盆、瓮、无底筒形器等。彩陶多饰涡纹、三角纹、鳞形纹和平行线纹。已出现结构进步的双火膛连室陶窑。玉雕工艺水平较高，玉器有猪龙形玦、玉龟、玉鸟、兽形玉、勾云形玉佩、箍形器、棒形玉等。还发现相当多的冶铜用坩埚残片，说明冶铜业已经产生。房址为方形半地穴式，分为大型与小型。

红山文化全面反映了中国北方地区新石器时代文化的特征和内涵。其后，在邻近地区发现有与赤峰红山遗址相似或相同的文化特征的诸遗址，统称为红山文化。已发现并确定属于这个文化系统的遗址遍布辽宁西部地区，几近千处，其内涵丰富，拥有一大批造型生动别致的玉器，多是猪、龟、鸟、蝉、鱼等动物形象。随着 70 年代这批玉器被识别出来，考古学家在赤峰市翁牛特旗三星他拉发现了红山文化大型玉龙。

 第 347 课　哪个时期的文化被称为彩陶发展的鼎盛期？

马家窑文化于 1923 年发现于甘肃省临洮县马家窑村，其命名就是来源于此，马家窑文化是仰韶文化西进衍生出来的一种地方文化，距今已有 5700 多年的历史，存在时间长达 3000 多年。

马家窑文化的村落遗址主要位于黄河及其支流两岸的台地上，由于靠近水源，有着良好的土质。居民房屋多为半地穴式建筑，小部分建于平地上，房屋的平面形状有三种：圆形、方形、分间。其中以方形屋最为普遍。

马家窑文化中最为发达的就是制陶业，其彩陶继承了仰韶文化彩陶的优点，又将其改善，使外观更为细腻，形成了典雅绚丽的独特艺术风格。马家窑文化中的陶器大多以泥条盘筑法成型，陶质为橙黄色表面打磨细致。在诸多马家窑文化遗存中，依然尚存窑厂和窑窖及颜料、石板、调色陶碟等。

彩陶的发达是马家窑文化的主要特点，其早期的彩陶以纯黑彩绘花纹为主，中期除纯黑外，又加了红、黑种色彩，晚期时多将黑红二彩用来绘制花纹。在我国所有的彩陶文化中，马家窑文化的彩陶占据着最高的比例。马家窑文化时期的彩陶是彩陶艺术发展的顶峰，在世界彩陶发展史上具有重大意义。

 第 348 课　尼雅遗址是关于哪个古国的记载？

尼雅遗址是汉晋时期古精绝国遗址，位于新疆的民丰县。古遗址佛塔为中心，散布面积达 175 公里。遗址内发现有房屋、佛教塔寺、果园田地、冶炼陶窑等，出土了大量陶器、铁器、铜器、纺织品、木简等文物。除此之外还发掘出了炼铁遗留下来的炭渣和烧结物。这些宝贵的发现为探索古代时期中原王朝与西域古国的关系、研究丝绸之路和东西文明交流提供珍贵的资料。

《汉书》和《后汉书》中都提到塔里木盆地南端曾有一个叫作"精绝"的国家，斯坦因和王国维都将精绝国的位置定在尼雅河流域的尼雅遗址，在当地发现的一枚汉文木简上也写有"汉精绝王"的字样。可见，古精绝国就存在于尼雅遗址一带。经专家证实，尼雅遗址正是《汉书西域传》中记载的有"户480、口3360、胜兵500人"的"精绝国"故地。精绝国人在历史上被熟知时，已经改名为鄯善的楼兰国的子民，作为一个袖珍国家，仅有500名士兵的精绝国在那个战火纷飞的年代，独立生存的概率是很渺茫的。楼兰国在改名鄯善之后，因为是西出阳关第一站，又得到了中原王朝的扶植，曾经盛极一时。大约在东汉王朝的末年，强大起来的鄯善兼并了包括精绝在内的邻近的几个绿洲城邦。从那时起，尼雅河流域被纳入鄯善王国的版图，变成了它的一个行政区，精绝国改名为精绝州。

 第 349 课　曾侯乙墓因何被称为"音乐史上的旷世奇观"？

曾侯乙墓是战国曾国国君曾侯乙的墓葬，呈"卜"字形，位于湖北随州市擂鼓墩。此墓发掘于 1978 年。墓坑开凿于红砾岩中，南北 16.5 米，东西 21 米，为多边形竖穴墓。内置木椁，椁外填充木炭及青膏泥，其上为夯土。整个墓葬分作东、中、北、西四室。东室置曾侯乙木棺，双重，外棺有青铜框架，内棺外面彩绘门窗及守卫的神兽武士。中室放置随葬的礼乐器，北室放置兵器及车马器等。西室置殉葬人木棺 13 具，墓主 45 岁左右；殉葬者为 13～26 岁的女性。墓中出土的随葬品达一万多件，据发掘曾侯乙墓工作的主持者谭维四介绍，曾侯乙墓万件文物中以车马兵器最多，其种类之全、数量之众、综合功能之强，前所未见。其中射远兵器居多，长杆兵器尤为特殊，且有极为罕见的矛状车軎，这些都是用于车战的武器装备，说明曾侯乙是一位擅长车战的军事家和指挥官。在曾侯乙墓发掘出的数量庞大的乐器中，一套65件的曾侯乙编钟是迄今发现的最大、最完整的青铜编钟。编钟悬挂在三层布满彩纹的铜木结构的钟架上，每层的立柱为一个青铜佩剑武士。编钟的体形和重量以上层最小，中层次之，下层最大形态分布。最小的一件重2.4公斤，高20.2厘米；最大的一件重203.6公斤，高153.4厘米。它们的总重量在2500公斤以上。钟架通长11.83米，高达2.73米。考古工作者曾用此钟演奏出各种中外名曲，令世人惊叹不已。经专家确定，其下葬年代为公元前432年，距今已2410多年。它的出土引起国内外的强烈反响，被认为是世界音乐史上的重大发现。

 | 第350课　辽上京遗址在哪里？

上京遗址位于今巴林左旗林东镇东南郊，是我国古代契丹政权辽王朝的开国皇都，始建于神册三年（公元918年）。1962开始发掘此遗址。辽上京由皇城和汉城组成。皇城位于整个遗址的北部，是契丹贵族居住的地方。遗址平面呈日字形分布，周长约6400米，城墙全部为黄土夯筑，残高5～9米。皇城现存三座城门，各城墙上存有马面，城门外有瓮城。大内位于皇城中部，其正中偏北部有前方后圆的毡殿形基址和官衙基址。皇城北部为空旷平坦地带，推测为毡帐区。城东南为官署、府第、庙宇和作坊区。在城内西部发现的窑址既生产典型辽风格的瓷器，也生产精致的仿定窑白瓷。

汉城在南，是汉、渤海、回鹘等族居住的区域。其北墙即皇城南墙，后来又扩建东、南、西三面的城墙。城墙低窄，最高的残墙达三米，与皇城不同，汉城的城墙上无马面，显示封建时期森严的等级制度。城内曾经有河流穿过，现城中遗迹已被冲毁。

上京作为辽国国都共存在了204年，1120年被金人攻陷，元朝初期已被废置。根据其遗址的布防和典型的建筑可以看出契丹辽国军事、政治上实行"以国制治契丹，以汉制待汉人"的制度。

| 第351课 迄今发现最古老的岩画在哪里？

将军崖岩画位于江苏连云港市，是中国新石器时代中晚期的刻画在崖壁上的图画，著名考古学家苏秉琦先生称之为我国最早的一部天书。

将军崖岩画位于连云港市海州区锦屏镇桃花村将军崖下一个隆起的山包上。山包上有一块巨大的原生石以及在原生石下排放着三块不规则的自然石，三组岩画就围绕着这四块大石，排列在长22米、宽15米的北、南、东三面。在岩画北侧的山岩上原有一个石棚，石棚里的崖壁上有一组"将军牵马"的岩刻，这就是"将军崖"得名的由来。第一组岩画位于山坡的西侧，南北长4米、东西宽2.8米，以人物和农作物图案为主。在农作物与人物之间还有鸟面、鸟头、圆点等刻画符号。第二组岩画位于山坡的南侧，南北长8米，东西宽6米，岩画内容以星云鸟兽图案为主。第三组岩画在山坡的东部，由人面像和各种古代字符组成，绘画手法以短线和圆点间杂其中为主。

 | 第352课 秦始皇陵为何建在骊山？

秦始皇执政时将都城定在了咸阳，但为何要将其陵园选在远离咸阳的骊山呢？北魏时期的郦道元对此解释道："秦始皇大兴厚葬，营建冢圹于骊戎之山，一名蓝田，其阴多金，其阳多美玉，始皇贪其美名，因而葬焉。"其意思是蓝田这个地方盛产古玉，秦始皇由于贪恋其名，所以将陵墓定在这里。但根据考古学家和历史学家的推测，其选定骊山为墓的原因有以下几点：其一是受当时礼制的影响。古代帝王的陵墓往往按照生前居住时的尊卑进行排列。东汉《论衡》中记载道："夫西方，长者之地，尊者之位也，尊者在西，卑幼在东……夫墓，死人所藏；田，人所饮食；宅，人所居处；三者于人，去凶宜等。"因为秦始皇的先祖均葬在临漳县

以西，身为后辈的秦始皇只能把陵墓选在芷阳以东了。其二是受"依山造陵"传统观念的影响。我国古代帝王自春秋战国时期起就有依山造陵的观念，《大汉原陵秘葬经》曾有"立冢安坟，须籍来山去水"的记载。秦始皇陵园南依骊山，北临渭水，称得上是"依山傍水"造陵的典范。

秦朝"依山环水"的造陵观念对后代帝王建陵产生了深远的影响。西汉帝陵如景帝阳陵、高祖长陵、文帝霸陵、武帝茂陵等都是仿效秦始皇陵"依山环水"的风水思想建造的。

 第353课　牛河梁遗址坐落在哪里?

牛河梁遗址位于辽宁省凌源、喀左、建平三市县的交界处，属于红山文虎晚期的遗存。遗址内由距今5000多年的大型祭坛、积石冢群和女神庙构成，其布局和性质与北京的天坛、太庙、十三陵相似。

牛河梁遗址的主体建筑女神庙在整个遗址的北部，由一间主室和若干间侧室、前后室组成。除主体建筑外，其他附属建筑在遗址南部，均为单室建筑。女神庙坐落在北部山顶上，长22米，宽5.3米，分前、中、主、耳和后室。顶盖和墙体采用木架草筋。内外敷泥，表面压光或者画以彩绘装饰。室内存有巨大塑像群，体态不一，大小不同，有的人像与真人一般大小，有的比真人大1～2倍，以玉石镶睛，人物形态逼真，近乎神化。该神庙是中国已知的最早神庙，出土的女神像造型精准，生动形象，有很高的艺术水平。

此外，在女神庙四周千余米范围的山梁上分布有大型积石冢群，积石冢一般都是用高30厘米、长40厘米、宽20多厘米，经过打制的大石块砌成的，分方形和圆形两种。在这些大型的积石冢中随葬了数量众多、美轮美奂的各式玉器，种类有作为原始宗教信仰之物的玉猪龙，有挂于胸前的双联、三联玉璧，有勾云形玉佩、扁圆形玉环、圆桶形玉箍，有作为艺术品的玉鸟、玉鸽、玉龟、玉鱼、玉兽等，这些玉器造型古朴精致，别具一格，已成为红山文化的代表器物。

第 354 课　古代青花瓷器的烧制中心在哪儿?

　　湖田村是景德镇窑系中最具代表性的古代瓷窑址，在江西省景德镇市东南，到宋朝时成为影青瓷的主要产地，产品居于景德镇诸窑之冠。元朝时加以巩固和发展，技术工艺得到大幅度提升，称为著名的枢府器、青花瓷和釉里红的烧造中心。于明代隆庆、万历时期，延续 600 多年。

　　湖田村坐落在南山与南河之间的一片台地上，东西长约 700 米，南北长约 800 米，在景德镇众多的古窑址中，湖田窑历史悠久，规模庞大，且年代延续不断，堆积丰富，遗址保存较好，是反映景德镇烧瓷历史发展的典型窑址。湖田窑生产的宋代影青瓷和元代青花瓷，烧制技术相当成熟，代表着当时瓷器生产的最高水平。

　　湖田村现存窑炉结构、炉具及烧造工艺的窑炉遗迹四座，还发现与制瓷有关的元代水井两口和作坊遗迹若干。其中这四座窑炉分属于宋末元初、元代后期、明代早中期和明代中期，元代后期，龙窑底部分前后二室，前室呈圆形，后室呈椭圆形，前端有火膛，与现代景德镇还在使用的清代遗留的柴窑相似。

　　湖田村烧制的青花瓷器胎质洁白。初期器釉色多泛黄，品种少，造型简朴。中后期釉色多纯正，晶莹碧透，色质如玉，品种增多，有碗、碟、罐、盘、壶、瓶、炉、茶托、香薰、注碗、盒子、瓷雕及芒口器等。青花装饰题材以云气、楼阁、荷花、兰竹、湖石为主，风格粗率、奔放。除一些青花碗、盘粗器采用迭烧外，90％的产品均为单件仰烧。早期青花在使用苏麻离青釉料、器物造型以及器底多不施釉等特点上，与元代作风相似。

 第 355 课　"大地湾"是什么时期的遗址?

　　大地湾遗址位于天水市秦安县东北五营乡邵店村，距天水市区 102 公里。是一处规模较大的新石器时代遗址，总面积为32万平方米。出土房址238座、灰坑357个、墓葬79座、窑38座、灶台106座、防护和排水用的壕沟8条，各种骨、石、蚌、陶器、装饰器和生活器物共计8034件。大地湾遗址最早距今约4800年～7800年，有3000年的文化历史，其规模之大在世界考古史上亦属罕见。

大地湾遗址早期的房屋多以半地穴式圆形为主，直径在2～3米之间，室内有一小火塘。中期的房屋除仍保留了半地穴的形式外，出现了平地起建的房屋，面积增大，地面用料礓石水泥修抹。晚期房屋以平地起建为主，出现了规模宏伟、形制复杂的殿堂式房屋。房屋的地面绘有栩栩如生的地画，是我国目前最早的原始地画，为研究我国古代绘画史提供了极为珍贵的资料。

大地湾文化中的制陶业也相当发达。在遗址内曾发掘出的一件大型圆底龟纹彩陶盆，口径达50.2厘米，卷折唇，曲折腹，圆底，口沿下有鱼纹绕周，形象逼真，花纹流畅，为同类器物之最。著名的彩陶人头瓶，通高32厘米，口径4.5厘米，人头面部呈蛋形，铸有清秀的五官、齐整的刘海、微鼓的鼻翼、尖圆的下颌，双耳有穿孔。瓶身以优美的弧线为轮廓，由弧线三角形和柳叶纹组成流畅的图案，造型独特。在宽带纹环底型号陶体内壁发现有十多种独特的彩色符号，距今7000年，为研究中国古代文字的形成和发展提供了新资料。

除上述之外，以农业为主的大地湾新石器时代文化是迄今为止考古发现中最早的新石器文化。不仅对研究黄河流域新石器时代文明具有重要意义，而且还为研究仰韶文化的起源和发展提供了大量宝贵的历史资料。

 第356课 "天下第一陵"在哪里？

位于陕西乾县的乾陵是中国乃至世界上独一无二的一座两朝帝王、一对夫妻皇帝的合葬陵，里面埋葬着唐朝的第三位皇帝唐高宗李治和历史上唯一一位女皇帝武则天。

　　乾陵修建于公元 684 年，正值盛唐时期，国力充盈，历时 23 年完工，其建筑富丽雄伟、规模宏大，堪称"历代诸皇陵之首"。据史料记载，乾陵内外共有两层城墙、四个城门，内有献殿阙楼等诸多宏伟的建筑。经考古学家实际勘探，乾陵内城总面积达 240 万平方米。分别在城墙的南面设有朱雀门、北面玄武门、西面保护门、东面青龙门。进入乾陵头道以后要经过 537 阶台阶才能到达"司马道"（通往唐高宗陵墓碑），道路两旁现存华表一对，石马五对，鸵鸟、翼马各一对，翁仲十对，石碑两道。东为武则天无字碑，西为述圣纪碑。唐高宗的墓碑高 2 米，为陕西巡抚毕源所立，碑的右前侧另有郭沫若题写的"唐高宗李治与则天皇帝之墓"的小墓碑。

　　乾陵内除了高宗和武则天的主要墓室外，还有 17 座陪葬墓，分别为：太子墓两座（章怀太子李贤、懿德太子李重润）、公主墓四座（义阳公主、永泰公主、安兴公主、新都公主）、王爵墓三座（许王李素节、彬王李守礼、泽王李上金）、大臣墓八座（高侃、李谨行、刘仁轨、卢钦望、杨再思、刘审礼、薛元超、王及善）。考古学家已于 1960～1971 年先后发掘了章怀太子墓、永泰公主墓、懿德太子墓、大臣薛元超和李谨行墓等五座陪葬墓，共出土了 4300 多件珍贵文物，对唐代社会、经济、文化和宫廷生活的研究具有重要价值。